한국 노사관계의 진단과 처방

한국 노사관계의 진단과 처방 :
합리화의 길

김대환

까치

김대환(金大煥)

서울대학교 경제학과를 졸업하고, 영국 옥스퍼드 대학교에서 경제학 박사학위를 받았다. 제21대 노동부 장관을 역임했다. 현재 인하대학교 경제학부 교수로 재직 중이다. 주요 저서로 『민주적 시장경제 : 원리와 정책과제』, 『발전경제학』, 『영국 민영화 기업 규제』, *The Korean Peninsula in Transition*(공저), 『韓國勞使關係の展開と現狀』(공저) 등이 있다.

ⓒ 김대환 2008

한국 노사관계의 진단과 처방 : 합리화의 길

저자 / 김대환
발행처 / 까치글방
발행인 / 박종만
주소 / 서울시 종로구 행촌동 27-5
전화 / 02·735·8998, 736·7768
팩시밀리 / 02·723·4591
홈페이지 / www.kachibooks.co.kr
전자우편 / kachisa@unitel.co.kr
등록번호 / 1-528
등록일 / 1977. 8. 5
초판 1쇄 발행일 / 2008. 11. 20

값 / 뒤표지에 쓰여 있음

ISBN 978-89-7291-453-2 03330

책을 내면서

이 책은 1987년 이른바 '노동자 대투쟁' 이래 오늘에 이르기까지 한국의 노사관계와 노동운동에 대한 성찰을 통해 그 합리화 방안을 모색하기 위해 집필되었다.

이 책을 쓰게 된 직접적인 배경은 지난 2년간 노동행정의 책임을 수행하고 대학으로 복귀한 후 몇 차례 노사관계에 대해 초청강연을 하게 된 데에 있다. 사실 저자는 재임 시 노동행정의 중점을 노사관계에서 고용으로 옮기고자 했기 때문에, 노사관계보다는 일자리와 관련하여 사회경제정책에 대해 이야기하고 싶은 생각이었으나 초청자들의 관심은 여전히 노사관계에 있었다. 강연을 위해 자료를 준비하면서 자연스레 한국 노사관계 20년을 정리할 기회를 가지게 되었고, 그 결실로 나타난 것이 이 책의 제I부이다.

이 책의 주요 부분, 즉 '1987년 체제'와 '1997년 체제' 아이디어와 '합리화' 테제는 그보다 일찍 외부 특강, 언론사 사회부장 간담회, 인터뷰 등을 통해 이미 피력된 것이다. 그것들은 하루에도 몇 번씩 이상과 현실을 넘나드는 공직생활 속에서 저자 나름대로의 생각과 고민이 쌓인 것이다. 당시 저자의 견해는 다소 논쟁적으로 받아들여지는 듯했지만, 사회적으로 공감대를 형성하여 노사관계 정책의 기조로 삼고자 했다. "1987년 체제와 1997년 체제를 지양하고 새로운 2007년 체제를 구축하자"는 데에 저자와 뜻을 함께 해준 '우리 노동부 식구'들을 비롯한 많은 분들께 감사하는 바이다. 함께 노력했던 '2007년 체제'는 구축되지 못한 채 2007년이 지나갔지만 그러한 노력이 부단히 이어진다면 합리적인 노사관계가 정착될 날도 멀지 않다고 믿는다.

다시, 대학에 '연착륙'하여 '합리화'를 화두로 노사관계에 관한 외부 강연을 하면서 지난 20년 한국 노사관계의 진단과 그 처방으로서의 합리화를 논리적으로 체계화할 필요성을 느끼게 되었다. 문헌을 재음미하면서 그 연결고리로서 '노사관계 시스템 이론'과 '전략적 선택이론'의 활용가치를 새삼 발견했다. 여기에 대하여 '노동정치론'이 한국적 상황에서 제기한 문제의식도 포괄하여 구조–행위–귀결 분석틀을 구축했다. 이와 병행하여, 이 책에서 비중 있게 다루지는 않았지만 구조–사회행위 논의와 '합리화'에 대한 이론적·철학적 탐구도 보강했다. 이 과정에서 관련 사회학 및 철학 문헌과 함께 해당 분야 전문가들과의 토론도 적잖은 도움이 되었다.

이 책의 중심어는 '합리화'이며, 이를 위한 현재적 과제와 방안을 제도, 관행 및 의식의 차원에서 제시한다. 사실 '합리화'는 저자만이 아닌 한국 사회의 오래된 화두이다. 경제적으로는 산업화를, 정치적으로는 민주화를 달성했지만 한국 사회는 기본적으로 합리성이 결핍되어 있다. 급속한 산업화와 민주화가 합리성을 결여한 채 진행되었기 때문에, 경로 의존적 타성이 산업화 세력뿐만 아니라 민주화 세력 내에도 남아 있어, 산업화도 민주화도 그 지속가능성이 담보되지 못하고 있는 것이 한국 사회문제의 핵심이라는 진단은 비단 저자만의 생각은 아닐 것이다. 한국 사회 전반의 합리성 결핍의 문제는 '근대화 이론'만이 아니라 실생활을 통해 누구나 체험하고 있는 것이지만 그런 만큼 둔감하기도 하다.

노사관계의 합리화에 대해서도 대다수의 사람들이 공감하고 있지만, 저자의 경우는 조금은 현장에 근접한 경험을 통해 매우 절실하게 생각하는 테제이다. 아주 간략히 요약한다면, 자괴감과 동정심에서 출발하여 의협심을 거쳐 문제의식과 책임감으로 전화하면서 노사관계의 합리화에 대한 사명감을 가지게 되었다고 할 수 있다. 학창 시절 강원도 탄광촌과 영호남 농촌지역, 그리고 서울 변두리 빈곤층 조사에 이어 전태일 분신사건을 계기로 평화상가의 근로자 실태조사에 참여하는 과정에서 자괴감과 함께 외람되게도 동정심이 발동되었다면, 의협심으로 출발한 1987년의 에피소드와 더불어 노동단체 자문과 노동위원회 경험은 노사관계의 비합리성에 대한 문제의식을 가져다주었으며, 노사정위원회 활동경험은 이를 확인시키면서 책임감을 불러일으켰고, 노동행정의 책임을 맡으면서 합리적 노사관계로의 혁신에 대한 사명감을 느끼게 된 것이다.

원래 이 책은 제I부와 제II부를 따로 출간할 계획이었지만 출판사의 권유도 있고 하여 제II부에 해당하는 글 가운데 이 책의 주제와 관련된 것들을 추려 함께 묶었다. 제II부에 실린 글들은 각각 1990년, 1990대 중반, 2000년, 2000년대 초중반에 집필되어 다소의 중복에도 불구하고 그동안 한국 사회경제의 변화에 따른 노사관계와 노동운동에 대한 저자의 고민을 반영하고 있기 때문에 제I부를 보완하는 의미가 있다고 생각된다. 제1장과 제2장은 우연하게도 1987년 체제와 1997년 체제가 출범한 3년 후에 각각 작성되었던 글들이며, 제3장은 각기 따로 발표되었던 세 글을 통합하여 축약한 것이며, 마지막 제4장은 비교적 최근에 발표되었다. 시기는 다르지만 사회경제 환경변화의 도전에 직면하여 이를 전면적으로 거부하거나 패배주의에 빠지기보다는 능동적으로 참여하여 근로생활의 질 향상을 위해 노력하는 것이 현실적이고도 합리적인 노동운동의 대응이라는 입장이 관통되고 있다. 보기에 따라 다소 뉘앙스의 차이는 있겠지만, 제I부와 함께 노사관계 합리화의 결을 이루고 있다고 판단되어 대폭 또는 약간의 손질을 거쳐 함께 싣게 된 것이다.

가끔 받는 질문에 대한 한결같은 대답이지만, 저자의 주 전공은 '발전경제학(Development Economics)'이다. 그러나 이는 워낙 일관된 이론체계를 갖춘 분야가 아니기 때문에 이슈 중심으로 접근하게 되며, 관점에 따라 다르기는 하겠지만 발전의 이슈에서 노동문제는 빠뜨릴 수 없다. 반드시 이러한 연유만이 아니라 발전경제학자로서의 저자는 노동문제에 지속적으로 관심을 가져왔다. 10년 전 『발전경제학』(경문사, 1998)을 집필하면서 저자는 노동문제를 독립적인 장으로 설정하여 다루었으며, 실제 연구도 근자에는 노동문제에 집중된 경향이 없지 않다. 저자가 실천의 영역에서 '경제와 노동의 만남'을 강조해온 것도 이러한 학문적 배경과 무관하지 않을 것이다. 이 책에서 저자는 한국 노사관계의 진단과 처방을 보다 종합적인 발전의 관점에서 접근하고자 했고, 그리하여 여기 도출된 합리화의 과제와 방안은 저자의 학문적·실천적 궤적의 연장선상에 있다고 할 수 있다.

이 책을 펴내는 데는 여러분의 도움이 있었다. 제I부와 관련해서, 최영기 박사는 최근까지 한국노동연구원장으로 재직하는 동안 저자가 필요로 하는 자료를 제공했을 뿐만 아니라 내용에 대해서도 귀중한 논평을 해주었다. 김수곤 경희대학교 명예교수와 충남대학교의 배진한 교수는 선진화 포럼과 전경련 국제 세미나에서 아주 꼼꼼하게 토론을 해주어 보완의 자극제가 되었다. 인하대학교의 김영진 명예교수는 '합리화' 관련 철학 문헌들을 소개하고 제공했다. 이외에도 마산포럼을 비롯한 수차례의 강연이나 세미나를 통하여 일일이 거명할 수 없을 정도로 많은 여러분들로부터 논평과 함께 조언을 받았다. 모두에게 감사드린다.

제II부의 글들은 당초 작성하고 발표하는 과정에서 많은 분들과 여러 단체의 자료 도움과 유익한 논평을 받았지만 자세한 기록이 없어 역시 거명을 생략하고 다시금 사의를 표한다. 보론으로 수록한 OECD 국가의 노사관계는 노동부 국제협력관으로부터 자료 도움을 받았고, 부록으로 실은 노사관계 연표의 절반 정도는 노사정책국에 힘입어 작성되었음을 밝히면서, 관계자에게 감사의 뜻을 전한다. 근 20년 만에 다시 찾은 까치글방의 박종만 사장은 어려운 사정에도 이 책의 출판을 흔쾌히 수락하고 조언하는 열성까지 보여주었다.

많은 분들의 도움으로 이 책이 출간되었지만 여기에 서술된 내용에 대한 책임은 오로지 저자에게 있다는 사실은 두말할 나위가 없다. 아무쪼록 이 책이 한국 노사관계 합리화의 이론과 실천에 조금이라도 도움이 되었으면 한다.

8월의 무더위 속에서
저자

차례

책을 내면서

제I부 노사관계의 진단과 처방

제1장 서론: 노사관계의 이론과 한국의 현실 19

　　　노사관계의 이론: 세 가지 관점 / 한국의 현실:"이대로는 안 된다"/
　　　논의의 구성과 전개

제2장 한국 노사관계의 현주소 26

　　　1. 국민 여론에 비친 노사관계
　　　2. 국제비교를 통해서 본 위상
　　　3. 대립적·비합리적 노사관계

제3장 1987년 체제와 1997년 체제의 성찰적 고찰 41

　　　1. 1987년 체제: 민주화와 노동운동
　　　2. 1997년 체제: 구조조정과 고용불안
　　　3. 성찰

제4장 진단 : 비합리성의 원인분석 59

    1. 분석 틀: 노사관계 시스템과 전략적 선택
        (1) 노사관계 시스템 이론과 전략적 선택론
        (2) '노동정치론'의 문제 제기에 대한 검토
        (3) 분석의 틀과 방법
    2. 구조-행위-귀결 분석
        (1) 관점 : 구조와 행위의 상호관계
        (2) 분석 : 구조-행위-귀결
            1987년 체제/ 1997년 체제/ 진단
    3. 제도, 관행 및 의식의 문제점

제5장 처방 : 합리화의 과제와 방안 84

    1. 기본인식의 정립 : 합리적 노사관계의 패러다임
    2. 제도 및 관행의 합리화 : 과제와 방안
        (1) 근로계약 및 교섭관행의 개선
        (2) 임금제도의 개편
        (3) 노사분규의 자율해결 원칙 확립
        (4) 노동시장 유연안전화를 위한 사회협약
        (5) 노사관계 선진화 법제의 남은 과제
    3. 의식의 합리화 : 제언
        (1) 실제 이상의 주관적 갈등의식 극복
        (2) 의식의 합리화를 위한 제언

제6장 결론 : 노사관계의 혁신 115

제II부 사회경제 환경의 변화와 노동운동

제1장 민주화와 노동운동 : '대투쟁'으로부터 3년   123

1. 경제민주화 운동으로서의 노동운동
    (1) 경제민주화와 노동운동
    (2) 운동의 양태 : 경제투쟁과 정치투쟁
2. '대투쟁'의 배경과 성과
    (1) '대투쟁'의 배경
    (2) 성과
3. 노동운동의 발전을 위한 과제
    (1) 조합 내 민주주의
    (2) 운동의 과학화
    (3) 운동의 방향정립을 위한 모색

제2장 경제위기와 사회정책 : IMF 관리체제 2년   151

1. IMF 관리체제 2년의 사회경제 변화
    (1) 경제위기와 구조조정
    (2) 실업문제와 분배악화
2. 노동정책과 노사관계의 변화
    (1) 제한적 노동포섭정책
    (2) 노-정관계의 전면화(全面化)
3. 성찰적 대응으로서의 사회정책
    (1) 사회복지의 확충
    (2) 사회적 노사관계의 제도화

제3장 세계화-구조조정-경쟁력 강화와 노동운동   177

1. 세계화와 노동문제
2. 구조조정과 노사관계
3. 경쟁력 강화와 노사관계
    (1) 국가경쟁력의 개념과 규정요인
    (2) 참여를 통한 경쟁력 강화

4. 노동운동의 대응

제4장 지식기반 경제의 노동정책과 노동운동　201

1. 지식기반 경제의 노동부문에 대한 영향
   - (1) 지식기반 경제의 의의와 특징
   - (2) 노동부문에 대한 영향
2. 노동정책의 중심이동 : 인적자원 개발
   - (1) 패러다임의 변화와 정책의 기본방향
   - (2) 지식격차 해소를 위한 정책방안
3. 노동운동의 기조전환 : 참여와 협력
   - (1) 참여와 협력의 노사관계 : 지식기반 경제에의 조응
   - (2) 제도화의 수준과 내용
   - (3) 노동운동의 기조전환

보론　OECD 주요 국가의 노사관계와 그 시사점　231

1. 노사관계의 유형별 분류
2. 주요 국가의 노사관계 동향
   - (1) 영미형 국가 : 영국, 미국
   - (2) 일본형 국가 : 일본
   - (3) 북구형 국가 : 스웨덴, 덴마크
   - (4) 라인란트형 국가 : 독일, 네덜란드
   - (5) 라틴형 국가 : 프랑스, 스페인
3. 한국에의 시사점

참고 문헌　259

부록　A. 노사관계 연표(1987-2007)　271
　　　B. 노사관계 주요 지표
　　　C. 노동시장 주요 지표
　　　D. 주요 경제지표

찾아보기　285

표 차례

〈표 I-2-1〉 직업별 노사관계의 현 상태에 대한 견해 28
〈표 I-2-2〉 노사관계에 대한 사용자의 평가 29
〈표 I-2-3A〉 노사관계 경쟁력의 국제비교(IMD) 32
〈표 I-2-3B〉 노사관계 경쟁력의 국제비교(WEF) 33
〈표 I-2-4〉 파업성향의 국제비교(1995-2004) 35
〈표 I-2-5〉 부당 해고 및 부당 노동행위 심판사건 건수 36
〈표 I-3-1〉 1987년 체제하의 노조 및 임금 상승 추이 43
〈표 I-3-2〉 사용자가 본 분규해결의 애로요인 44
〈표 I-3-3〉 노조 유무별 노사분규의 양상 45
〈표 I-3-4〉 IMF 처방의 주요 내용 50
〈표 I-3-5〉 정리해고에 의한 고용조정 예시 51
〈표 I-3-6〉 비정규직의 추이 54
〈표 I-4-1〉 전략적 선택의 세 층위 63
〈표 I-4-2〉 발생 원인별 노사분규의 추이 74
〈표 I-5-1〉 제도 및 관행의 합리화 과제(요약) 89
〈표 II-1-1〉 '대투쟁'으로부터 3년간 실질임금 상승률 추이 140
〈표 II-2-1〉 주요 거시 경제지표(1997-99) 155
〈표 II-2-2〉 실업의 추이(1997-99) 158
〈표 II-2-3〉 1997-99년 기간 중 소득분배의 추이 159
〈표 II-2-4〉 최저생계비 이하 빈민의 추이 160
〈표 II-2-5〉 노사정위원회 관련 주요 일지 162
〈표 보-1〉 노사관계의 유형별 분류 233
〈표 보-2〉 OECD 주요국의 노조 조직률 및 단체협약 적용률 추이 234
〈표 보-3〉 덴마크의 실업률 : 주요 국가와의 비교 243

그림 차례

[그림 I-2-1]   노사관계 전반에 대한 국민 여론   27
[그림 I-2-2]   앞으로의 노사관계의 전망에 대한 국민 여론   30
[그림 I-2-3]   국가 및 노사관계의 경쟁력 추이   31
[그림 I-2-4]   파업 건수, 참가자 수 및 근로손실일수   34
[그림 I-2-5]   노사관계 주요 사안에 대한 국민 여론   38-39
[그림 I-3-1]   실업자와 실업률 추이   52
[그림 I-4-1]   노사관계 분석 틀   66
[그림 I-4-2]   1987년 체제 노사관계의 구조-행위-귀결   72
[그림 I-4-3]   1997년 체제 노사관계의 구조-행위-귀결   77
[그림 I-4-4]   노사 시계(視界)의 국제비교   79
[그림 I-5-1]   합리적 노사관계의 패러다임   87
[그림 I-5-2]   임금체계의 단순화 모델   93
[그림 I-5-3]   힉스의 단체교섭 모델   95
[그림 I-5-4]   주요국 노사관계의 갈등좌표   107
[그림 II-3-1]   국가경쟁력의 결정요인   190
[그림 II-4-1]   지식기반 경제로의 이행을 위한 인적자원 개발정책   213

제I부 노사관계의 진단과 처방

제1장 서론 : 노사관계의 이론과 한국의 현실
제2장 한국 노사관계의 현주소
제3장 1987년 체제와 1997년 체제의 성찰적 고찰
제4장 진단 : 비합리성의 원인분석
제5장 처방 : 합리화의 과제와 방안
제6장 결론 : 노사관계의 혁신

제1장
서론 : 노사관계의 이론과 한국의 현실

 오늘날 한국은 한 사람이 일하여 두 사람 이상이 먹고 사는 사회이다. 총인구 4,800여만 명 가운데 그 반에 조금 못 미치는 인구가 실제 취업을 하여 소득벌이를 하고 있으며, 그 가운데 68.4%에 해당하는 1,600만 명 이상이 타인에게 고용되어 일을 하고 그 대가로 임금을 받아 생활하는 임금근로자이다. 그들을 고용하고 있는 고용주의 수는 160만에도 못 미친다. 한국의 노사관계는 일차적으로는 이들 근로자와 사용자 사이의 관계이지만, 여기에 국한되는 것은 아니며, 숫자상 10대 1의 관계로 단순화되는 것은 더더구나 아니다.
 그것은 한국의 사회경제 전체의 문제이며 한국인 모두의 삶이 달린 문제이다. 그리고 그것은 현재의 문제만이 아니라 미래 생존의 문제이다. 임노동(賃勞動)을 기반으로 하는 한국의 사회경제와 그 속에서 삶을 영위하고 있는 한국인의 생존과 번영, 그리고 그 지속가능성은 노사관계에 의해서 크게 좌우될 수밖에 없다. 그렇다고 해서 노사관계가 사회경제를 일방적, 일의적으로 규정하는 것은 물론 아니다. 노사관계는 기본적으로 사회경제의 역사적-구조적 산물이다. 이는 정태적(靜態的)인 관계가 아니라, 역사적으로 형성된 사회구조에 규정된 노사관계가 사회경제 전반에 영향을 미치고, 그것에 다시 노사관계가 영향을 받는 누적적 순환의 동태적(動態的) 과정이다. 그것은 대체로 노사관계 3주체 —— 근로자(노조), 사용자(기업) 및 정부 —— 의 사회적 행위(social action)의 상호작용으로 발현된다고 할 수 있는데, 그러한 행위의 배후에는 단순히 경제적인 요인만이 아니라 정치적 혹은 이념적 요인도 자리하고 있어 노사관계는 복합적인 성격을 지니고 있다.

노사관계의 이론 : 세 가지 관점

이렇듯이 노사관계가 복합적이기 때문에 그것을 다루는 이론도 아래와 같이 관점에 따라 크게 세 갈래를 보이고 있다.[1]

- 시스템 이론 (systems theory)
- 사회행위 이론 (social action theory)
- 계급갈등 이론 (class conflict theory)

먼저 시스템 이론은 던롭(J. Dunlop)의 노사관계 시스템 이론으로 대표되는데, 그는 노사관계 3주체를 상정하고 그들의 태도를 규정하는 요인으로 기술적 특성, 시장 또는 예산의 제약, 사회세력 관계 등을 들고 있다. 이러한 여건의 변화에 따른 규칙의 제정이 노사관계 관심의 초점이 된다고 했다. 노사관계 시스템을 하나의 실체로서 종합하거나 결속하도록 돕는 것이 이데올로기인데, 던롭은 그 수렴을 통한 노사관계 시스템의 안정화 및 내적 균형의 경향을 주장한다. 시스템 이론은 기능주의에 입각한 정태적 분석과 노사관계 조화론의 한계를 노정하고 있지만, 이에 함몰되지 않는다면 노사관계를 체계적으로 분석하고 이해하는 데에 유용한 이론 틀로 활용할 수 있을 것이다.

---

1) 이 분류에 따른 이하의 내용은 Bennett(1994), Chap. 1을 참조.

다음으로 사회행위 이론은 모든 노사관계의 사안을 설명할 수 있는 일반원리를 거부하고, 각자의 상황인식에 따라서 사회행위가 이루어진다는 점에 주목한다. 즉 구조적 요인보다는 개인의 태도가 중요하다는 것이다. 상황에 대한 평가는 주관적으로 이루어지며, 근로자들이 처한 상황에 따라서 근로자들 간에도 사회행위에 차이가 있을 수밖에 없다는 점을 지적한다. 이 이론은 노사관계에 대한 총체적인 접근이나 문제해결과는 거리가 있는 것으로 보인다. 이러한 한계에도 불구하고, 사회행위의 개별성에 국한되지 않고 집단성으로까지 인식의 영역을 확장한다면 —— 아래 제4장에서 보게 될 코칸(T. Kochan) 등의 전략적 선택론에서와 같이 —— 노사관계의 문제들을 보다 동태적으로 접근할 수 있는 이점을 살릴 수 있을 것이다.

마지막으로 맑스(K. Marx)에서 기원한 계급갈등 이론은, 자본주의의 내재적 모순은 자본가와 근로자 간의 끊임없는 갈등과 계급투쟁으로 이어질 수밖에 없다고 보아 사회주의로의 체제전환을 그 유일한 해법으로 제시한다. 이는 노사관계만이 아니라 사회 전반적 차원의 논의이지만, 계급갈등을 노사관계의 본질이라고 보는 것이다. 실제 노사 간의 이해갈등은 일상적으로 발생하는 것이지만, 그것을 조정하고 양자 간의 타협을 통해서 해결해나가는 과정은 아예 고려되지 않는다. 맑스의 이론은 갈등의 확대와 투쟁보다는 조정과 타협에 초점을 맞춘 노사관계 이론의 현대적 조류와는 배치된다.

노사관계는 분명히 갈등과 동시에 협력의 관계이다. 협력을 강조하는 것은 물론 중요하지만, 갈등의 존재나 그 역할을 애초부터 무시하는 것도 노사관계에 대한 올바른 접근은 아니다. 갈등은 기본적으로 불화를 낳고 낭비와 스트레스로 인해 사회구성원의 노력을 오도하여 사회통합을 저해할 위험성이 있다. 따라서 갈등이 존재하는 곳에는 반드시 그 해결을 위한 노력이 이루어지는 것이 당연한 이치이다. 그 과정에서 사회적인 에너지가 창출되고 새로운 아이디어가 자극됨으로써 사회진보가 이루어진다. 노사관계가 복합적인 성격의 것이기는 하지만, 노사 간의 갈등을 해소하고 협력을 증진시키는 아이디어를 찾고 그 실천방안을 모색하는 것이 노사관계 이론의 끊임없는 과제인 것이다.

한국의 현실 : "이대로는 안 된다"

한국의 현실로 눈을 돌려보면, 노사관계의 과제는 산적해 있다. 한국은 1987년 '민주화 항쟁'이 열어젖힌 민주화의 공간에서 폭발적으로 표출된 이른바 '노동자 대투쟁'을 계기로 비로소 '열린 노사관계'의 시대로 접어들게 되었다고 할 수 있다. 물론 이전에도 노사관계가 존재하지 않았던 것은 아니었지만, 엄밀히 말하여 그것은 노사관계의 외투를 걸친 비대칭적 노정(勞政)관계로서 구태여 노사관계라고 한다면 '닫힌 노사관계'였다. '닫힌 노사관계'에서 '열린 노사관계'로 이행함으로써 제기되는 과제가 많고 문제가 심각한 것은 어쩌면 당연한 것이다.

이러한 이행이 가져온 주요한 변화는 무엇보다도 노동운동이 지하(地下)에서 지상(地上)으로 나오고, 이에 따라서 노사관계에 대한 논의가 공개적으로 이루어지게 되었다는 것이다. 그럼으로써 노사관계는 운동의 관점이나 노사 당사자의 이해관계에 국한되지 않고 사회경제 발전의 관점에서 전 국민적인 관심사로 점차 그 지평을 확대해오고 있다. 이는 한국 노사관계의 건전한 발전에 대한 국민적 염원이 반영된 것이다.

그러나 그로부터 20년이 지난 현시점에 이르기까지 한국의 노사관계가 보여준 모습은 건전한 발전에 대한 믿음은 물론 염원에도 미치지 못하고 있다. 그동안의 시간에 값하고 넓혀진 지평에 부응할 정도만큼이라도 발전의 길을 걸어오지 못한 것이 엄연한 현실이다. 기복을 거듭하면서도 이어지고 있는 노사분규 자체는 그렇다고 치고라도, 여전히 후진적인 행태와 수준을 벗어나지 못하여 건전한 발전의 기대나 기약이 현실화되지 못하고 있다는 평가가 중론이다. 유수한 국제평가기관의 평가에서도 한국의 노사관계는 계속해서 최하위를 기록하고 있으며, 국내의 외국인 투자가는 물론 노사 양 당사자를 비롯한 일반 국민들에게도 여전히 '갈등적', '대립적'인 것에서 더 나아가서 '전투적'인 것으로 각인되어 있는 실정이다.

입장의 차이를 떠나서 냉철하게 볼 때, 이런 노사관계가 한국 경제의 지속적인 발전에는 물론 사회적으로나 정치적으로도 발전의 걸림돌이 되고 있는 것을 부인할 수가 없다. 그럼에도 불구하고 노사 양 당사자는 경제사회 전체의 관점에서 '대화와 타협'을 통해서 자율적으로 조정해나가기보다는 목전의 이해관계에 매몰되어 갈등의 동반 탈출구를 찾는 노력을 게을리하는 가운데 노사관계가 걸핏하면 노정관계로 비화되는 양상을 되풀이하고 있다. 이러한 소용돌이 속에서 정부는 '법과 원칙'의 일관성을 지키지 못함으로써 노사관계의 비전마저도 불투명한 현실이다. 더구나 격변하고 있는 대외적인 환경을 고려한다면, 이런 현실은 단순한 정체가 아니라 의도하지 않은 퇴행의 위험성까지도 내포하고 있는 데에 문제의 심각성이 있다.

우리가 바라는 노사관계의 건전한 발전의 물꼬를 트기에 20년이란 세월은 너무 짧은 것인가? 노사관계의 안정적 발전의 구축에 최소한 한 세대 넘게 걸린 선진국의 경험과 수평적으로만 비교한다면 한국의 노사관계는 연륜이 짧다고 말할 수도 있다. 그리고 노사관계의 발전이 사회경제 전반의 여건과 맞물려 이루어진다는 사실을 감안할 때 아직은 좀더 시간이 필요하다는 견해도 있을 것이다. 그러나 선발자의 경험을 이용할 수 있는 후발자의 이익을 통하여 산업화의 과정을 상대적으로 단축한 한국의 경우, 노사관계의 발전에서도 후발자의 이익을 충분히 활용한다면, "20년이면 충분하다"고 말할 수 있다. "이대로는 안 된다"는 목소리가 터져나오고 있는 현실은, 한국 노사관계의 현재 상태가 더 이상 계속되어서는 안 되고, 현상타파를 위한 결단과 노력이 절박하다는 것을 역설하고 있다.

한국의 노사관계가 "이제는 변해야 된다"는 데에 정면으로 이의를 제기하는 사람은 없을 것이다. 그렇다면 어떻게 변해야 할 것인가? 흔히들 변화의 방향으로 '선진화'를 들고 있는데, 그 요체는 노사관계의 합리화일 것이다. 한국의 노사관계는 여전히 후진성을 탈피하지 못하고 있는 만큼 비합리적인 면이 적지 않다. 그렇기 때문에 한국의 노사관계는 시간의 경과에 따른 단순한 변화가 아니라, 비합리적인 것을 합리적인 것으로 바꾸는 목적의식적인 '혁신'을 필요로 한다.

논의의 구성과 전개

한국에서 합리적인 노사관계로의 혁신을 위해서는 노사관계의 비합리성의 원인을 진단하는 것이 우선적으로 필요하다. 이 책에서는 '노동자 대투쟁'에서 비롯된 1987년 체제와 그로부터 10년 후 'IMF 사태'가 가져온 1997년 체제[2]에 대한 고찰을 통해서, 전반적인 사회경제 구조 속에서 이루어진 노사관계 주체들의 행위가 가져온 결과들을 관찰함으로써 그 비합리성을 드러내고, 그 원인을 제도, 관행 및 의식 등의 측면에서 체계적으로 분석하려고 한다.

---

2) '1987년 체제'라는 용어는 이미 학계에서 통용되고 있다. 그러나 '1997년 체제'라는 용어는 아직은 널리 사용되고 있지 않지만, 1997년 외환위기에서 비롯된 'IMF 관리체제'(김대환, 2000) 이래 구조조정이 이어지고 있는 것은 이전과는 구분되는 또 하나의 체제(regime)를 구성하기에 충분하다고 생각되어 저자는 얼마 전부터 '1997년 체제'라는 용어를 명시적으로 사용해오고 있다. 이에 대해서는 김대환(2005)을 참조.

이런 분석에 기초하여 합리적인 노사관계로의 전환을 위한 방안을 역시 제도, 관행 및 의식 등의 측면에서 종합적이면서도 구체적으로 제시하려고 하는 것이 저자의 의도이다. 이는 곧 1987년 체제와 1997년 체제의 극복을 통한 새로운 체제[3]의 구축을 위한 과제가 될 것이다.

제I부는 크게 네 부분으로 구성된다. 곧이어 제2장에서는 국내외적인 평가를 통해서 한국 노사관계의 현주소를 진단하고 문제의 소재가 대립적이고도 비합리적인 노사관계에 있음을 보인다. 그 원인분석을 위한 선행작업에 해당하는 제3장에서는 그동안 한국 노사관계의 전개를 1987년 체제와 1997년 체제로 나누어 고찰한다. 그리고 한국의 노사관계의 과제는 '합리화'로 설정될 것이다. 제4장에서는 노사관계 시스템 이론과 전략적 선택이론을 활용하여 구조-행위-귀결 분석을 통해서 두 체제를 거치면서 오늘에 이른 한국 노사관계의 비합리성의 원인을 밝히고 있다. 이에 기초하여 제5장에서는 한국 노사관계의 합리화를 위해서 제기되는 과제들을 제도, 관행, 의식 등의 세 측면에서 정리하고 동시에 그 각각에 대한 합리화의 방안을 구체적으로 제시한다. 마지막 제6장은 논의를 정리하면서 한국의 노사관계 합리화의 절실성을 강조하는 것으로 제I부를 마무리한다.

---

[3] 1987년 체제와 1997년 체제의 지양을 통해서 구축되어야 할 합리적 사회체제를 가리키는 의미로 사용한다. 노사관계 차원에서는 이미 제시되고 있듯이 노조 전임자 임금의 노조 자체 부담, 복수노조 체제로의 이행 등으로 대변되는 합리적 노사관계의 체제 구축을 의미한다.

제2장
한국 노사관계의 현주소

논의의 출발로서, 이 장에서는 한국 노사관계의 현주소를 개략적으로 파악해보기로 하자.

먼저 국민 여론에 비친 한국 노사관계의 현재 상황을 개관하고, 국제비교를 통해 그 위상을 살펴본다. 그리고 노사관계의 현주소를 보여주는 몇 가지 지표를 통하여 현상(現象)을 파악해볼 것이다. 그럼으로써 우리는 한국 노사관계의 현주소가 대립적이고도 비합리적인 수준에 머물러 있음을 알게 될 것이다.

1. 국민 여론에 비친 노사관계

1987년 체제와 1997년 체제를 거쳐 현재에 이르기까지 한국의 노사관계는 어느 누구로부터도 좋은 평가를 받지 못하고 있다. 노사 양당사자는 물론 일반 국민이 그리는 한국 노사관계의 자화상은 대내외적으로 일그러진 모습으로 나타나고 있다.

그것은 최근의 국민 의식조사 결과에 그대로 반영되고 있는데, 이에 의하면 국민의 대다수(56.6%)가 한국의 노사관계를 나쁘다고 평가하고 있다. [그림 I-2-1]에서 보듯이, 이 수치 자체는 18년 전인

[그림 I-2-1] 노사관계 전반에 대한 국민 여론   단위 : %

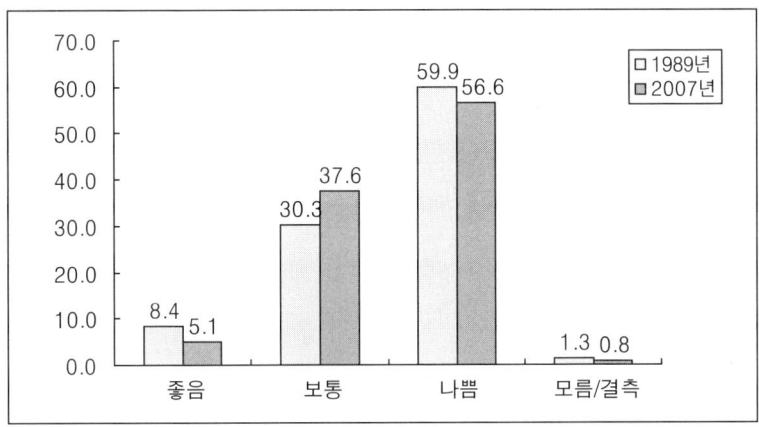

자료 : 1989년은 서울대 사회과학연구소(1989) / 1,500명 대상.
2007년은 한국노동연구원 (2007a) / 2,000명 대상.

1989년의 59.9%에 비해서 약 3.3% 포인트 감소한 것으로 나타나지만, 노사관계가 좋다고 보는 의견 역시 3.3% 포인트 감소했다. 우선, 이것만 놓고 볼 때 한국의 노사관계는 1987년 이래 나쁜 상태에서 거의 개선되지 못한 채 최근까지 계속되고 있다고 할 수 있다.

그동안 노사관계가 국민적 관심사로 떠오름으로써 평가가 상대적으로 더 엄밀해진 점을 감안하더라도, 국민들이 노사관계를 비판적 내지는 걱정스럽게 바라보고 있는 사실은 부정할 수가 없다. 실제 주위에서 보더라도 노사관계에 대한 일반 국민들의 태도는 단순한 우려의 수준을 넘어서고 있다. "이대로는 안 된다"는 보다 적극적인 목소리가 높아지고 있는 실정이다.

이런 사정은 노사 양 당사자에게서도 별 차이가 없다. 근로자의 경우, 〈표 I-2-1〉을 통해 알 수 있듯이 노사관계가 나쁘다는 견해가 좋다는 견해를 압도하고 있다. 판매직의 58.3%, 사무직의 55.2%, 생산직의 54.4%가 노사관계를 부정적으로 평가하고 있는데, 이 비율은

〈표 I-2-1〉 직업별 노사관계의 현 상태에 대한 견해

단위 : %

	사례 (명)	매우 좋다	좋은 편이다	좋다	나쁜 편이다	매우 나쁘다	나쁘다	보통 이다	모름/ 무응답
자영업	(369)	0.3	4.6	4.9	46.1	13.8	59.9	34.4	0.8
판매/영업/서비스	(216)	0.9	2.3	3.2	47.2	11.1	58.3	37.5	0.9
생산/기능/노무	(103)	1.0	10.7	11.7	42.7	11.7	54.4	33.0	1.0
사무/관리/전문	(511)	0.4	4.7	5.1	46.8	8.4	55.2	39.3	0.4
주부	(453)	0.2	4.2	4.4	45.0	5.3	50.3	43.7	1.5
학생	(144)	0.0	4.9	4.9	58.3	6.3	64.6	30.6	0.0
무직/퇴직/기타	(202)	1.0	5.0	5.9	47.5	14.4	61.9	32.2	0.0
모름/무응답	(63)	0.0	0.0	0.0	50.0	0.0	50.0	50.0	0.0

자료 : 한국노동연구원(2007a).

긍정적인 평가는 말할 것도 없고 보통이라는 견해도 훨씬 능가하는 수준이다.

사용자의 경우는 근로자보다도 더 부정적이다. 고용주/자영업자의 61.9%가 노사관계를 나쁘다고 평가하고 있는데, 이는 임금 근로자 전체의 55.3%보다도 훨씬 더 높은 수치이다(한국노동연구원, 2007a).

이를 좀더 실증적으로 보기 위해서는 세계적으로 유수한 평가기관인 국제경영개발원(IMD : International Management Development)과 세계경제포럼(WEF : World Economic Forum)의 노사관계 점수를 참고할 필요가 있다. 〈표 I-2-2〉에 요약된 이 점수는 기업의 최고 및 중간 경영자들에 대한 설문조사로 이루어지는 것이기 때문에 한국의 노사관계에 대한 사용자들의 만족도 내지는 평가를 나타내는 것으로 해석할 수 있다.

여기에서 보듯이, 기업 경영자들은 스스로 최근의 노사관계를 나쁘게 평가하고 있다. IMD 조사의 경우 중간치를 모두 밑돌고 있으며,

〈표 I-2-2〉 노사관계에 대한 사용자의 평가

	2000	2001	2002	2003	2004	2005
IMD*	4.46	4.23	4.47	3.35	4.00	4.00
WEF**	3.5	4.0	4.6	3.6	3.1	

주: * 10점 만점으로 1=매우 적대적, 10=매우 협력적.
   ** 7점 만점으로 1=매우 협력적, 7=매우 적대적.
자료: IMD 및 WEF.

WEF의 경우도 2004-2005년을 제외하곤 한국의 노사관계가 중간 정도에도 못 미치는 것으로 평가하고 있음을 알 수 있다.

실제로 그들은 "더 이상 물어볼 필요도 없이" 한국의 노사관계의 현주소를 "세계적으로 최악의 상태"로 평가하고 있다. "좋다, 나쁘다의 차원이 아니라 이 상태가 언제나 좀 나아지려나 하는 것이 기업하는 사람들의 공통된 심정"이라는 것이다.[1]

그런데 문제는 향후 노사관계의 개선의 전망도 별로 밝지 못하다는 것이다. [그림 I-2-2]가 보여주듯이, 국민들은 타협 공존의 전망을 최근 들어 대폭 낮게 보고 있으며, 좋아지기보다는 나빠지거나 기껏해야 현상태가 유지될 것이라는 데로 무게중심을 이동하고 있다. '갈등 심화'와 '불변' 각각의 비중이 대폭 증가하여, 이 둘을 합쳐보면 전망을 밝지 않게 보는 견해가 25.0%에서 71.6%로 대폭 늘어난 것을 알 수 있다. 이전보다 전망이 크게 어두워진 데에 유의할 필요가 있다.

이렇듯이 노사 양 당사자는 물론 국민 모두가 우리의 노사관계가 나쁘다는 것을 스스로 자인하고 있다. 그뿐만이 아니라 앞으로 개선 가능성에 대해서도 회의적이다. 이는 우리 스스로의 거울에 비쳐본 한국의 노사관계의 모습이다. 바로 이 모습은 노사 당사자를 비롯하여 국민 모두가 함께 설정한 한국 노사관계의 현주소로서 이사 가고

---
[1] A 경제단체장과의 인터뷰(2006. 9. 7).

[그림 I-2-2] 앞으로의 노사관계의 전망에 대한 국민 여론

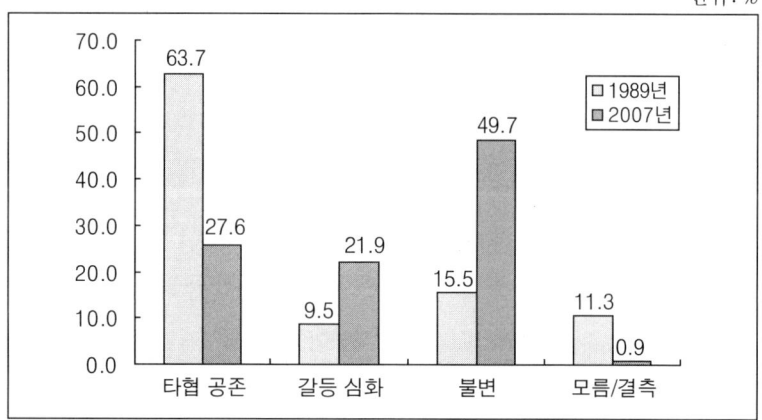

자료 : [그림 I-2-1]과 같음.

싶어도 대책이 없는 듯한 답답한 모습이다. 단순히 우리 스스로의 평가가 그렇다는 의미에서만이 아니라 우리 스스로가 책임져야 할 자신의 모습이기 때문에 그것은 곧 우리의 자화상(自畵像)인 것이다.

2. 국제비교를 통해서 본 위상

이와 같은 우리의 자화상을 국제적으로 비교해보면 한국 노사관계의 현주소를 가늠하는 데에 더욱 도움이 될 것이다.

우선 노사관계의 경쟁력을 국제적으로 비교하면, 아래 [그림 I-2-3]이 뚜렷이 드러내주듯이 한국은 전체 대상국들 중 최하위에 계속 머물러오다가 급기야 2004년부터는 꼴찌의 행진을 보여주고 있다. 전체적인 국가경쟁력은 그나마 중간 정도 수준에서 다소 부침을 보여왔지만, 노사관계의 경쟁력은 계속 최하위 수준에서 벗어나지 못하고 있는 실정이다. 노사관계가 국제경쟁력의 발목을 잡고 있다는 지적을

[그림 I-2-3] 국가 및 노사관계의 경쟁력 추이

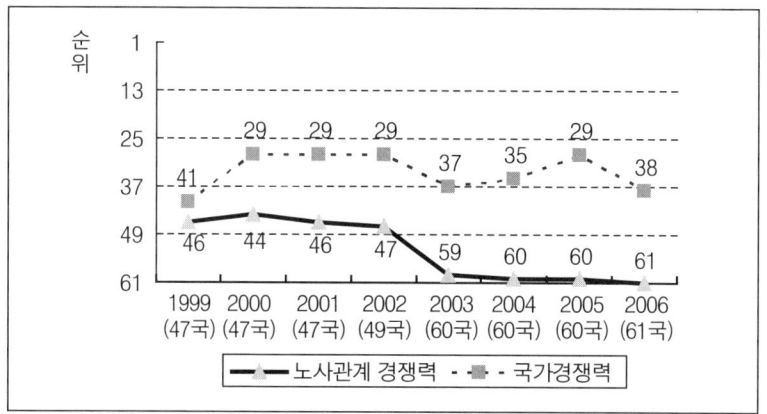

자료: IMD, *The World Competitiveness Report*, 각 연도판.

일단 수긍할 수밖에 없다.

IMD의 평가결과에 의하면, 2005년 기준으로 한국의 노사관계 점수는 10점 만점에 4.00점에 불과하여 전체 61개 국가 중 최하위이다. 2003년보다 절대치는 약간 상승했으나, 2000년부터 비교하면 절대치는 오히려 하락했고 상대적 위치도 하락했다(〈표 I-2-3A〉 참조). 아시아의 네 마리 용이라고 불리던 대만, 싱가포르, 홍콩 그리고 한국 중 노사관계 경쟁력이 10위 밖에 있는 나라는 한국뿐이다. 싱가포르는 부동의 1위이고, 홍콩, 대만의 순위는 각각 2위, 9위이다. 뿐만이 아니라 여타의 주요 아시아 국가는 물론 멕시코, 브라질 등의 남미 국가들의 수준보다도 훨씬 더 낮으며, 브라질을 포함하여 이른바 브릭스(BRICs)에 속하는 중국과 인도에도 미치지 못하는 수준이다. 특히, 2001년까지만 하더라도 한국과 같이 5.00점 이하(짙게 표시)에 머물던 인도가 노사관계 경쟁력을 급속히 증대시키고 있는 점은 유의해야 할 대목이다.

이와 같은 한국 노사관계의 국제적 위상은 WEF의 평가에서도 비슷

〈표 I-2-3A〉 노사관계 경쟁력의 국제비교(IMD)

		2000		2001		2002		2003		2004		2005	
		순위	점수	순위	점수	순위	점수	순위	점수	순위	점수	순위	점수
전체 대상국 수		47		47		49		60		60		60	
인구 2천 만 명 이상	한국	44	4.46	46	4.23	47	4.47	59	3.35	60	4.00	60	4.00
	말레이시아	13	7.19	19	6.65	7	7.55	12	7.30	8	7.84	23	6.98
	태국	24	6.35	30	6.06	26	6.28	23	6.52	25	7.14	30	6.66
	대만	16	6.83	15	6.79	16	6.83	14	7.14	14	7.62	9	7.61
	멕시코	22	6.42	28	6.28	24	6.40	38	5.58	46	6.39	40	6.04
	브라질	25	6.25	25	6.29	28	6.05	30	5.97	32	6.75	29	6.59
	인도	41	4.96	43	4.83	41	5.20	48	5.17	43	6.3.6	26	6.20
	중국	29	5.91	39	5.03	38	5.20	46	5.21	39	6.48	46	5.74
	미국	20	6.58	20	6.64	15	6.96	25	6.64	21	7.23	24	6.86
	일본	8	7.58	5	7.73	10	7.35	5	7.60	5	7.92	6	7.85
	독일	19	6.66	22	6.55	25	6.33	37	5.60	37	6.62	25	6.22
인구 2천 만 명 미만	홍콩	11	7.33	10	7.38	13	7.21	7	7.55	8	7.84	2	8.34
	싱가포르	1	8.72	1	8.75	1	8.61	1	8.59	1	8.52	1	8.52
	아일랜드	12	7.30	13	6.93	11	7.26	4	7.63	20	7.42	12	7.46
	네덜란드	3	8.22	7	7.73	9	7.46	11	7.39	11	7.72	10	7.57

주 : 점수는 7점 만점 기준임.
자료 : IMD.

하게 확인된다. 〈표 I-2-3B〉가 보여주듯이, 2004-2005년 기준 한국의 점수는 7점 만점에 3.1점으로 전체 104개 국가 중 103위로 최하위 수준이다. 주요 국가들 가운데 노사관계 경쟁력이 4.0점에도 미치지 못하는 경우(짙게 표시)는 한국을 빼놓고는 찾아볼 수가 없다. 이에 비해 아시아의 경쟁 상대국인 홍콩, 싱가포르, 대만, 말레이시아, 태국 등의 순위는 각각 4위, 1위, 13위, 15위, 28위로 한국에 비해 매우 경쟁력이 있는 것으로 나타났다. 여기에서 우리는 중국과 인도를 포함한 여타의 아시아 국가만이 아니라 멕시코나 브라질 등과 같은 남미 국가들에 비해서도 한국 노사관계의 수준이 떨어지는 엄연한 현실을 확인하게 된다.

〈표 I-2-3B〉 노사관계 경쟁력의 국제비교(WEF)

		2000		2001~2002		2002~2003		2003~2004		2004~2005	
		순위	점수	순위	점수	순위	점수	순위	점수	순위	점수
전체 대상국 수		60		75		80		102		104	
인구 2천 만 명 이상	한국	56	**3.9**	72	**3.5**	55	4.0	94	**3.6**	103	**3.1**
	말레이시아	18	5.3	10	5.7	19	5.2	10	5.6	15	5.4
	태국	29	4.9	29	4.8	9	5.6	14	5.4	28	5.0
	대만	16	5.3	24	4.9	12	5.5	13	5.5	13	5.5
	멕시코	25	5.0	42	4.5	39	4.4	33	4.7	33	4.8
	브라질	41	4.5	50	4.3	40	4.2	52	4.3	50	4.4
	인도	51	4.2	64	3.8	55	4.0	75	4.0	51	4.4
	중국	37	4.5	45	4.5	32	4.7	51	4.3	41	4.6
	미국	23	5.1	21	5.0	21	5.1	18	5.2	22	5.1
	일본	6	6.0	4	6.1	5	5.8	14	5.4	7	5.9
	독일	17	5.3	14	5.3	20	5.2	32	4.7	20	5.2
인구 2천 만 명 미만	홍콩	10	5.7	7	5.8	14	5.3	4	5.8	4	6.0
	싱가포르	1	6.3	1	6.4	1	6.2	1	6.3	1	6.3
	아일랜드	19	5.2	31	4.7	15	5.2	25	5.0	26	5.0
	네덜란드	7	5.9	3	6.1	11	5.5	7	5.8	8	5.7

주 : 점수는 7점 만점 기준임.
자료 : WEF.

3. 대립적·비합리적 노사관계

앞에서 보았듯이 1987년 이래 현재에 이르기까지 한국의 노사관계는 안정적으로 발전되지 못하여 대내외적으로 매우 낮은 평가를 받고 있다. 한마디로, 협력적 노사관계가 아닌 대립적 내지는 적대적 노사관계가 이어져오고 있는 것이다. 노사 양 당사자 사이에 대화와 타협을 통한 자율적 해결의 기조가 정착되지 못하고 파업이 빈번하게 발생하는 상황이 여태까지 지속되고 있다.

이러한 사정은 [그림 I-2-4]를 통하여 개략적으로 알 수 있다. 여기에서 보듯이, 2000년대에 들어서 파업 건수나 참가자 수는 다소의 기복을 보인 뒤 2004년을 분수령으로 하향 추세에 있지만 여전히 높

[그림 I-2-4] 파업 건수, 참가자 수 및 근로손실일수

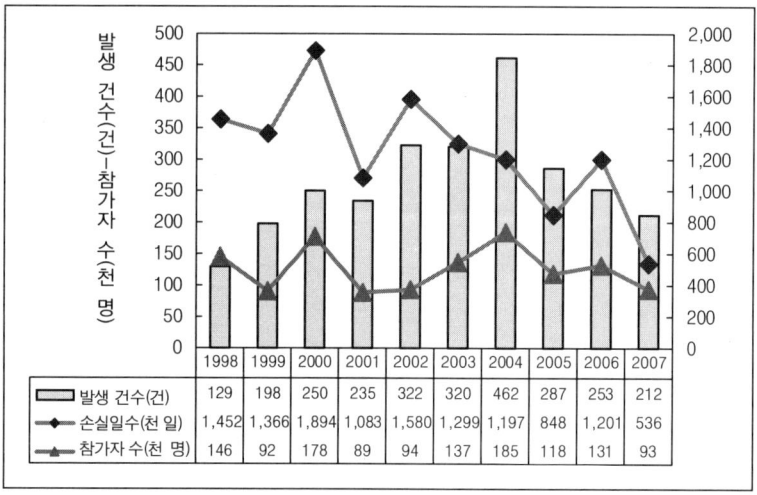

자료: 노동부 DB.

은 수준이다. 근로손실일수는 하향 추세를 보이다가 2006년에 다시 증가한 뒤 2007년에는 대폭 감소했다. 2006년에 파업 건수는 감소했음에도 불구하고 근로손실일수가 증가한 것은 특정 대기업의 파업이 다소 길어졌기 때문이다.

전산업 피용자 1,000명당 근로손실일수로 나타낸 파업성향을 비교해보면, 몇몇 유럽 국가와 캐나다보다는 낮지만 OECD 및 EU 국가들의 평균을 훨씬 상회하는 높은 수치를 보이고 있다(〈표 I-2-4 참조〉). 1990년대까지만 하더라도 한국보다 높은 파업성향을 보였던 아일랜드가 사회협약을 통해서 2000년부터 격감 추세를 보이며 역전시키고 있는 것은 주목할 만하다.

이렇듯이 상대적으로만이 아니라 절대적으로 성향이 높고 이에 따른 경제적 손실이 여전히 해마다 누적되는 것은 그만큼 한국의 노사관계가 협력적이기보다는 대립적임을 말해주는 것이다.

〈표 I-2-4〉 파업성향의 국제비교(1995-2004)[1]

	1995	1996	1997	1998	1999	2000	2001	2002	2003	2004	평균[2] 1995-1999	평균[2] 2000-2004	평균[2] 1995-2004
한 국	31	68	34	119	109	144	79	111	90	81	73	106	90
영 국	18	55	10	11	10	20	20	51	19	34	21	29	25
오스트리아	0	0	6	0	0	1	0	3	398	0	1	81	41
벨기에	33	48	13	28	8	8	54				26		
덴마크	85	32	42	1,317	38	51	24	79	23	31	306	42	172
핀란드	493	11	56	70	10	126	30	36	42	21	124	51	85
프랑스	300	57	42	51	64	114	82				102		
독 일	8	3	2	1	2	0	1	10	5	2	3	4	3
아일랜드	132	110	69	32	168	72	82	15	26	14	102	41	68
이탈리아	65	137	84	40	62	59	67	311	124	44	77	122	100
룩셈부르크	60	2	0	0	0	5	0	0	0	0	12	1	6
네덜란드	115	1	2	5	11	1	6	35	2	9	26	11	18
포르투갈	20	17	25	28	19	11	11	29	15	12	22	16	19
스페인	157	165	182	121	132	296	152	379	59	306	150	238	200
스웨덴	177	17	7	0	22	0	3	0	164	4	45	34	39
EU 평균	96	53	37	53	36	60	43	109	50	57	54	63	59
아이슬란드	1,887	0	292	557	0	368	1,571	0	0	1,052	535	623	581
노르웨이	27	286	4	141	3	239	0	72	0	68	91	76	83
스위스	0	2	0	7	1	1	6	6	2	10	2	5	4
터 키	566	30	19	29	23	35	28	4	14		124		
호 주	79	131	77	72	89	61	51	33	54	46	89	49	68
캐나다	133	280	296	196	190	125	162	218	122	226	218	171	193
일 본	1	1	2	2	2	1	1	0	0		2		
뉴질랜드	41	51	18	9	12	8	37	23	13	4	26	17	21
미 국	51	42	38	42	16	161	9	5	32	8	38	43	40
OECD 평균	77	51	41	46	29	86	27	47	35	39	48	47	48

주: 1) 몇몇 피용자 수치는 추정되었음.
2) 자료가 이용가능했던 각각의 연도들의 연평균치를 고용으로 가중하여 계산함.
자료: Beardsmore, R., "International Comparisons of Labour Disputes in 2004", *Labour Market Trends*, April, 2006, p. 119. 근로손실일수는 ILO, Eurostat, National Statistical Offices 등; 피용자는 OECD, National Statistical Offices 등 ; 한국은 노동부 내부 자료와 통계청의 『경제 활동 인구조사』원자료를 활용하여 작성. 한국노동연구원(2007b), p. 41에서 전재함.

〈표 I-2-5〉 부당 해고 및 부당 노동행위 심판사건 건수

	부당 해고			부당 노동행위		
	접수	처리	인정	접수	처리	인정
2001	6,117	5,219	1,061	1,830	1,454	196
2002	5,348	4,617	1,028	1,787	1,496	254
2003	5,246	4,419	913	1,332	1,082	125
2004	6,163	5,092	1,014	1,262	964	121
2005	6,701	5,487	1,092	1,382	1,033	114
2006	6,786	5,835	1,100	1,629	1,351	138

자료 : 중앙노동위원회.

높은 파업성향과 더불어 부당 노동행위 및 부당 해고에 따른 일상적인 노사갈등은 대립적 노사관계를 보여주는 또 하나의 지표이다(다음 장에서 논의되겠지만, 이 양자는 긴밀히 연관되어 있다). 〈표 I-2-5〉에서 통계집계가 이루어진 최근의 기간에만 국한해보더라도, 노동위원회에는 매년 부당 해고와 부당 노동행위에 대한 심판사건 접수가 폭주하고 있다.

접수된 사건을 그 해에 완결할 수 없을 정도로 사건이 폭주하는 것은 그만큼 일상적으로 노사 간의 갈등이 심각하다는 것을 의미한다. 처리된 사건 가운데 부당 해고나 부당 노동행위로 인정받아 구제된 비율 자체는 그다지 높지 않으나, 산업현장에서 이를 둘러싼 갈등이 다시 이어지고 있는 것도 노사관계를 더욱 대립적인 것으로 만드는 요인이 되고 있다. 산업현장에서 평소의 갈등에 따른 감정대립이 파업을 하지 않으면 요구조건을 관철시키기가 힘들다고 판단하게 하여, '쟁취'를 위한 파업으로 가는 경향이 높은 파업성향을 기록하게 된 것으로 생각된다.

물론, 파업성향이나 관련지표만 가지고 협력적이냐 대립적이냐는 식으로 재단하는 것은 무리가 따를 수 있다. 여기에서 반드시 고려되

어야 할 요소는 파업의 합법성 여부와 그 양태이다. 최근 들어 불법파업의 건수는 많이 줄어들고 있는 추세를 보이긴 하지만, 여전히 대규모의 시위와 폭력을 동반한 불법파업이 근절되지 않은 상태이다. 이러한 과격성은 일차적으로 '전투적 실리주의'의 노동운동에 기인하지만,[2] 노동운동 자체는 국가발전에 도움이 되며 파업이 필요하거나 불가피하다고 인정하면서도 우리 국민들은 국민생활에 영향을 미치는 이와 같은 집단행동이 자제 내지는 금지되어야 한다는 데에 목소리를 더욱 모으고 있음을 주목할 필요가 있을 것이다.[3]

다시 국민의 목소리에 귀를 기울여보자. 아래 [그림 I-2-5]는 노사관계의 주요 사안에 대한 여론조사 결과를 요약한 것이다. 먼저, 노사교섭의 실패에 대해서 국민들은 한결같이 예나 지금이나 노사 모두에게 그 책임이 있다고 한다. 이는 지극히 당연한 것임에도 불구하고 노사가 서로 책임을 미루기에 급급하고 각자에게 유리한 방향으로 정부의 개입을 요구하고 있는 현실은 분명히 비합리적이다. 비록 작은 변화이기는 하지만, 노조보다는 사용자에 더 책임이 있다는 이전의 견해가 뒤집히고 있는 최근의 여론 변화도 주목된다. 여론의 변화를 그대로 받아들인다면, 근로자(노조)의 요구가 과도화의 경향을 보이고 있는 한편으로 사용자의 근로자에 대한 배려도 여전히 부족하다. 이 역시 한국의 노사관계가 합리적이지 못함을 말해주는 것이다. 노조는 스스로의 요구를 합리적으로 조정하고, 사용자는 노사관계에 더욱 많은 관심과 투자를 해야 함을 가리키는 것으로 해석된다. 마지막으로 파업이 자제되어야 한다는 데에 국민들은 목소리를 모으고 있는데, 이는 파업권의 남용 경향에 대한 국민의 질타라고 할 수 있다. '툭하면 파

---

[2] 이에 대해서는 다음 장에서 보다 자세히 논의될 것이다.
[3] 앞에서 인용된 두 여론조사 결과를 보더라도, 이러한 의견이 76.2%(1989년)에서 88.3%(2007년)로 크게 증가되었다.

[그림 I-2-5] 노사관계 주요 사안에 대한 국민 여론

노사교섭의 실패 책임은 누구에게 있는가?

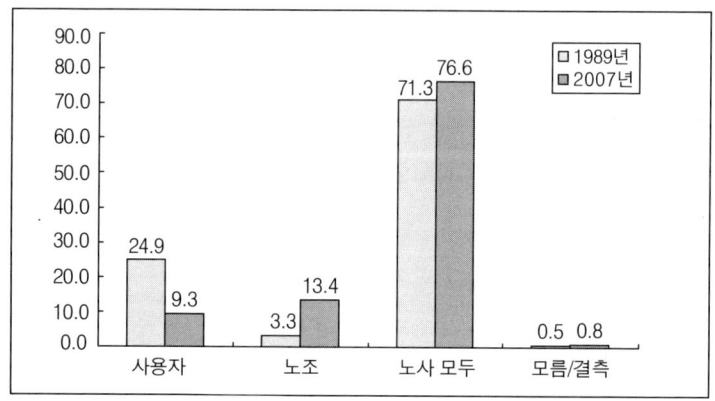

근로자(노조)의 요구는 정당한가?

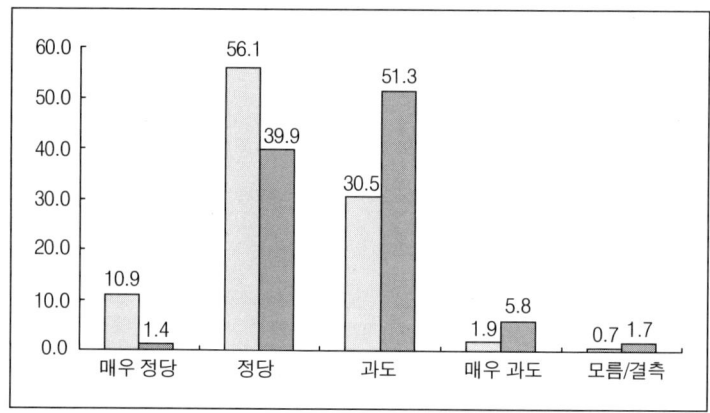

업' 내지는 "파업부터 때리고 보자"는 데에 대해서 비판적인 국민들의 시선을 무겁게 받아들이지 않으면 안 될 현실이다.

한국 노사관계의 현주소를 한마디로 요약한다면, 대립적·비합리적 노사관계라고 할 수 있다. 노사 당사자만이 아니라 노정 간에도 여전히 불신과 긴장의 관계가 상존하고 있다. 1987년 이른바 '노동자 대투쟁'을 거치면서 집단적 실력행사로 자신의 요구를 관철시키려는

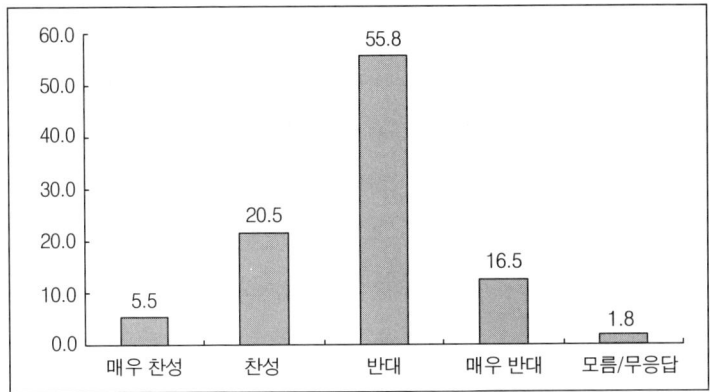

기업주는 근로자의 이익보다 주주의 이익을 우선해야 한다

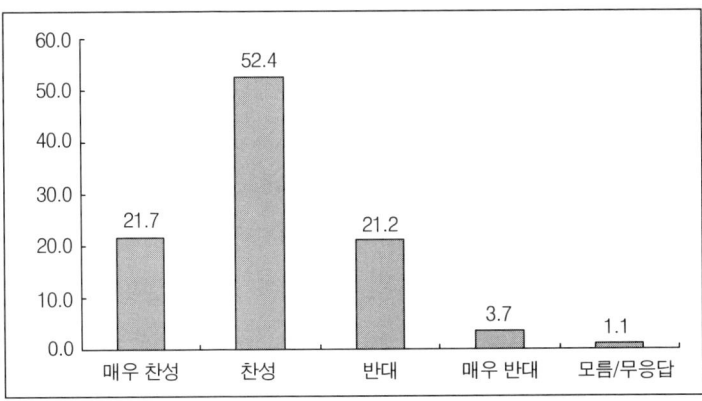

파업은 자제되어야 한다

자료 : [그림 1-2-1]과 같음.

근로자 집단, 그들이 제기하는 문제를 정면으로 부딪치고 해결하려고 하기보다는 회피하거나 편법이나 미봉책으로 넘기려는 사용자, 파업이 발생하면 소방수 역할에 급급해온 정부, 노사관계 3주체가 나름대로의 문제가 있다. 이런 의미에서 한국의 노사관계의 현주소는 비합리적 노사관계에 머물고 있다. 즉 대립적이며 비합리적인 노사관계

속에 생활하고 있는 것이다.

　이로부터 우리 스스로가 못마땅하게 생각하는 노사관계의 자화상이 그려지고, 거의 모든 노동문제가 사실상 이에서 비롯된다고 할 수 있다. 이것이 1987년부터만 꼽더라도 이제 성년이 다 되어가는 한국의 노사관계의 현주소임을 부인할 수 없다. 성년의 나이에 부끄럽지 않게 성숙되고도 합리적인 노사관계의 구축을 위한 노력의 필요성이 더욱 절박하게 느껴지는 것이다.

제3장

1987년 체제와 1997년 체제의 성찰적 고찰

 대립적·비합리적인 노사관계의 현주소는 1987년 체제와 1997년 체제의 연장선상에 있다. 따라서 이 장에서는 먼저 1987년 체제와 1997년 체제를 거치면서 전개된 한국의 노사관계를 성찰적으로 고찰해보고자 한다.

 열린 노사관계의 시작과 더불어 전개된 1987년 체제는 경제위기가 가져온 1997년 체제로 이어졌고, 그 누적적 연장선상에 현재의 노사관계가 자리하고 있다. 물론 1987년 체제를 보기 위해서는 그 이전까지 거슬러올라가야겠지만, 1987년 체제가 이전 시대의 역사-사회의 구조적 산물임을 충분히 감안하면, 1987년 체제에서부터 출발해도 무리는 없을 것이다.

1. 1987년 체제 : 민주화와 노동운동

 민주화 운동에 힘입어 1987년의 열린 공간 속에서 분출된 노동운동은 적어도 노사관계 측면에서 1987년 체제를 주도했다고 할 수 있다. 물론 민주화 운동 자체를 주도한 것은 아니지만, 당시 민주화와 열린 노사관계는 불가분의 관계에 있었으므로, 분출된 노동운동의 힘은 비단 노사관계 차원만이 아니라 그 이상으로 민주화의 추진동력으로 작용했다. 1987년 체제를 통해서 노동운동은 노조운동으로 정형화되면서 급속하게 성장해왔다.

이른바 '노동자 대투쟁'에서 분출된 힘은 가히 폭발적이라고 할 수 있었는데, 근로자의 인간적 대우와 생존권에 대한 집단적 요구는 그 자체로서 정당할 뿐 아니라 실질적 민주화로 나아가는 길로 받아들여져 사회적 지지를 받았고, 그것이 다시 노동운동의 동력으로 재생산되었다. 당시 국민의 대다수가 근로자의 집단행동이 과격하다(71.8%)고 하면서도, 활발한 노조활동이 사회평등화(69.8%)는 물론 정치민주화(61.7%)나 경제성장(53.3%)에도 좋은 방향으로 영향을 미치는 것으로 인식하여 근로자의 집단행동이 꼭 필요하거나 불가피하다(57.6%)고 보았다.[1]

이러한 과정에서 노동운동은 '노동운동=민주화=진보'의 등식을 지렛대로, '노동해방' 혹은 '노동자가 주인 되는 세상'을 위한 역사진보의 담지자로 자처하면서 점차 현실적인 힘을 획득해갔다. 이 힘은 노조의 투쟁성 혹은 전투성으로 표출되었는데, 그동안의 닫힌 노사관계에 대한 대응수단으로 집단적 권리의 쟁취와 더불어 개별적 이익의 증진을 도모하는 실리주의와 결합함으로써, 이른바 '전투적 실리주의'로 나아가게 되었다.

집단적인 시위나 가두투쟁 등과 같은 수단과 방법을 동원하여 압박하는 전통적인 충격효과(shock effect)와 더불어 무노조 사업장의 조직위협과 같은 분출효과(spillover effect)를 통하여,[2] 한편으로는 노

---

[1] 서울대 사회과학연구소(1989)에 의거함. 근로자의 경우는 집단행동의 과격성(63.2%)을 제외한 나머지 항목 모두에서 일반 국민보다 좀더 높은 비율을 나타냈다(한국노동연구원, 1990).

[2] 충격효과에 대해서는 Slichter(1941)에 더하여 Freeman & Medoff(1980)를, 분출효과에 대해서는 Foulkes(1980)를 참조.

〈표 I-3-1〉 1987년 체제하의 노조 및 임금 상승 추이

	노조			명목임금 상승률(%)	
	노조 수	조합원 수(천 명)	조직률(%)	비농전산업	제조업
1986	2,675	1,036	12.3	8.2	9.2
1987	4,103	1,267	13.8	10.1	11.6
1988	6,164	1,707	17.8	15.6	19.6
1989	7,883	1,932	18.6	21.2	25.1
1990	7,698	1,887	17.2	18.8	20.2
1991	7,656	1,803	15.4	17.5	16.9
1992	7,527	1,735	14.6	15.2	15.7
1993	7,147	1,667	14.0	12.2	10.9
1994	7,025	1,659	13.3	12.7	15.5
1995	6,606	1,615	12.5	11.2	9.9
1996	6,424	1,559	12.1	11.9	12.2
1997	5,733	1,484	11.1	7.0	5.2

자료 : 한국노동연구원, 『2006 KLI 노동통계』, 2006. 7.

조의 신규결성 등 조직확대와 더불어 정치적 위상제고를 도모하고 주로 임금 등 급여인상에 초점을 맞춘 조합원의 경제적 이익증진에 주력했다. 정상적인 협상(27.4%)이나 선협상-후농성(16.0%)에 의하기보다는 선농성-후협상(49.8%)의 행위가 보다 빈번히 선택된 것이 1987년의 경험이었다(한국생상성본부, 1987a, p. 22).

이러한 행위는 그 나름대로는 유효한 귀결로 이어졌다고 할 수 있다. 〈표 I-3-1〉에서 보는 바와 같이, 이 기간 중 노조는 이전과는 비교가 되지 않을 정도로 조직을 크게 확대했고, 근로자의 임금은 큰 폭으로 지속적으로 상승했다. 노조 관련 지수는 1990년의 피크를 전후로 조직률이 1987년 전의 수준으로 돌아간 것과 같이 추이가 달라지긴 했지만, 노조 및 조합원 숫자는 이 기간 중 크게 늘어났다. 이와 더불어 명목임금은 1995년 제조업의 9.9%를 미약한 예외로 하면서 이 기간 중 한 해도 빠지지 않고 두 자릿수 인상 행진을 이어갔던 것이다.

〈표 I-3-2〉 사용자가 본 분규해결의 애로요인   단위 : %

한국생산성본부(1987b) 조사결과		노동부(1988) 조사결과	
근로자 측 요구의 급격한 변화	69.4	근로자의 비타협적 자세	41.9
경영사정 홍보 미비	14.3	협상 경험 및 기술의 부족	34.4
어용노조 시비 등 협상대상	7.2	제3자의 개입	13.9
분규 대비 경영전략 부재	3.9	기업주의 비타협적 자세	2.3
정부의 소극적 자세	2.8	정부의 조정능력 미흡	2.0
중재 및 알선 기관의 부재	1.7	기타/무응답	5.2
기타	3.6		

이러한 노동의 '약진'에 비하여 사용자는 기본적으로 수세적이면서도 구태의 행위를 벗어나지 못했다. 기존의 노동억압적 체제하에서 정부 의존적이었던 사용자들로서는 자율적인 대응에 미숙하여, 민주화의 대의에 편승한 노조의 '과격한 투쟁'과 '요구의 급격한 변화'에 당황하거나 마지못해 밀리면서도 여전히 강경하게 대응하는 모습을 보였다.

노동부(1988)에 의하면 사용자의 3분의 2가량이 1987년 노사분규가 과격했다고 보았고, 그 가장 큰 원인을 민주화 분위기에 따른 공권력 개입의 약화(48.4%)라고 하여 그동안 근로자들의 부당한 대우(12.4%) 내지는 경제발전에 따라서 겪어야 할 과정(22.9%)으로 이해하는 수준에는 미치지 못하는 것으로 나타났다. 또한 〈표 I-3-2〉에서 보듯이 사용자들은 교섭이나 분규 타결시의 가장 큰 애로요인으로 근로자 측 요구의 급격한 변화를 들거나, 근로자의 비타협적 자세라고 했다.[3]

사용자는 대부분(95.1%)이 협상에 임했고 협상만으로 분규가 마무

---
[3] 흥미있는 사실은, 같은 조사에서 근로자 측은 협상 경험 및 기술의 부족(40.6% ; 사용자는 34.4%)을 사용자의 비타협적 자세(32.4%)보다 큰 애로요인으로 꼽음으로써, 근로자의 비타협적 자세를 가장 큰 애로요인으로 꼽은 사용자와 대조를 보였다는 점이다.

〈표 I-3-3〉 노조 유무별 노사분규의 양상　　　　　　　　단위 : %

	분규 유무		분규 양상			대응 조치		
	유	무	조업에 별 지장 없음	태업 잔업 거부 부분 파업	사업장 전체 파업	협상	조업 중단	휴업 등
有노조	58.9	29.6	42.9	60.4	65.0	59.0	62.4	75.4
無노조	41.2	70.4	57.1	39.6	35.0	41.0	37.6	24.6

자료 : 한국생산성본부(1987b), p. 79에서 발췌.

리된 기업도 63.3%에 달했지만, 25.8%가 조업중단을 경험했으며 18.9%는 휴업(직장폐쇄, 폐업 등 포함)에까지 이르렀다. 특히 운수장비, 과학계측 및 조정용 기기 분야에서는 모두 협상을 거치기는 했으나 사용자들이 상대적으로 강경한 입장을 취해 조업중단 및 휴업으로 이어지는 비율이 가장 높았다. 협상을 하지 않고 조업중단 및 휴업 등의 조치로 대응한 기업은 4.1%에 불과했다(한국생산성본부, 1987b).

그러나 조업에 별 지장이 없는 상태에서의 태업으로부터 잔업 거부, 부분 파업, 그리고 작업장 전체 파업 등으로 분규의 양상이 격화되는 과정에서 노조의 존재가 뚜렷해져갔다. 〈표 I-3-3〉에서 보듯이 분규의 양상이 격화될수록 유(有)노조 사업장의 비율이 증가하고, 사용자의 대응조치가 협상에서 조업 중단, 휴업 등으로 강경해지는 경향은 유노조 사업장의 비율 증가와 궤를 같이 한 것으로 나타난다. 이는 결국 분규의 양상이 격화되고 이에 따라서 사용자의 대응조치가 강경해지는 과정에서 노조와 사용자가 대립양상을 보이고 동시에 노조 자체가 분규의 큰 이슈가 되었다는 것을 말해준다.

1987년을 계기로 민주화의 새로운 상황 속에서 노동운동이 활성화되고 노조운동으로 정형화되면서, 노조의 강화와 이에 대한 사용자의 우려가 표면화되는 가운데 노사관계의 지형은 이전과는 다르게 변화의 모습을 보였다. 점차 세력화된 노조는 민주화의 이완된 분위기에서 조직 내지는 물리력을 동원하여 사용자를 압박하고, 재야 노동운동 세력의 영향과 지원을 받아 타협보다는 '쟁취'를 통해서 노조의 위상을 높이고 운동을 강화하는 방식을 택했다. 특히 신생노조 중심의 제2노총 —— 전노협, 전노대를 거쳐 민주노동조합총연맹(이하 민노총)으로 발전한다 —— 의 이런 운동기조는 '선명성 경쟁'을 통해서 기존 노조, 즉 한국노총(이하 한노총)의 다소 타협적인 기조를 압도하는 양상을 보였다.

이에 대해서 사용자는 그동안의 정부 의존적 타성에서 벗어나지 못한 상태에서 스스로 노사자율의 새로운 규범을 확립하기에는 힘이 부족했고 노조 설립을 방해하거나 분규 때에 구사대(求社隊)를 동원하는 등 구태도 있었으나, 대체적으로 민주화의 분위기와 노조의 힘에 밀리면서 정부 개입에 의한 상황 정리를 요구하는 입장을 보였다. 1987년 경영계는 민주화의 분위기 속에서 헌법개정과 관련하여 노동권의 '지나친' 신장 가능성에 대한 우려를 수차례 표명하고, 이듬해에는 노사분쟁의 신속한 처리를 위한 정부의 조정과 더불어 법의 권위 회복 및 엄정한 집행을 요구했다.[4] 그러나 기본적으로는 민주화의 분위기 속에서 노조나 정부에 대해서 자기 목소리를 제대로 내지 못했고, 일관된 입장을 취하지도 못했다.

---

4) '헌법개정에 따른 노사제도 합리화에 관한 경영계 의견'('87.7.10), '헌법개정과 노사관계 정립을 위한 경영계 의견'(7. 20), '헌법개정에 관한 경영계 의견'(7.30), '노동관계법 개정에 관한 경영계 의견'(9.4. 및 9.16), '노동조합법 시행령 개정에 관한 의견'(11.30), '노동관계법 시행령 개정에 관한 의견'(12.21), '노동법의 권위회복과 노사 자율교섭 풍토 조성을 위한 경영계 의견'('88.6.22), '노동법 재개정 움직임에 대한 경영계 의견'(8.19), '야당의 노동법 개정(안)에 대한 경영계 의견'(12.8), 새해 노동시책 방향에 관한 건의'(12.9) 등을 참조.

한편, 정부는 민주화 운동이 쟁취한 6.29 선언 직후 7-8월에 봇물처럼 터져나온 노동쟁의가 대부분 실정법을 무시한 파업농성이었음에도 불구하고 고조된 민주화로 인한 이완된 정치적 분위기로 말미암아 "쟁의 조정권한을 가진……노동위원회가 전혀 역할을 하지 못[할]"(민남식, 1997, p. 47) 정도로 상황을 제대로 통제하지 못했다. 대형 분규에 대해서는 정부 당국자가 직접 나서 노조나 근로자의 기본적인 요구를 수용하는 방향으로 중재를 하기도 하고 9월 들어서부터는 대우자동차, 현대중공업 등에 경찰력을 투입하여 급한 불을 끄곤 했으나,[5] 종전과 같은 소방수 역할은 한계에 부딪혔다.

이에 따라서 보다 근본적이고 제도적인 개혁이 요구되었고, 여야 정치권은 물론 노동계와 경영계의 의견을 수렴하여 주로 집단적 노사관계법의 개혁에 초점을 맞춘 노동관계법의 개정이 논의되었다. 1987년 말경에 이루어진 이 대폭적인 법개정은 여전히 한계가 있긴 했으나, 노동운동이 민주화 운동과 동일시되는 정치적 상황에서 이루어진 것인 만큼 노조의 조직과 활동을 자유화하고 강화해주는 것이었다. 노조의 설립요건과 조직형태를 자율적으로 결정할 수 있게 하고 노조의 설립신고 절차를 간소화하는 등 노조의 자주성을 보장함과 동시에 단체교섭 위임절차의 간소화, 유니언 숍(union shop) 제도의 인정, 냉각 기간의 축소, 알선 기능의 노동위원회로의 이관, 임의조정제도의 도입, 공익사업의 범위 축소, 쟁의금지 대상의 부분적 축소 등을 통해서 노동운동이 활성화될 수 있는 길을 제도적으로 열었다.

이러한 것들은 1980년 신군부 정권에 의해서 개악된 부분을 그 이전 수준으로 원상회복시키는 내용이 많았지만, 노조의 조직과 활동의 자유화는 이전에 비해서 확대·강화된 것이었다. 민주주의의 회복과

---

5) 구체적인 사례는 한국노총(1988), 제2부를 참조.

더불어 노조의 자율성과 함께 노동운동의 활동공간이 넓어짐으로써 집단적 노동권이 법제적으로 회복되었다고 할 수 있다. 이리하여 1987년 이후 급속히 세력을 불리면서 상호연대를 도모해왔던 재야 노동세력들은 기존의 한노총을 어용 노조로 규정하고 1995년 독자적으로 민노총을 결성하여, 법외단체라는 한계에도 불구하고 한노총과의 차별성을 강조하면서 실질적으로 노동운동을 주도하는 상황이 전개되었다. 물론 이에 만족하지 않고 민노총의 합법화를 비롯하여 민주화에 걸맞게 노동권의 보장이 제도적으로나 실질적으로 더욱 강화되어야 한다는 견해가 여전히 남아 있었으며, 그것은 1997년의 노동관계법 (재)개정 이후에도 끊임없는 제도개선의 요구로 표출된다.

1987년의 소용돌이가 지나간 1990년대 초에 들어서부터는 산업현장의 노사분규가 전반적으로 줄어들면서, 협력적 노사관계 기반을 만들기 위한 '사회적 합의' 노력이 이루어지는 등 나름대로의 발전을 기록하긴 했지만,[6] 제기되는 다양한 이슈들에 대해서 노사정 간의 현격한 시각차는 여전했다. 이런 가운데 사무직 위주의 노동운동이 크게 성장함과 동시에 사회경제적 영향이 큰 대기업과 공기업 노조로 노동운동의 주도권이 옮겨가는 양상을 보였다. 강력한 조직력을 갖춘 이들 노조가 주도하는 노사분규는 대형화 및 연계화됨으로써 분규가 발생하면 오래 지속되는 전투적 특징과 더불어 정치적 성격을 나타냈다. 실제 이들은 '노동운동=민주화'의 주역임을 자처하면서 전투적 노동운동을 정당화 내지는 미화하는 한편 전투성을 무기로 실리를 챙기는 '전투적 실리주의' 노동운동을 대체로 성취해왔다. 이렇듯이 민주화 운동에 의해서 공간이 열린 한국의 노동운동은 민주화의 추진과

---

6) 그 주요한 것들로는 국민경제사회 협의회(1990), 노사정 경제회복 공동선언(1993)), 노-경총 임금 합의(1993, 1994), 노사관계 개혁위원회(1996) 등을 들 수 있다. 이에 대해서 자세한 것은 최영기 외(1999), 제2-5장을 참조.

더불어 곧바로 정치화의 길을 걷게 되었다.

2. 1997년 체제 : 구조조정과 고용불안

'노동의 공세'라고도 할 수 있는 1987년 체제에 대한 전면적인 도전은 외환위기에서 비롯된 1997년 체제라고 할 수 있다. 외환위기가 일어나기 전까지만 하더라도 노동운동의 힘은 승승장구하여, 노정관계에서도 과거 권위주의적 시대와는 전혀 다른 양상으로 전개되었다. 1996년 말 국회에서 여당 단독으로 처리된 노동관계법 개정을 총파업으로 결국 폐기시키고 재개정을 이끌어내었는가 하면, 세계화에 대응한 정부의 금융개혁안마저도 무산시키는 막강한 힘을 과시했다. 그러나 바로 이 시기적인 연장선에서 외환위기가 일어나고 이에서 비롯된 경제위기는 국제통화기금(IMF) 구제금융이 조건지운 한국 경제의 구조조정을 불가피하게 했다. 이로부터 도래한 1997년 체제는 노동계를 고용불안으로 몰아넣으면서 그들의 공세를 수세로 돌려놓았다. 반면, 상대적으로 수세에 몰리던 기업의 고용조정은 실지(失地) 회복의 시도처럼 비치기도 했다.

IMF 관리체제하에서 출범한 김대중 정부는 경제위기 극복을 당면 과제로 설정하고, 〈표 I-3-4〉로 요약되는 IMF의 처방에 따라서 거시경제를 운용하면서 기업, 금융, 공공, 노동 등 4대 부문의 구조조정에 온힘을 기울였다.

수축적인 재정 및 금융 정책으로 경기가 위축되는 가운데 각 부문에서 재무 건전화와 더불어 효율성 위주의 구조조정이 진행되었고, 실제 구조조정은 고용조정에 역점이 두어졌다. 이는 노동부문의 구조조정과 직결된 것으로, 노동시장의 유연화를 법제적으로 지원하기 위하여 정리해고를 핵심으로 하는 노동법 개정이 빠르게 이루어졌다.

〈표 I-3-4〉 IMF 처방의 주요 내용

부문		정책 내용
거시 정책	통화 및 환율 정책	• 물가 및 환율 안정을 위한 긴축 - 유동성 환수 및 금리 인상 - 환율과 단기금리를 시장지표로 활용 - M3, 본원통화, 순국내 자산에 대한 목표설정
	재정정책	• 경기둔화, 구조조정 비용 등을 감안하더라도 흑자기조 유지 - 교통세, 특별소비세 인상, 과세 대상 확대 - 지출 축소
구조 조정 정책	금융부문	• 금융 시스템의 건전화, 투명화, 효율화를 위한 구조조정 시행 - 명확하고 확실한 퇴출 정책 실시, 시장규율 확립, 경쟁 강화
	무역-자본 자유화	• 국내 경쟁을 강화하기 위해서 수입 허가제 등 잔존 무역 관련 규제 폐지 • 기존의 자본자유화 계획을 앞당겨 시행
	기업부문	• 금융개혁, 자본자유화 등을 통한 기업 지배구조 개선 - 인수합병(M&A) 활성화, 국제적인 회계기준 도입, 연결재무제표 도입, 파산 관련법 개선, 구제금융 배제
	노동시장	• 노동시장 유연성을 높이기 위한 정리해고 원활화 - 인력 재배치 등 실업 대책 마련

자료 : IMF(1997)에서 정리.

1998년 2월의 개정은 정리해고의 요건을 경영상의 이유로 제한하고 해고 회피 노력을 명시한 것을 제외하고는 1년 남짓 전에 변칙 처리되었다가 철회된 내용과 본질적인 차이는 없었다.[7] 다만 정부가 그동안의 노동정책이 노동 배제적인 면이 있었음을 인정하고, 노사정위원회(이하 노사정위)의 구성을 통해서 합의 처리한 점이 그 전의 경우와는

---

7) 이 외에도 변형 근로시간제와 파견근로제 등 노동시장 유연화를 위한 제도가 도입된 것이 1998년 개정의 특징이라고 할 수 있다.

〈표 I-3-5〉 정리해고에 의한 고용조정 예시   단위 : 천 명

	총인원 (1997년 말 현재)	1999년 말까지 감축인원	2000년 감축		2001년 감축계획
			계획	8월 말까지의 실적	
일반은행	114	39*			
중앙정부	162	17	5	2	11
지방자치단체	294	28			
공기업	166	32	9	4	–
출연 및 위탁기관	63	14	2	0.3	12

주 : * 1999년 6월 말 현재까지임.
자료 : 기획예산처.

뚜렷이 대비된다. 물론 이것이 가능했던 것은 흔히 'IMF 사태'로 일컬어지는 경제위기 상황 때문이었음은 두말할 나위가 없다.

이 법제화를 계기로 각 부문에서 정리해고에 의한 고용조정이 급물살을 타게 되었다. 〈표 I-3-5〉를 통해서 개략적으로 보더라도, 'IMF 졸업'이 조기에 이루어졌다고 하는 1999년까지 매우 짧은 기간 동안 은행 및 공공 부문에서만 정리해고로 추정되는 인원이 13만 명에 달한다. 기업부문에서도 많은 정리해고가 이루어졌던 것은 물론이다. 경영의 투명성과 시장의 효율성 추구를 통해서 위기 극복의 노력을 기울이는 한편, 다급한 나머지 기능적인 혁신보다는 고용조정 위주의 구조조정을 단행했기 때문이다.

비단 고용조정만이 아니라 전반적인 경제위기에 따른 기업의 도산 등에 따른 대량실업의 발생으로 노동시장은 이전과는 다른 양상을 나타냈다. 위기 발생 이전까지만 하더라도 이론적으로 완전고용 수준인 2%대였던 실업률은 1999년 1/4분기까지 8.4%로 가파르게 치솟았다 ([그림 I-3-1] 참조). 노숙자의 발생과 증대, 그리고 실직 및 도산에 따른 가족 동반 자살과 같은 사회병리 현상이 두드러지게 나타난 것

[그림 I-3-1] 실업자와 실업률 추이

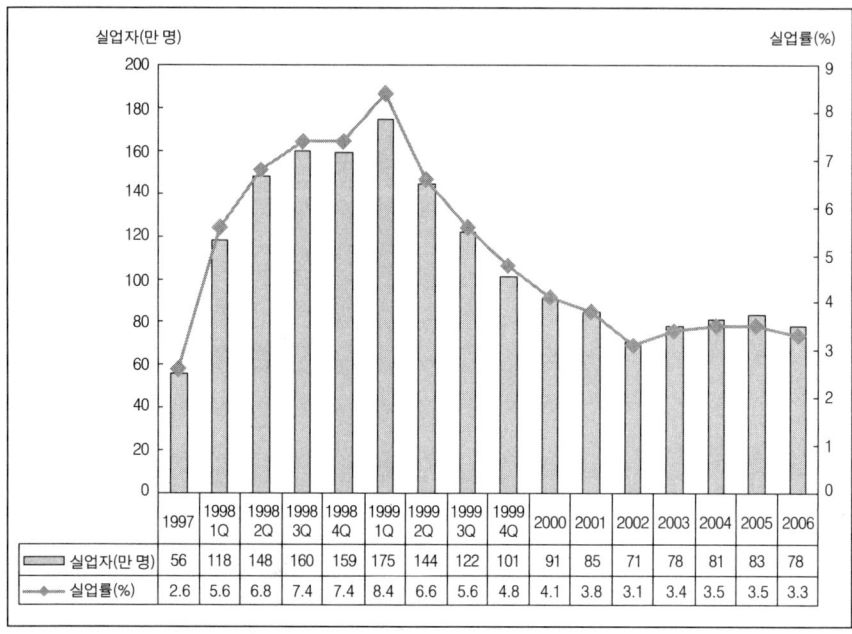

자료: 노동부 DB.

도 대체로 이 시기까지이다. 이후 경기회복세가 가시화되면서 1999년 4/4분기 중에는 4.8%로까지 떨어진 이후 2001년부터는 3%대로 고착되고 있으나, '실업대란'이 끝난 것은 아니다.

외환위기를 넘긴 이후에도 상시적인 구조조정 체제가 유지되고 경제성장이 둔화되는 과정에서 고용불안이 이어져오고 있다. 공공근로 대책 등으로 IMF 위기로 인한 실업대란의 고삐는 잡았지만,[8] 이후 경제성장에도 불구하고 '고용 없는 성장(jobless growth)'으로 신규고용은 크게 증대하지 않고 불안정 취업자가 늘어나는 가운데 거기에도 흡수되지 못한 실업이 장기화하고, 고용이 이루어지는 경우에도 한시

---

[8] 이에 대해서 자세한 것은 노동부(2003)를 참조.

적인 채용이나 파견 및 용역 등 이른바 비정규직으로 채워짐으로써 비정규직의 비중이 증대되어 고용불안이 이어지고 있다.

이렇듯이 1997년 체제는 고용문제를 노사관계의 전면에 등장시켰는데, 그것은 기존의 노사관계에 협력이 아닌 갈등을 추가했다. 실업이나 구조조정에 따른 고용문제만이 아니라, 정규직과 비정규직 문제에 더하여 특수직 종사자의 지위를 둘러싸고 대립과 갈등이 더욱 확산되고 심화되고 있는 실정이다. 이와 더불어 고용문제가 추가된 대립과 갈등 관계가 노사 간의 차원을 넘어 노정관계로까지 비화된 것이 1997년 체제 노사관계의 특징이라고 할 수 있다.

이미 앞에서 언급했듯이 IMF 관리체제라는 특수한 상황 속에서 정리해고제를 비롯하여 파견근로제 등 노동시장 유연화의 일정한 도입에 노사정이 합의했으나 실제 산업현장의 사정은 순탄하지 않았다. 급변하는 노동시장에서 고용안정을 외치는 노조와 노동시장의 유연화를 추구하는 기업은 사사건건 충돌했고, 여전히 합리적인 접점을 마련하지 못함으로써 대립적 노사관계가 불식되기는커녕 오히려 증폭되고 있다. 사회안전망이 미흡한 상황에서 일자리를 고수하려고 하는 노동자는 구조조정에 격렬하게 저항하고, 노조는 기업의 흡수합병과 같은 경영 사안에도 고용불안을 이유로 개입함으로써 노사 간의 갈등과 대립의 골이 더욱 깊어졌다.

이런 이유에서도 비롯되어 사용자는 신규고용을 억제하거나 정규직보다는 비정규직을 채용하는 경향을 보임으로써,[9] 임금근로자에서 차지하는 비정규직의 비중이 계속 늘어 2007년 8월 현재 35.9%에까지 이르렀다(〈표 I-3-6〉 참조). 반면에 노조는 비정규직 철폐 혹은 비정규직의 정규직으로의 전환을 전면에 내걸고 대립각을 세우고 있

---

9) 최근 한국경영자총연합회(이하 경총)의 조사에 의하면, 사용자들은 채용을 꺼리거나(39%) 비정규직을 채용(43%)하는 것으로 나타났다.

〈표 I-3-6〉 비정규직의 추이 단위 : 천 명(%)

	임금 근로자	비정규직 (순계)	한시적 근로	시간제 근로	비전형근로					
					소계	파견 근로	용역 근로	특수고 용형태	가내 근로	일일 (단기) 근로
2001	13,540 (100)	**3,635** **(26.8)**	1,865 (13.8)	878 (6.5)	1,702 (12.6)	135 (1.0)	307 (2.3)	810 (6.0)	256 (1.9)	298 (2.2)
2002	14,030 (100)	**3,839** **(27.4)**	2,063 (14.7)	807 (5.8)	1,702 (12.6)	94 (0.7)	332 (2.4)	772 (5.5)	235 (1.7)	412 (2.9)
2003	14,149 (100)	**4,606** **(32.6)**	3,013 (21.3)	929 (6.6)	1,678 (11.9)	98 (0.7)	346 (2.4)	600 (4.2)	166 (1.2)	589 (4.2)
2004	14,584 (100)	**5,394** **(37.0)**	3,597 (24.7)	1,072 (7.4)	1,948 (13.4)	117 (0.8)	413 (2.8)	711 (4.9)	171 (1.2)	666 (4.6)
2005	14,968 (100)	**5,483** **(36.6)**	3,615 (24.2)	1,044 (7.0)	1,907 (12.7)	118 (0.8)	431 (2.9)	633 (4.2)	141 (0.9)	718 (4.8)
2006	15,351 (100)	**5,457** **(35.5)**	3,626 (23.6)	1,135 (7.4)	1,933 (12.6)	131 (0.9)	499 (3.2)	617 (4.0)	175 (1.1)	667 (4.3)
2007	15,882 (100)	**5,703** **(35.9)**	3,546 (22.3)	1,201 (7.6)	2,208 (13.9)	174 (1.1)	593 (3.7)	635 (4.0)	125 (0.8)	845 (5.3)

주 : 매년 8월 기준임. 순계는 각 고용 형태별 중복 인원을 제외하고 산정한 숫자임.
자료 : 노동부(http://www.molab.go.kr/issue/issue00/sub01_02.jsp).

다. 보험 모집인, 골프장 캐디, 학습지 교사 등 이른바 특수직 종사자의 노동 3권 보장 요구를 둘러싼 노사갈등이 가세함으로써 노사 간의 갈등은 새로운 양상마저 띠게 되었다. "어떻게 조정할 것인가?" 보다는 '승패(勝敗) 수준'의 대립과 갈등이 산업현장에서 전면화되는 듯한 모습을 보이고 있는 것이다.

이러한 산업현장의 노사관계는 노정관계에 그대로 투영되었을 뿐만 아니라 오히려 노정관계가 노사관계보다 더 부각되는 모습을 보여 왔다. 1998년 이른바 '2.6 합의'를 통해서 노동계가 일정 부분 노동시장 유연화 조치에 동의한 데에는 IMF 위기라는 상황논리가 크게 작용한 것은 사실이지만, 새로 출범하는 김대중 정부에 대한 노동계의 기대가 있었기 때문이다. 민주개혁 세력의 집권이 억압적 내지는 노동배제적 노동정책의 전환을 가져올 것을 기대하면서, 파업 및 시위의 자제 등을 통해서 협력하는 한편 노동자와 노조에 유리한 노동정치를 요구했다. 정부는 노사정위를 설립하고 민노총 및 전국교직원노동조합(이하 전교조) 합법화 등으로 이에 화답했으나, 노동계의 기대에는 미치지 못했다. '2.6 합의' 직후 민노총 지도부가 불신임을 받음으로써 노동시장 유연화는 처음부터 전망이 밝지 않았던 데다가 노동계가 노사정위를 자신의 권익 관철을 위한 전략적 수단으로 활용함으로써 노정관계 역시 경색되어갔다.[10]

노동계는 애초의 기대에 미치지 못하자, 총파업을 포함한 파업 등 물리력의 사용과 더불어 노사정위 탈퇴 및 시위 등 정치적 공세로 정부를 압박했고, 제한적이나마 노동포섭적인 차원에서 법제적 권익 신장 및 사회안전망 구축과 더불어 대규모 파업을 사실상 직접 중재하는 등 온정주의적 노력을 했던 정부는 이러한 노동계에 실망감을 감추지 못했다. 과격한 불법파업 현장에 경찰력을 투입하는 사례가 있었으나, 기본적으로 정부는 과거와는 달리 인내심을 가지고 노동계와의 대화와 타협을 강조했다. 그럼에도 불구하고 노조는 불법파업을 포함한 파업 및 시위 등으로 정치적 공세를 취했고, 이를 통해서 정부의 민주개혁 명분도 충분히 활용하여 현장에서 실리를 챙기는, 이른바 '전투적 실리주의' 노조운동에 정부가 끌려가는 듯한 인상을 주기도 했다.

이 과정에서 정부는 일관성을 유지하지 못함으로써 역설적이게도

---

10) 노사정위의 설립 자체는 노조의 정치적 위상의 제고를 반영하는 것이지만, 전투적 실리주의와는 본질적으로 어울리지 않는 틀이다. 전투성이 사회적 협의를 부정하는 가운데 실리주의에 따른 탈퇴와 복귀의 반복으로 노사정위 무용론마저 제기되고 있는 것 또한 한국 노사관계 현주소의 한 단면이다.

노조의 정치적 위상 높이기를 크게 도운 셈이 되었다. 이와 더불어 노조운동이 과도하게 정치화되는 가운데 분파성을 띠는 한편, 현장에서 강화된 노조의 권력은 노동시장을 경직시킴과 동시에 경영권에 개입하고 급기야는 사내 이권 개입, 채용 비리, 산별 및 연맹[national centre] 차원의 건설 리베이트 등 내부 비리마저 드러내기에 이르렀다.

이에 대해서 매우 비판적인 여론을 기반으로 노무현 정부는 한때 노사관계에서 '법과 원칙'을 강조하면서 불법파업에 단호하게 대처하는 한편 공무원 노조, 비정규직 보호, 사회안전망 확충, 노동시장의 유연안전성(flexicurity)을 높이기 위한 적극적 고용정책 등 나름대로 전향적인 조치를 취했다. 그러나 노동계는 이에 만족하지 않고 오히려 정치적인 공세를 지속하거나 이러한 상황을 활용하여 상층 간부들이 실리를 챙기는 노조운동을 진행하면서, 사회적 약자보다는 대기업 및 정규직 근로자에 대한 임금인상과 더불어 집단적인 권리쟁취에 이어 과도한 정치화의 경향을 보임으로써, 전투적 실리주의는 대내외적인 도전을 받게 된다. 일반 근로자들이나 조합원의 정서와 괴리되는 가운데 조직 이기주의나 과도한 정치화에 대한 비판이 높아지고 있는 것이 엄연한 현실이다. 이에 대해서 객관성과 일관성을 유지하지 못하고 온정주의적이거나 인기영합적(populist) 측면을 불식하지 못한 정부 또한 사용자만이 아니라 일반 국민의 비판에서 당연히 자유롭지 못하다.

3. 성찰

위에서 알 수 있듯이 1987년 체제와 1997년 체제를 거치면서 한국의 노사관계는 전체적인 차원에서 공방(攻防)의 대립구도를 만들어왔다. 개별 사업장마다 차이는 있지만, 전체적으로는 갈등구도하에 놓여 있다고 할 수 있다. 고용안정을 꾀하는 노동계와 수량적 유연화에 치중하는 사용자가 대치상태를 보이고 있는 것은 그 한 측면에 불과하다.

노조운동으로 정형화된 노동운동은 한편으로는 과거의 피해의식에서, 다른 한편으로는 '과도한 정치화'의 과정에서 최대강령 위주의 타성에서 벗어나지 못하고 있으며, 이에 대한 사용자의 대응은 여전히 미봉책의 수준에서 크게 벗어나지 못하고 있다. 노조가 이념과 명분을 무기로 정치투쟁을 일삼으면서 실리를 챙기는 전략을 구사하는 데에 대해서 사용자는 정면으로 문제를 태클하여 해결해나가기보다는 대충 '고비'를 넘기면서 편법적으로 '보완'하는 행태를 보이고 있다. 노사 모두가 지나친 단순화와 획일화의 한계를 드러낼 뿐, 상생적 차원에서 서로 이해하고 양보하여 합리적 접점을 마련하는 노사 자율 체제가 구축되지 못하고 있다.

이렇듯이 여전히 대립적 노사관계에 대해서는 정부의 책임 또한 적지 않다. 1987년 체제 이래 노사관계 정책 일관성의 결여가 무엇보다 중요한 원인이다. 지극히 가변적인 정치 풍향에 따른 잦은 입장 변경과 이와도 관련된 온정주의는 정책신뢰와 정부 권위를 훼손시켰고, 이는 정부의 생명과도 같은 중립성에 대한 시비의 소지가 되기도 했다. 그리고 1997년 체제하에서는 단기적인 실업극복에 급급하여, 종합적인 노동시장 정책의 수립이 지연되었다. 법과 원칙을 확립하기 위한 노력과 더불어 노동시장의 기능적 유연성을 위한 능력개발 및 직업훈련에 대한 정책이 미흡함으로써, 노사관계의 합리화에 걸림돌이 되었다.

그 결과 오늘날 한국 노사관계의 현주소는 앞에서 본 바와 같이 노사 양 당사자는 물론 일반 국민들이 '나쁘게' 평가하는 심각한 지경에 이르렀다. 그것은 한마디로 산업현장에서 과도한 노사 간의 갈등과 대립만이 아니라 노정 간에도 불필요한 긴장과 갈등이 빚어지는 비합리적 노사관계인 것이다.

크게 볼 때, 그동안의 과정은 합리적 노사관계의 구축에 이르는 진통의 과정이라고도 볼 수 있다. 1987년으로부터 20년이 지나기까지 이로부터 얻은 학습효과가 전혀 없는 것은 아니지만, 매우 더디고 미흡하다는 성찰에 이르게 된다. 그리하여 "이대로는 안 된다"는 공감대가 형성되고 있는 것이다. 대내외적인 도전의 극복을 위해서도 노사관계의 합리화가 중요하며, 이를 위한 진통은 20년으로 충분하다. 체계적인 문제의 분석을 통해서 경제사회 전체의 관점에서 중장기적 비전에 입각하여 노사관계의 합리화에 목적의식적인 노력을 경주하지 않으면 안 된다.

제4장

진단 : 비합리성의 원인분석

　대립적이고 비합리적인 한국의 노사관계의 현 상황에 대해서 국민은 물론 노사 양 당사자조차도 불만족스럽게 생각하고 있다. 도대체 무엇이 문제인가? 이 물음에 대해서는 그동안 나름대로의 주장들이 있어왔지만, 각자의 입장에 따른 주장의 차원을 넘어 그 원인에 대한 보다 체계적인 분석이 요구된다.

　이를 위해서 이 장에서는 먼저 분석의 틀을 설정하고, 그동안의 과정, 즉 앞에서 본 1987년 체제와 1997년 체제에 대한 성찰을 바탕으로 체계적인 분석을 시도할 것이다. 분석 틀로서는 노사관계 시스템 하에서의 전략적 선택론이 원용될 것이며, 이에 입각하여 '구조-행위-귀결'의 연계를 통해서 분석함으로써 한국 노사관계의 비합리성을 살펴보려고 한다. 그리고 마지막으로는 이러한 비합리성의 원인을 제도, 관행, 의식 등의 세 차원에서 정리하기로 하자.

1. 분석 틀 : 노사관계 시스템과 전략적 선택

　노사관계는 전반적인 사회 시스템에서 고립된 외딴 섬이 아니다. 한 사회의 노사관계는 그 사회 전반의 반영이다. 이런 의미에서 노사관계는 사회 시스템의 한 하부 시스템(sub-system)이다. 그렇지만 노사관계는 여러 하부 시스템의 하나에 지나지 않는 것이 아니라 핵심적인 것으로 사회 시스템에 일방적으로 규정되기보다는 그에도 영향을 미치는 상호관계에 있으며, 따라서 노사관계는 동태적인 시스템이다.

노사관계는 사회 시스템의 하부 범주이면서도 그 자체가 임노동관계를 규정하는 전제, 가치, 법률, 제도 및 행위 등으로 구성되는 시스템이다. 그렇기 때문에 노사관계는 그 시스템의 구성인자들과 그 구성인자들 간의 상호작용(interaction)을 통해서 제대로 분석될 수 있다. 실제로 일찍이 던롭은 이러한 분석도구로서 노사관계 시스템 이론(industrial relations systems)을 제창했으며(Dunlop, 1958), 이 이론 틀 내에서 분석을 보다 체계화한 것이 전략적 선택론(strategic choice)이다(Kochan, Katz & McKersie, 1986).

우선 노사관계 시스템 이론과 전략적 선택론을 연속선상에서 살펴본 다음, 그것을 한국 노사관계의 분석에 적용하기에는 부족하다고 생각하고 문제를 제기한 국내의 노동정치론(labour politics)을 검토해보기로 하자. 저자는 후자의 문제제기가 전자에 대한 단편적 이해에서 비롯된 것임을 밝힘으로써, '노사관계 시스템하에서의 전략적 선택'을 분석의 틀로 설정할 것이다.

(1) 노사관계 시스템 이론과 전략적 선택론

이미 앞에서 언급된 던롭의 노사관계 시스템 이론에 의거할 때, 노사관계에 대한 분석은 경제적 힘, 기술, 노사 간 역학관계를 결정하는 광범위한 정치적, 법적, 사회적 힘 등의 다양한 환경적인 요인에 대한 고려에서 출발하여 노사관계 3주체 —— 사용자, 근로자, 정부 —— 의 성격과 상호작용에 주목하여 그 상호작용으로부터 귀결되는 임노동관계를 규율하는 룰(rules)을 설명하는 것이다. 여기에서 룰은 반드시 결과만이 아니라 과정도 포함한다.

말하자면, 룰은 종속변수이며 이를 규정하는 독립변수들로서는 작업장 내지는 노동사회의 기술적 특성, 시장 및 예산상의 제약, 권력(힘)의 소재와 분포 등만이 아니라 사회 시스템의 내용(contexts)과 이데올로기 및 노사관계 3주체의 이데올로기 조합(combination)까지도 포함된다. 노사관계 3주체 중 어느 주체도 노사관계 영역에 국한된 행위만을 하는 것은 아니기 때문에 이들의 가치체계나 이데올로기가 제외될 수는 없다.

다만, 던롭 자신은 주체들 간 이데올로기의 차이 내지는 미공유로 인한 상호충돌과 이로 인한 노사관계 불안정의 가능성을 인정하면서도(Dunlop, 1958, p. 17) 기본적으로는 이데올로기의 공유를 통해서 안정적 노사관계가 기대된다는 입장을 취하고 있는 점은 지적될 필요가 있다. 이런 기조는 그후 안정적 노사관계로의 수렴경향으로까지 진전되었는데(Kerr, Harbison, Dunlop & Myers, 1960), 이 점이 노사관계 시스템 이론이 정태적인 분석에 빠졌다는 비판의 주된 타켓이 된다.

실제로 그 비판은 던롭의 노사관계 시스템 이론이 제2차 세계대전 이후 미국의 단체교섭 중심의 노사관계 상황에서 나온 데서 오는 시공(時空)의 한계를 제대로 지적한 것 같다. 이데올로기의 공유를 전제로 한 던롭과 그의 동료들의 분석 자체는 분명히 한계가 있다. 그러나 그것을 노사관계 시스템 이론이 분석 틀로서 가지는 유의미성의 상실로까지 과도하게 비판하는 것은 온당하지 못한 것 같다.[1] 이데올로기의 미공유에서 오는 상호갈등과 이로 인한 노사관계의 불안정이 분석

---

[1] 이를 포함한 던롭의 노사관계 시스템 이론에 대한 비판과 이에 대한 반론 내지는 옹호에 대해서는 무엇보다도 Melitz(1991)를 참조.

틀 자체에서 원천적으로 배제되는 것은 아니기 때문이다.

　던롭의 노사관계 시스템 이론의 시공(時空)의 한계와 주로 이에서 비롯된 정태성을 보완하기 위해서 제출된 것이 전략적 선택론이다.[2] 그러나 그것은 던롭의 노사관계 시스템 이론의 시각과 범주를 뛰어넘는 것은 아니고, 그 분석 틀을 기반으로 보다 정교한 분석을 위한 것으로 이해된다.

　던롭의 단체교섭 시대와는 달리 1980년대의 미국은 노조 조직률의 저하, 무노조 노사관계 시스템(nonunion industrial relations system)의 대두 등 기존 노사관계에 일대 전환(transformation)이 이루어졌는데, 이를 설명하기 위해서 노사관계 주체들의 전략적 행위를 중시한 것이다. 특히 그 가운데에서도 변화하는 환경 속에서 기업들의 경영전략의 변화, 즉 경영자의 주도로 이런 전환이 이루어진 것으로 분석한다.

　전략적 선택론의 분석 틀은 기본적으로는 노사관계 시스템 이론을 계승한 것이다. 다만 기업의 경영전략을 부각시키면서 시스템의 여러 구성요인들과의 상호작용을 보다 역동적으로 분석하기 위한 시도라고 할 수 있다. 그밖에 외부환경, 가치, 제도적 구조, 역사 등의 역할을 중시하는 등 노사관계 시스템의 논리구조를 이어받고 있다. 즉 환경적 압력과 주체 내지는 조직적 대응의 상호작용을 통해서 노사관계를 동태적으로 분석할 때에, 가능한 전략적 적응의 범위결정에 역사적 요인을 매우 중시한다. 가치와 관련해서는 기업가의 노조에 대한 가치(부여)에 특별히 주목하고 있는 점 역시 전략적 선택론의 시공적 배경에서 비롯된 것이다.

---

2) 이 이론은 Kochan, McKersie & Capelli(1984)에서 제출되었으나, 본격적인 분석은 Kochan, Katz & McKersie(1986)에 의해서 이루어졌다. 따라서 여기서는 후자를 중심 텍스트로 삼기로 한다.

〈표 I-4-1〉 전략적 선택의 세 층위

	사용자	노동조합	정부
장기 전략 및 정책결정	경영 전략 투자 전략 인적자원 전략	정치적 전략 대표성 전략 조직 전략	거시경제 및 사회정책
단체교섭 및 인사정책	인사 정책 협상 전략	단체교섭 전략	노동법 및 노동행정
작업장 개별/조직 관계	감독 형태 근로자 참여 직무 설계 및 작업 조직	계약 체결 근로자 참여 직무 설계 및 작업 조직	근로기준 근로자 참여 개별 권익

자료 : Kochan et al. (1986), p. 17.

이와 같은 분석 틀에 입각하여 전략적 선택론은 각 주체의 전략적 행위를 〈표 I-4-1〉에서 보는 바와 같이 노사관계의 층위별로 체계화한다. 집합수준(level of aggregation)에 따른 주체(actors)별 전략적 행위의 내용(contexts)과 같이 세 층위(three-tier)에서 노사관계를 분석한다. 이는 전략적 선택론자들 스스로가 주장하듯이 주체들 간의 조화만이 아니라 내적 대립과 모순이 어디에서 비롯되었는가를 설명할 수 있음과 동시에 다양한 전략적 선택이 노사관계에 미치는 영향을 파악할 수 있는 장점이 있다.

(2) '노동정치론'의 문제 제기에 대한 검토

노사관계 시스템 이론, 특히 전략적 선택론으로 한국의 노사관계를 설명하기에는 한계가 있음을 비판하면서 그 대안으로 노동정치론이 국내 학자들에 의해서 제기되었다.[3] 이들의 비판은 다음 두 가지에 초점이 모아지고 있다. 그 하나는 한국의 노사관계에서는 특히 정치적

---
3) 여기에는 조효래(1995), 노중기(1996, 1997), 임영일(1997, 1999), 최영기 외(1999) 등이 속한다.

인 요인이 강조되지 않으면 안 되는데, 노사관계 시스템 이론과 이로부터 발전된 전략적 선택론은 국가정치, 기술발전, 경제구조 변동 등 거시구조적 변수들이 선택자의 환경적 조건으로만 취급되고 있다는 것이다. 다른 하나는 전략적 선택론은 주체들의 합리적 선택을 전제하고 있기 때문에 한국의 현실을 설명하고 분석하는 데에는 한계가 있다는 것이다.

그러나 이 비판은 그다지 적확하지 않다. 첫 번째 비판과 관련해서 살펴보자. 그들은 "이런 요인들[앞의 거시구조적 변수]은 노사관계를 설명하는 데 있어 전제되는 환경이라기보다 노동정치 과정의 내용과 범위를 직접 규율하고 그 결과에 의해 주조되고 변형되는 내부요인으로 보는 것이 더 타당하다. 특히 우리 사회에서 국가와 거시적인 이데올로기 및 정치지형은 노동문제의 지형과 과정을 압도적으로 규정해 온 핵심적인 설명변수였다"고 하고 있는데, 이는 엄밀하게 보면 '노동정치' 또는 '노동문제'의 차원에서의 문제 제기이다. 노사관계가 노동정치와 긴밀히 연관되어 있는 것은 사실이지만, 양자가 혼동 내지는 혼용되어서는 안 될 것이다. 노사관계 시스템에서 정치적 요인도 엄연히 독립변수로 취급되고 있음을 상기할 필요가 있다. 결국은 정치적 요인이, 요구되는 만큼 '핵심적'으로 다루어지지 않고 환경요인으로만 취급되고 있다는 지적인데, 이는 감성적으로는 와닿을 수 있을지 모르지만 노사관계 시스템 이론이나 전략적 선택론에 대한 적절한 비판은 되지 못한다. 정태적이지만은 않은 환경요인(압력)과 노사관계 주체들의 대응 사이의 동태적 분석을 통해서 노사관계의 변화를 파악하려고 하는 분석 틀에서도 정치적 요인의 중요성은 충분히 고려될 수 있기 때문이다.

이는 결국 '노동정치'의 개념적 위상이 분명하지 않은 데서 비롯된 문제로 생각된다. '개념'이라고만 하고 그 유의미성을 설명하지만(최영기 외, 1999, pp. 18-19), 그 위상은 애매모호하다 못해 혼동스러울 지경이다. 대안적인 분석 틀이라기보다는 기껏해야 정치적인 요인을 핵심적 내지는 중요한 요인으로 보아야 한다는 관점 내지는 주장의 수준에 머물러 있는 것 같다. 분석의 층위나 체계에 대해서는 아무런 언급이 없는데, 이는 스스로가 인정하듯이 서술적인 차원에서 라틴 아메리카에 적용된 개념의 원용에서 더 이상 나아가지 못했기 때문인 것으로 판단된다.

두 번째의 비판, 즉 전략적 선택이라고 하여 반드시 합리적인 선택만은 아니라는 지적 자체는 옳지만, 전략적 선택론에 대한 비판으로서는 온당하지 못하다. 이는 전략적 선택론과 합리적 선택론을 동일시하는 오류에서 나온 것으로 생각된다. 양자는 전혀 다르다. 실제 전략적 선택이 합리적인 선택을 전제로 한다는 언급은 전략적 선택론 어디에서도 찾아볼 수 없다. 반대로, 합리적인 접근을 할 수 있는 객관적인 환경조건만이 아니라 노조 내부 토론에서 어느 쪽이 승리하느냐에 따라서도 전략적 선택이 이루어지며 시행착오의 과정을 겪는다는 것을 명시적으로 밝히고 있는가 하면(Kochan, Katz & McKersie, 1986, pp. 178-180), 전략적 선택의 장애 요인들도 언급하고 있다 (*Ibid.*, pp. 237-238). 이는 오히려 전략적 선택론이 노사관계의 비합리성을 분석하는 데에 유용한 도구로 활용될 수 있음을 말해주는 것이다.

(3) 분석의 틀과 방법

위의 고찰을 통해서 볼 때, 노사관계 시스템 이론과 그것에 입각한 전략적 선택론은 노사관계의 유용한 분석 틀로 활용될 수 있다고 생각한다. 노동정치론에서 강조하는 정치적 요인도 이 틀을 벗어나기보다는 그 안에 충분히 담을 수 있으며, 그럼으로써 보다 체계적인 분석

[그림 I-4-1] 노사관계 분석 틀

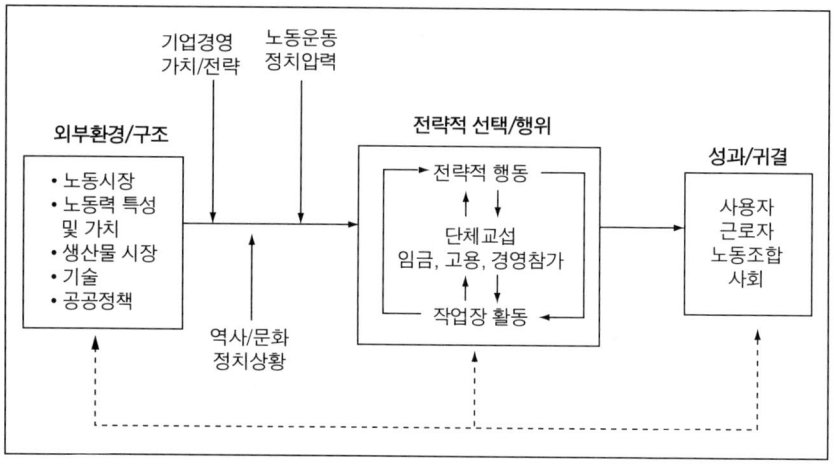

이 가능하다.

다만 전략적 선택론이 1980년대의 미국을 배경으로 하고 있기 때문에 정치적 요인보다는 기업의 경영전략을 주도적인 요인으로 전면에 내세우고 있을 뿐이다. 저자는 전략적 선택론을 한국의 실정에 맞게 다소 수정하여 분석 틀로 삼으려고 한다.

한국의 경우 그동안 노사관계가 여느 시공에서보다도 정치적인 요인에 민감했기 때문에, 기업경영의 가치 및 전략에 더하여 노조의 시위, 선전선동 등의 집단행동을 통한 정치적 압력을 역사-문화 구조하의 정치적 상황과 같이 배치하면 될 것이다. 경영전략과 노동운동은 사회적 수준은 물론 기업 혹은 작업장 수준의 전략적 행동으로도 표현될 것이다. 기업 수준에서는 단체교섭을 전략적 행동의 중심 축으로 삼고 임금, 고용안정 및 경영참가 등을 그 주된 내용으로 정리할 수 있을 것이다.

이러한 약간의 조정을 거쳐 설정된 분석 틀을 도식화하면 [그림 I-4-1]과 같다.

이러한 분석 틀에 입각하되, 저자는 전략적 선택론에서 나열된 세 층위의 전략적 행위 하나하나에 대한 개별적인 분석에 주력하지는 않을 것이다. 왜냐하면 미국과는 달리 한국의 노사관계는 아직 전반적으로 안정되지 못한 단계에 있기 때문에 미시적이고 개별적인 분석이 전체적인 구도를 구성하기보다는 전반적인 구도 속에서 전략적 선택이 이루어지는 측면이 강하기 때문이다.[4] 말하자면, 작업장 수준을 뛰어넘는 사회 전반의 차원에서 '최대 강령'을 내걸고 이루어지는 노동운동이 1987년 이래 한국의 노사관계를 규정하는 측면이 강하기 때문이다.

따라서 저자는 위의 분석 틀을 중심으로 하여 노사관계 주체들의 전략적 선택을 앞의 〈표 I-4-1〉에 제시된 각 범주의 내용을 아우르면서 거시적인 차원에서 분석하려고 한다. 주지하다시피 한국의 경우는 세 층위의 노사관계 행위가 상호 긴밀히 연관되어 있을 뿐만이 아니라 특히 노조의 기업 수준에서의 전략적 행동이나 작업장 활동도 노동운동의 기조에 바탕하고 있는 측면이 강하기 때문이다. 이러한 분석방법이 한국 노사관계의 문제점, 즉 비합리성을 더욱 잘 드러낼 수 있을 것이다.

이러한 방법론에 기초하여 앞에서 본 1987년 체제와 1997년 체제의 두 체제를 거치면서 역사-사회 구조하에서 이루어진 노사관계 주체들의 전략적 선택행위와 그 귀결을 적시함으로써 한국의 노사관계의 비합리성을 살펴보겠다. 그리고 그 원인을 다시 제도, 관행, 의식 등의 세 차원에서 분석할 것이다. 이는 이어지는 한국 노사관계 합리화의 과제와 방안에 대한 논의의 구도를 제공한다.

---

[4] 노동정치론자들의 문제 제기도 기본적으로는 이에서 비롯된 것으로 생각된다.

2. 구조-행위-귀결 분석

앞에서 제시한, 노사관계 시스템 이론에 기반한 전략적 선택론에 입각하여 설정한 분석 틀과 방법은 달리 표현하면 구조-행위-귀결 분석이라고 할 수 있다. 즉 사회 시스템하에서 이루어지는 노사관계 주체들의 전략적 선택행위가 노사관계에 귀결하는 바를 통하여 일정한 평가를 하고자 하는 것이다.

(1) 관점: 구조와 행위의 상호관계

구체적인 분석에 들어가기 전에 구조(structure)-행위(action) 관계에 대해서 저자의 관점을 정리해둘 필요가 있다. 이와 관련해서는 이론적 입장이 크게 대립되어왔다. 사회구조가 행위를 규정한다고 보고 개별 구성원을 초월하는 사회적 총체의 우월성을 주장하는 기능주의와 구조주의의 관점에 대해서, 해석학적 사회학의 관점은 개인의 목표나 가치 및 행위의 이유나 의미를 강조하는 반면 사회구조나 구조적 제약은 중시하지 않는다. 이러한 대립은 구조주의 대 개인주의(Mayhew, 1980), 집합주의적 성향 대 개인주의적 성향(Parsons, 1967 ; Janowitz, 1967 ; Ekeh, 1974), 구조 대 행위(Wallace, 1975) 그리고 체계적 접근 대 전략적 접근(Croizer & Friedbrg, 1980)의 대립, 심지어는 '두 개의 사회학'(Gouldner, 1970)으로까지 명명되면서 대립구도를 형성해왔다.[5] 그러나 기든스가 전자를 '사회적 객체의 제국주의', 후자를 '주체의 제국주의'라고 적절히 비판했듯이(Giddens, 1984, p. 44), 이 대립은 극단적인 것으로 어느 쪽도 구조-행위 관계에 대한 적절한 관점이 아니다.

---

5) 이에 대해 자세한 것은 김용학(1996), 1-2장을 참조.

구조와 행위는 단절된 것이거나 일방적인 관계가 아니라 상호연관된 것이다. 따라서 양자는 상호작용의 관점에서 통합적으로 접근되어야 할 것이다. 기든스는 이를 구조화(structuration)의 개념으로 정리하고 있는데, 그에 따르면 "그것은 사회생활이 근본적으로 순환적인 성격에 관계된 것으로, 구조와 행위 간의 상호의존성을 표현한다. ……사회체계의 구조적 속성들이 그러한 체계를 구성하는 실천들의 매체이자 결과라는 것이다"(Giddens, 1979, p. 69).

구조는 행위에 비하여 단기간에 변동이 심하지 않기 때문에 행위가 구조에 규정되는 측면이 있지만, 그렇다고 하여 결코 일방적인 관계는 아니다. 양자는 어디까지나 상호 의존 및 영향의 관계에 있다. 실제 그 상호연관성의 정도와 양상은 구체적인 사회에 따라서 또 시기별로 차이가 있음은 물론이다.

저자가 원용하고자 하는 노사관계 시스템 이론이 구조결정론의 위험을 내포하고 있다면, 서두에서 언급된 사회행위론은 행위결정론의 결함을 드러내고 있다고 할 수 있다. 전략적 선택론은 앞에서도 지적했듯이 노사관계 시스템 이론의 그런 문제점을 보완하는 동시에, 행위 주체를 개인에서 집단으로 옮김으로써 일반적인 사회행위론의 결함도 어느 정도 치유하는 것으로 생각된다. 물론 집단적 행위와 개별적 행위, 즉 전략적 선택 사이에 존재하는 간극은 또 다른 논쟁의 대상이 될 수 있지만, 적어도 현재까지 한국에서 노사관계 각 주체의 집단성을 고려하고 거시적 차원의 분석에 활용한다면 큰 문제는 없을 것이다.

(2) 분석 : 구조-행위-귀결

이러한 기조하에서 저자는 1987년 체제와 1997년 체제 두 체제를 거치면서, 외부환경(구조)하에서 이루어진 노사관계 주체들의 전략적 선택(행위)이 가져온 결과(귀결)를 살펴보기로 한다. 이를 통해서 우리는 현재 한국의 비합리적 노사관계의 원인에 접근할 수 있을 것이다.

1987년 체제

먼저 1987년 체제부터 살펴보자. 우선, 이미 이전부터 진행되어온 구조(외부환경)의 변화에 주목할 필요가 있다. 노동시장에서는 1970년대 후반에 들면서 이른바 노동력의 무한공급이 끝나고 1980년대부터 노동력 부족 현상이 나타나고 있었으며, 생산 체제도 주로 기술발전에 힘입어 포드주의(Fordism)적 소품종 대량생산에서 다품종 소량생산 체제로의 변화가 가속화되었다. 이어 우루과이 라운드의 타결로 대외개방이 불가피해지면서 세계화로 인한 무한경쟁 체제가 본격화되었다. 이에 정치적 민주화의 물결은 기존 성장 체제의 변화와 더불어 억압적 노사관계의 변화를 촉구하는 매체로 작용했다.

이러한 구조하에서 노사관계 주체들은 여타의 대내외적 변화에 따른 적응보다는 정치적 민주화의 대세에 따른 행위에 골몰했던 것 같다. 물론 민주화의 대세에 대한 수용이 달랐기 때문에 노사관계를 둘러싼 전략적 선택 역시 그 범주 안에 있을 수밖에 없었다.

사용자는 여전히 총량성장 체제에 머물면서 확대 경영 및 투자에 진력했고 노사관계의 변화에는 소극적 내지는 수세적이었다. 과거의 정부 의존적 타성에서 탈피하지 못하고, 노사관계 문제는 자신의 문제라기보다는 정부의 몫으로 치부하여 근로자(노조)의 과격한 집단행동에 초점을 맞추어 이에 대한 정부의 공권력 발동을 호소하기가 일쑤였다. 성실교섭을 통해서 스스로 해결하기보다는 노조결성을 방해하는 등의 지배개입 행태가 나타났던 것도 노사관계에 대한 자율적 책임의식이 결여되거나 미흡한 데에서 기인한 것이라고 할 수 있다. 폭발적으로 제기되는 노사문제에 정면으로 대응하기보다는 국제 유동성이 풍부한 상대적 호황 속에서 확장경영을 통해서 그 압력을 흡수하는 한편으로 미봉적 대응을 하는 행위로 일관했다. 말하자면 수세적 방어적 입장에서, 정면으로 대응하기보다는 채무를 늘리더라도 확장경영을 통해서 압력을 흡수하는 전략을 택한 것이다.

이에 비해서 노조는 민주화의 물결을 타고 조직을 결성·확대하고 파업과 시위를 포함한 활동을 강화하여 임금인상을 위주로 한 단체교섭에서의 우위 확보에 주력했다. 그 결과, 앞에서 본 바와 같이 조직강화와 더불어 임금인상을 '쟁취'했고, 노조운동의 강화가 곧 민주화이자 노사관계의 발전이라는 등식으로 불법적인 행위까지도 정당화하는 모습을 보였다. 열려진 민주화의 공간을 활용하여 노조의 인정 및 신규결성과 관련하여 다중의 단결력을 시위함으로써 조직을 강화·확대하는 것은 물론, 임금인상을 비롯한 요구를 교섭 테이블에 앉아 끈질기게 교섭을 하기보다는 거리로 뛰쳐나가거나 사업장을 점거하여 다중적 힘의 시위나 행사로 자신들의 의사를 관철시키는 행위가 유행처럼 번졌다. 이러한 과정에서 갖가지 형태로 사용자를 공격하거나 위협하는 행위마저 나타났다. 근로자 및 노조에 대한 인정투쟁(struggle for recognition)[6]으로부터 요구조건의 관철에 이르기까지 민주화 명분의 활용과 다중의 힘의 행사라는 전략이 선택되었다.

이와 같은 노사의 행위는 나름대로 상황논리를 가지지만, 사회경제적 구조변화에 적절히 대응한 것이라기보다는 민주화라는 정치적 변화에 편승하거나 압도되어 공수(攻守)의 전략적 행위 수준을 크게 벗어나지 못했다. 노조가 힘을 얻어감으로써 개별 사업장 수준에서는 노조의 단체교섭상의 지위가 실질적으로 높아져 근로자의 임금인상

---

[6] 헤겔(Hegel) 철학에 그 연원이 있는 이 테제의 핵심을 아주 단순하게 표현하면 (사회적) 투쟁은 자신에 대한 (상대방의) 인정과 존중을 목표로 한다는 것이다. 이에 대한 자세한 것은 호네트(1996)를 참조.

[그림 I-4-2] 1987년 체제 노사관계의 구조-행위-귀결

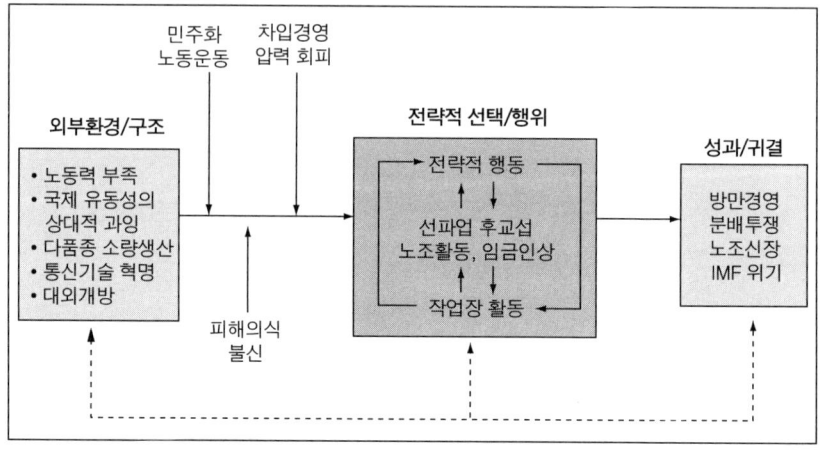

등과 같은 효과를 가져왔으나 작업장 수준은 물론 사회적으로도 자율적 노사관계의 토대를 마련하는 수준으로까지 발전되지는 못했다. 오히려 그러한 노사의 전략적 행위는 사회구조의 변화에 상응하는 새로운 노사관계의 정립은커녕 노사관계의 불안정으로 귀결되었다.

이런 논의를 구조-행위-귀결 분석 틀로 정리한 것이 [그림 I-4-2]이다.

[그림 I-4-2]에 요약된 바와 같은 노사관계의 구조(외부환경)하에서 노사의 행위(전략적 선택)에 강력한 영향을 미친 요인은 앞에서도 말한 바와 같이 무엇보다도 '민주화=노동운동'이었다. 이는 정부 불신 및 반(反)기업 정서, 그리고 이와 관련된 근로자의 피해의식과 맞물려 근로자(노조)의 전략적 선택에 유리한 고지를 제공했다. 반면에 사용자는 이에 압도되다시피 하여 노동운동의 압력을 차입경영으로 우회하는 전략 아닌 전략을 선택했다. 이는 분배투쟁과 더불어 노조가 신장되는 반면 기업의 방만경영으로 귀결되었고, 급기야는 경제위기로 이어졌다.

1997년 체제

앞에서 보았듯이 노동운동의 압력을 차입을 통한 경영확대로 회피 내지는 흡수함으로써 1987년 체제는 1997년 말의 외환위기로 귀결되었다. 1999년에 '위기극복'이 선언되었으나, 한국의 경제사회는 대마불사(大馬不死)의 신화만이 아니라 평생직장의 통념도 깨어지는 등 구조변화가 진행되어왔다. 이른바 실업대란이 현상적으로 진정되는 과정 이전에 이미 노동시장에서는 노동력의 수급 불일치가 진행되었고, 그것은 위기극복 이후에도 심화일로를 걸어오고 있다. 이제 일자리 문제는 유효수요 부족문제라기보다는 노동시장 구조의 문제가 되었다.

이런 노동시장의 구조변화는 대내외적으로 지식기반 경제로의 이행과도 맞물려 가속화되었다. 그것은 다시 경제국경을 인정하지 않는 세계무역기구(WTO) 체제의 본격화와 맞물려 있는데, 이러한 구조변화는 한국 경제를 무한경쟁으로 내몰았다. 그리고 IMF 위기로 촉발된 기업의 인수합병(M&A : mergers and aquisition)과 지배구조 개선에 대한 압력은 비단 사용자만이 아니라 한국 사회경제 전반에 커다란 도전으로 받아들여진다. 특히 중국의 경제적 부상과 개발도상국의 추격은 한국의 기업경제만이 아니라 노동시장의 구조변화를 불가피하게 하는 추가적인 요인으로 작용한다.

이런 대내외적인 구조변화하에서 전개된 계기로 1997년 체제는 노사 간의 공수(攻守)를 교대시켰다. IMF가 구제금융의 조건으로 전부문에 걸친 구조조정(restructuring)을 부과함으로써, 사용자는 경영합리화, 즉 축소조정에 드라이브를 걸고 노조는 임금인상 자제 및 동결과 더불어 구조조정을 받아들일 수밖에 없었다. 그러나 수량적 조정, 즉 고용조정, 특히 정리해고를 통한 인력감축에 구조조정의 역점이 두어짐으로써 경제위기가 강제한 노사 간의 협력도 일시적일 뿐이었다.

⟨표 I-4-2⟩ 발생 원인별 노사분규의 추이   단위 : 건

	전 체	체불임금	임금인상	해 고	단체협약	기 타
1990	322	10	167	18	127	
1991	234	5	132	7	90	
1992	235	27	134	4	49	21
1993	144	11	66	1	52	14
1994	121	6	51	3	42	19
1995	88	–	33	1	49	5
1996	85	1	19	–	62	3
1997	78	3	18	–	51	6
1998	129	23	28	3	57	18
1999	198	22	40	–	89	47
2000	250	7	47	2	167	27
2001	235	6	59	–	149	21
2002	322	2	44	8	249	19
2003	320	5	43	3	249	20
2004	462	3	56	–	386	17
2005	287/(181)	–	36	–	236	15
2006	(253)/138	1	26	3	97	11
2007	(212)/115	–	24	–	78	13

주 : 기타 항목에는 근로조건 개선, 조업단축, 정리해고, 회사 매각에 따른 해고, 희망 퇴직자 모집 반대, 소사장제 반발, 기업통합 반대, 인사 발령 등이 포함. 1990년과 1991년에는 노사분규의 원인에 단체협약이 별도로 집계되지 않았음. 2006년부터는 산별 분규를 단일 건으로 집계하고 있음.
자료 : 노동부, 노사분규 DB.

구조조정에 따라서 노사 간의 갈등과 대립은 임금에서 고용으로 그 주요 대척점을 옮기게 된다. 그것은 노사분규의 발생 원인별 추이에서 외환위기 이전과 이후가 확연히 구분되는 데에서도 알 수 있다. ⟨표 I-4-2⟩에서 보듯이 1997년 이전에는 주로 임금인상과 체불임금이 분규의 원인이었으나, 이후 특히 2000년대에 들어서서는 단체협약을 둘러싼 갈등이 크게 불거지고 있는 것으로 나타났다. 그것은 무엇보다도 고용조정을 둘러싸고 노조는 저지투쟁을 벌임은 물론 고용조정에 대한 방어장치를 요구했던 반면 사용자는 그것이 노동시장의 경직

성을 가져오거나 경영권을 침해한다고 하여 빚어진 갈등이 주를 이루었다. 이와 더불어 산별 체제로 전환하면서 산별 기본협약을 요구한 노조와 기업별 체제를 고수하려는 사용자 사이의 충돌도 이전과는 다른 분규양상을 가져온 주요인이다(한국노동연구원, 2007b).

노조는 한편으로는 개별 사업장의 구조조정을 저지하는 투쟁을 조직함과 동시에 단체협약을 통하여 이를 사전에 저지하고 다른 한편으로는 대정부 투쟁을 통하여 근로자의 개별 이익과 노조의 집단 권리를 강화하는 전략을 병행했다. 이 과정에서 이른바 '전투적 실리주의'가 노동운동과 노조를 과도한 정치화의 길로 이끈다.

전투적 실리주의는 실제보다는 명분을, 타협 아닌 쟁취를, 합리적인 요구보다는 최대치의 요구를 내걸고 합법의 울타리를 넘어선 파업과 실력행사로 사용자와 정부를 압박하여 실제로는 실리를 챙기는 전략이다. 예컨대 구조조정의 경우, 그 불가피성이 있음에도 노동탄압에 대한 투쟁의 명분을 내걸고 '결사반대'로 타협을 거부하면서 파업에 돌입하는 것은 물론 시위나 때로는 폭력적인 수단까지 동원하여 실력행사를 한다. 그리고는 실제로는 구조조정을 받아들이면서 그 대가로 임금이나 근로조건의 개선에서 더 나아가서 위로금이나 격려금 등의 형태로 금전적인 이익을 취하곤 했다. 고용승계가 보장된 기업 인수합병의 경우에도 전면 거부투쟁으로부터 출발하여 위로금 타내기를 종착역으로 하는 사례는 전투적 실리주의의 결정판이라고 할 수 있다.

전략적 실리주의가 김대중 정부에 이은 참여정부가 상대적으로 노동친화적인 '진보'를 표방하는 것을 정치적으로 적극 활용하는 가운데, 노사관계는 노사구도에서 노정관계 위주로 이행되는 경향을 보이고 이에 따라서 노동운동의 정치화가 가속화되었다. 노사정위의 설립은 그 단초라고 할 수 있다. 그러나 노사정위 자체는 그 취지에 걸맞게 운영되지 못하고 파행을 거듭했지만, 노동계의 정치적 위상을 높이고 강화하는 데에는 크게 기여했다. 노조는 참여와 탈퇴 및 복귀를 전략적으로 구사하는 등 사회통합적 노사관계를 지향하는 정부를 정치적으로 압박함으로써 '노조 달래기'에 나서게 하고 그 과정에서 적지 않은 성과를 거두었다.[7]

그러나 바로 이러한 노조의 전략적 선택은 사회구조의 변화에 상응하는 합리적 노사관계의 정립과는 거리를 오히려 벌이는 결과를 가져왔다. 노사 간의 갈등의 골이 깊어짐은 물론 노정관계도 왜곡되었기 때문이다. 그뿐만이 아니라 노동계는 조직이기주의와 과도한 정치화에 대한 사회적 비판을 불러일으켜 스스로의 입지를 축소하는 우(愚)를 범한 것이다. 이미 앞에서 본 바와 같이, 1987년 체제와 더불어 노동계에 대한 동정과 지원으로부터 출발한 사회의 분위기는 투쟁적인 노조 및 노동운동의 정치화에 대한 우려의 방향으로 바뀌었으며, 정부도 정치화된 노정관계를 시정하는 방향으로 선회하고 있다.

다른 한편, 노조에 비해 사용자의 전략적 선택은 상대적으로 빈곤했다. 고용조정이라는 공세의 고삐를 쥐고서도 사사건건 노조의 반대에 직면했고, 상시 구조조정 체제하에서 노동시장의 유연화를 안착시키는 데에도 성공하지 못했던 것으로 보인다. 이를 이른바 '좌파 정부'의 탓으로 돌리는 것만으로는 정부 의존성을 드러낼 뿐, 전략의 부재 내지는 빈곤을 덮을 수가 없을 것이다. 이는 노사관계에 대한 관심과 그 합리화를 위한 투자가 여전히 부족한 데에서 기인하는 것이라고 할 수밖에 없다.

---

[7] 전교조와 민노총의 합법화에 이어 공무원노조 법제화 등 집단적 권리와 더불어 임금 저하가 없는 근로시간 단축, 근골격계 질환 등의 산재 포함, 비정규직 차별금지 등 개인적 이익의 확보, 직접적인 노동 관련 위원회는 물론 주요 국정과제회의 참여와 발언권 강화 등을 들 수 있다.

[그림 I-4-3] 1997년 체제 노사관계의 구조-행위-귀결

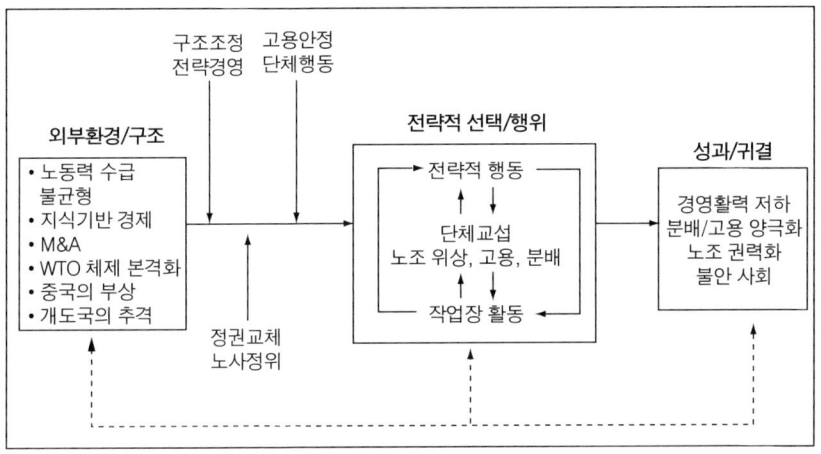

이러한 1997년 체제의 현재적 귀결은 [그림 I-4-3]에 요약되어 있다. 주지하다시피 기업의 경영활력이 저상되고 노조가 권력화되는 가운데 분배 및 고용의 양극화라는 현실로 나타났다. 사회 전반적으로 불안정과 불안이 가중되는 '불안 사회'로 귀결될 소지가 있는 것이다.

진단

이상의 분석을 통해서 드러나듯이 현재와 같이 대립적·비합리적인 한국의 노사관계는 무엇보다도 노사관계 주체들의 비합리적 행위에 기인된 것이라고 진단할 수 있다. 일반론적으로 볼 때 행위는 구조적인 요인의 제약을 받는 것도 사실이지만, 그동안 구조변화에 대응한 노사관계 주체들의 행위(전략적 선택)는 비합리적이었다.

민주화, 세계화 및 개방화, 그리고 경제-노동 구조의 변화에 대응한 노사관계 3주체의 행위를 정리하면 다음과 같다.

먼저, 노조는 세계화의 논리를 이념적으로 거부하고 자의적인 '민주화=노동'의 논리에 기초하여 전투적 실리주의의 행위를 지속해왔

다. 그러한 행위는 스스로 내건 이념이나 명분과는 모순되는 경우가 많았다. 실제로 법과 원칙보다는 '힘과 정치'에 의존한 집단행동은 점차 과도한 요구를 내걸고 정치화의 길을 걸었고, 이 과정에서 조직이기주의가 강화되는 한편 조합 내 민주주의는 결여됨으로써 합리적 대화와 타협의 입지를 스스로 축소시키는 결과를 가져왔다.

사용자는 노사관계를 비롯한 노동문제가 기업경영의 핵심적인 과제로 대두된 변화에도 불구하고 이를 여전히 부차적인 문제로 치부해왔다. 노사관계를 합리화하기 위한 선제적 노력은커녕 정부에 의존하거나 회피하는 경향을 답습했다. 노조가 제기하는 문제는 물론 노조가 일으키는 문제에 대해서도 정면으로 태클하여 문제 해결을 위해서 노력하기보다는 덮어버리거나 미봉책에 급급함으로써 문제를 오히려 확대·심화시키는 경우가 적지 않았다.

정부의 대응에도 문제가 있었다. 무엇보다도 한국의 노사관계를 위한 비전 정립에 소홀하여 사후 소방수 역할에 매달렸다. 노사관계를 다분히 정치적으로 접근하여 정책의 일관성을 유지하지 못함으로써 법과 원칙의 확립에 미흡한 결과, 한국의 노사관계는 아직도 사업장 바깥의 길거리에서 완전복귀하지 못하고 있는 형편이다.

노사관계 주체의 행위와 선택이 합리적이지 못한 근본원인은 관계 당사자들의 시계(視界)가 짧은 데에 있다. 정도의 차이는 있지만, 전체적-중장기적 관점이 결여된 근시안적 행위에 그 원인이 있는 것이다.

[그림 I-4-4]에서 보듯이 한국 노사의 시계(視界 : time horizon)는 단기적인 데다가 1997년의 위기상황을 거치면서도 멀리 내다보기는 커녕 오히려 이전보다 더 짧아진 것으로 나타나고 있는데, 이에 기초한 노사의 전략적 선택행위는 기회주의 발흥의 취약성에 노출될 수밖에 없다.

사용자는 여전히 단기 수익성과 주가 중심의 경영에 집착하여, 노

[그림 I-4-4] 노사 시계(視界)의 국제비교

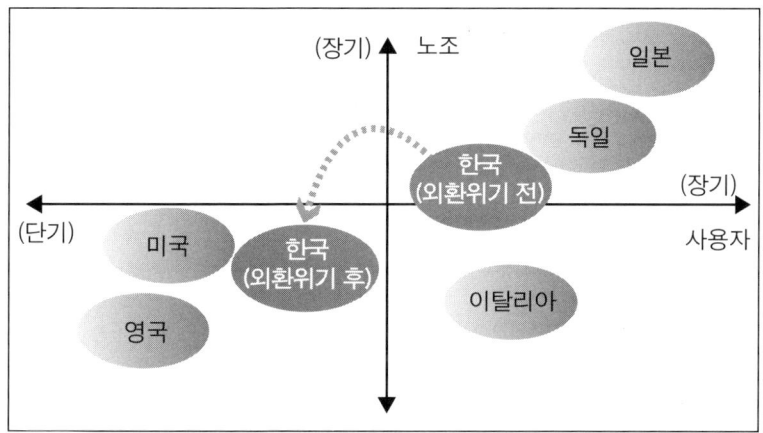

자료 : 한국노동연구원(2007b), p. 65에서 전재.

사관계의 합리화를 본격적으로 추진하기보다는 그때그때 노조의 압력을 회피하는 우회적 전략을 버리지 못하고 있는 것으로 보인다. 노조의 요구가 과도하거나 부당하다고 생각되는 경우에도 단기적인 손실이 두려워 그 요구를 들어줌으로써 스스로 전략적 선택의 폭을 좁혀온 사례가 드물지 않다. 파업 기간 중 무노동무임금(無勞動無賃金)의 원칙을 생산장려금 지급 등의 방법으로 스스로 파괴함은 물론, 노조의 불법적인 행위에 대해서도 으례 민형사상 책임을 면제해주는 등 노사관계의 정립을 위한 노력에 소홀했다. 노동시장의 유연화 문제도 고용의 유연화에 초점을 맞추고, 단기적인 수익 도모와 노조 압력 회피의 수단으로 상시 고용을 저임금 비정규직으로 충당함으로써 비정규직 남용과 차별이라는 비판을 초래하여 비정규직 보호 입법을 귀결한 것이다.

이렇듯이 사용자가 단기적 수익에 집착한 것과 마찬가지로 노조도 간부들이 1-2년의 짧은 임기 동안에 실적을 쌓기에 몰두하여 전투적 실리주의에 빠져 과도하게 정치화됨으로써 노사관계를 필요 이상의 대립과 비합리의 길로 이끌어왔던 것도 사실이다.

짧은 시계에 기초한 전략적 행위에 의해서 귀결되어온 노사관계의 불안전성과 낙후성은 비단 노사 양 당사자만이 아니라 정부에도 책임이 있음은 두말할 나위도 없다. 노사분규의 불길을 임시방편적으로 잡는 소방수 역할에 급급하여 정책의 일관성을 유지하지 못했을 뿐만 아니라 노사관계를 정치적 차원에서 접근함으로써 법과 원칙을 엄정하게 적용하지 못했다. 그 결과, 노사관계의 공정한 조정자와 최후의 중재자로서의 신뢰와 지위를 쌓지 못함으로써 노사관계의 합리화를 추동하는 데에 한계를 드러내고 있다. 한국 사회에서 비합리성의 대명사인 '정치'의 풍향에 따라 노동행정이 좌지우지되는 한 노사관계 합리화의 길은 더욱 멀어질 것이다.

3. 제도, 관행 및 의식의 문제점

바로 앞에서 우리는 노사관계 시스템 이론과 전략적 선택론에 입각한 구조-행위-귀결 분석을 통해서 그동안 한국의 사회경제 구조하에서 노사 양 당사자를 중심으로 한 노사관계 주체들의 전략적 행위가 대립적이고 비합리적 노사관계를 귀결한 것으로 분석했다. 그 배경에는 여러 요인이 자리하고 있는데, 여기에서는 현재의 시점에서 제도, 관행 및 의식의 차원에서의 문제점을 간략하게 정리하여 제시하려고 한다. 이로부터 도출되는 합리화의 과제와 방안은 다음 장에서 살펴보게 될 것이다.

그동안 몇 차례 노사관계 관련법의 개정에 이어 최근에 노사관계 선진화 법안의 입법절차가 마무리되어 적어도 법제적 차원에서는 한국은 이미 선진국의 대열에 합류했다고 보아도 무방할 것이다. 그럼에도 불구하고 한국의 노사관계가 선진국에서 보는 바와 같이 '안정적 발전'의 수준에 이르지 못하는 것은 무엇보다도 편의에 따라서 법을 무시하는 관행이 근절되지 못하고 있는 데에서 보듯이 법 준수 의식이 미흡하기 때문이다.

그 이유는 무엇인가? 한편으로는 노사관계의 관행과 의식이 이에 미치지 못하고 있으며, 다른 한편으로는 이와도 관련하여 법 준수를 보장할 하부 시스템이 제대로 정비되어 있지 못하기 때문이다. 따라서 노사관계에서 제기되는 합리화의 과제는 현재의 시점에서 볼 때에 법제도 자체보다는 관행, 그 밑바탕에 깔려 있는 의식, 그리고 하부 시스템의 문제가 더 중요하다.

저자가 보기에 한국의 노사가 여전히 대립적인 관계에 있는 밑바탕에는 노사관계에 대한 기본인식의 문제가 자리하고 있는 것 같다. 현실적인 노동문제를 추상적 이념 틀로 재단하고, 그러한 이념적 입장에서 노사관계를 근본적으로 대립관계로 인식하는 한에서는 노사관계의 안정적인 발전은 멀고도 멀다. 그것은 익히 인식되어온 사실임에도 불구하고 그동안처럼 은폐할 것이 아니라 분명히 짚고 넘어가야 할 사안이다. 이로부터 의식의 합리화 과제와 함께 그 방안도 도출될 수 있을 것이다.

보다 구체적으로 보면, 노사관계의 출발점을 이루는 근로계약의 체결과 이행을 소홀히 하는 관행과 의식부터 문제이며, 복잡하기 이를 데 없는 임금체계로 임금협상 과정이 복잡해지고 때로는 모호한 탓으로 임금협상이 끝난 후에도 노사갈등의 불씨가 되기도 한다. 이와 아울러 고정적으로 초과시간(OT : over-time) 수당을 달아주는 임금지급 관행도 합리적인 노사관계의 걸림돌이다.

교섭의 관행과 체계도 많은 문제를 안고 있다. 타협이 아니라 투쟁의 일환으로 접근하는 데에서 대립적이고 비합리적인 노사관계가 배태되고 있는 것이 현실이다. 이는 전반적인 교섭문화 개선의 과제이다. 이와 관련하여 노사분규를 자율적으로 해결하는 문제도 노사관계 선진화의 핵심적인 과제임은 두말할 나위도 없다. 특히 최근 들어 노조의 산별 교섭 요구와 사용자의 기업별 체제 고수 간의 대립은 노사갈등을 고조시키는 요인으로 떠오르고 있다. 이에 대한 합리적인 제도와 관행의 확립이 이미 중요한 과제로 등장되었다.

이에 못지않게 중요한 문제는 노동시장의 유연화와 고용안정의 요구가 첨예하게 대립하고 있는 상황에서 합리적인 방안을 도출하는 일이다. 노동시장의 유연안전성 확보를 위한 합리적인 모델을 만들어나가는 가운데 비정규직을 포함한 취약 근로계층에 대한 보호의 실효성을 높이는 방안이 마련되어야 할 것이며, 같은 맥락에서 사회안전망의 확충도 이루어져야 할 것이다. 이와도 관련하여 최근 현안으로 등장하고 있는 비정규직 및 특수직 종사자 문제에도 합리적인 방안이 마련되어야 할 것이다. 마지막으로, 법제적으로 미진하게 남은 복수노조와 노조 전임자 문제로 한국의 노사관계는 갈등과 대립의 화약고를 안고 있는 상태이다. 그것은 더 이상 미루어둘 수 있는 성격의 문제가 아니다.

이렇듯이 적지 않은 제도 및 관행의 문제는 멀리까지 거슬러올라갈 필요도 없이 앞에서 본 바와 같이 노사의 전략적 선택행위에 의해서 귀결된 측면이 크다. 다시 그것은 노사관계 주체들의 비합리적 의식의 표출이라고 할 수 있다. 이성보다는 감성이, 공동체 의식보다는 자기중심적 내지는 조직이기주의가 대립적이고도 비합리적인 노사관계를 만든 측면이 크며, 그것은 다시 노사관계 합리화에 걸림돌이 되고 있다.

노사의 시계(視界)가 짧은 것도 문제이지만, 일상적인 노사문제를 자존심이 걸린 승패의 시각에서 '힘 겨루기' 식으로 접근함으로써 필요 이상의 갈등구도가 형성된 것도 사실이다. 특히 무리[群]를 지으면 무리(無理)해도 괜찮다거나 무리(無理)한 집단행동을 통해 무리[群]의 존재를 확인하려고 하는 잘못된 의식은 비단 노사에만 국한되는 것은 아니지만, 한국 노사관계의 합리화를 위해서 반드시 극복되어야 할 과제이다.

  장을 바꾸어 이러한 문제점들을 하나하나 짚어보고 그 해결방안을 살펴보기로 하자.

제5장

처방 : 합리화의 과제와 방안

'합리화(rationalisation)'의 핵심은 실사구시(實事求是)의 정신 내지는 태도이다. 따라서 그것은 사실에 기초하되 이성 만능주의적 사고방식과는 구분되며,[1] (근대화를 위한) 서구 가치체계의 도입 (Mason, 1980)을 의미하는 것도 아니다. 감성적으로보다는 이성적으로, 사물을 그 자체[Ding an sich]보다는 상호관계 속에서 파악하고 실증적으로 분석하고 인과관계의 논리에 기초하여 더 나은 방안을 모색하자는 것이다.[2] 물론 노사관계의 인식에는 이성만이 아니라 감성도 작용할 수밖에 없지만, 사실관계에 기초해서 이성적으로 판단하여 한국 사회의 지속가능한 발전을 위해서 관련 제도는 물론, 관행과 의식을 개선하고 혁신해나가는 과정이 곧 노사관계 합리화의 과정이자 선진화에 이르는 길이라고 할 수 있을 것이다.

이러한 관점에서 이 장에서는 바로 앞에서 제시된 문제점을 중심으로 제도 및 관행, 그리고 의식의 차원에서 합리화의 과제와 방안을 논

---

1) *A Dictionary of Philosophy*, Pan Books, pp. 298-299.
2) 여기에서 '합리'나 '합리주의'에 대한 철학적 논의를 자세히 다루지는 않겠다. 이와 관련해서 필자 나름대로의 입장을 정리하는 데에 도움을 준 김영진 명예교수에게 감사한다.

의하기로 한다. 이에 앞서 노사관계에 대한 기본인식의 정립을 통해서 합리적 노사관계의 패러다임을 제시하는 것이 순서일 것이다.

1. 기본인식의 정립 : 합리적 노사관계의 패러다임

한국의 노사관계가 여전히 대립적인 성격을 벗어나지 못하는 맨 밑바탕에는 노사관계에 대한 기본인식의 문제가 깔려 있음을 인정하는 데에서 합리화의 첫발을 내디딜 수 있다. 그것은 이념의 틀로 노사문제를 인식하고, 현실의 노사문제를 재단함은 물론 향후의 지향까지 설정하는 도그마에서 벗어나는 과제이다. 일반론적 차원에서 보더라도 추상이념으로 구체적인 현실을 재단하는 것은 결코 합리적이지 않으며, 특히 노사관계의 인식에서는 오도되기가 십상이다.

현대 사회는 신분(계급)에서 계약으로의 이행을 의미한다. 임노동관계를 기반으로 하는 현대 노사관계의 기본성격 역시 계약관계이다. 그러나 형식적, 법률적으로는 대등하지만, 실질적으로는 사용자와 개별 근로자가 수평적이라고 할 수 없는 것은 노동력이란 상품의 특성[3] 때문에 신분적·물리적 강제가 아닌 경제적 강제가 작용하기 때문이다. 이러한 취약점을 보완하기 위해서 현대 사회에서는 근로자에게 단결권, 단체교섭권, 단체행동권 등 다른 상품 공급자에게는 없는 권리를 부여하고 있다. 이를 통해서 노사대등의 원리를 실현하고자 하는 제도를 확충하는 노력을 기울여온 것이 현대 사회가 이룬 노사관계의 궤적이다. 물론 완벽하다고는 할 수 없지만, 노동기본권이 보장된 상태에서의 계약은 다른 어떤 방안보다 노사대등의 원리에 충실한

---

[3] 이는 인적 자본의 저량(stock)으로부터 나오는 유량(flow), 근로자와 분리될 수 없는 노동력 제공, 저장 불가능, 개별적으로 독점력 행사 불가, 추가 공급에 대한 장시간 소요 등으로 요약될 수 있다.

것이라고 할 수 있다.

착취-피착취의 도식적인 계급론적 인식은 이렇게 진전된 현대 노사관계의 성격을 애써 외면하기가 일쑤이다. 계급론적 인식에 의거하면 노사 간의 계급모순은 근원적인 것이기 때문에 노사대등이 아닌 계급타파가 해결책이라고 한다. 그것은 논리적이기는 하지만, 그 현실적 부정합성은 최근 세계사의 흐름에서 이미 결론이 난 것임을 분명히 인식할 필요가 있다. 따라서 신분적(계급적) 속성과 모순을 민주주의의 틀 속에서 조정해나가는 현실적 노력에 힘을 보태어가는 것이, 현실을 이념의 틀 속에 가두어 개선의 노력에 의미를 부여하기를 거부하는 것보다는 훨씬 합리적일 것이다.

그럼에도 불구하고 한국 사회에는 노사관계의 계약론적 인식이 제대로 자리잡지 못하고 있는 실정이다. 여전히 계약관계적 인식에 동의하기를 주저하거나 노골적으로 반감을 드러내고 있는 것은, 개발시대의 억압적 노사관계에서 비롯된 비합리성이 잔존하고 있는 데다가 계약 당사자의 대등성이 실질적으로 미흡하거나 사각지대가 존재하고 있기 때문이다. 그렇다고 하더라도 계약보다는 쟁취를 주장하는 인식이 결코 진보적이지 않을 뿐만 아니라 거기에는 상호모순적인 인식이 혼재되어 있다. 전근대적인 온정주의와 (비)계급론적 투쟁주의, 감성과 이론, 그리고 실리주의와 속물적 정치주의가 동거하고 있는 것으로 보인다. 이는 내적으로는 파벌과 갈등을 낳고, 외적으로는 노사관계를 오로지 대립과 승패의 차원에서 접근함으로써 합리적인 인식을 저해하고 있다.

계약관계적 인식에서도 노사의 이해상충(利害相衝)이 전면적으로 부인되는 것은 아니다. 단기적으로는 이해관계가 다르기 때문에 계약이 필요하고, 장기적으로는 상생의 관계에 있기 때문에 계약의 성립과 충실한 이행이 요구되는 것이다. 단기적 이해상충을 계약을 통해서 조

[그림 I-5-1] 합리적 노사관계의 패러다임

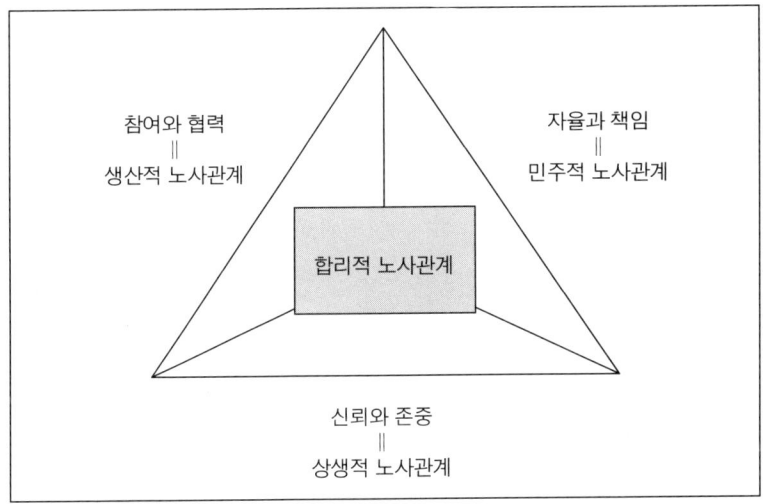

정하고 계약이행을 통해서 상생을 위한 협력을 해나가자는 것이다.

이로부터 도출되는 합리적 노사관계의 패러다임은 상생협력의 노사관계이다. 그것은 노사 간의 불신과 대립을 지양하고, [그림 I-5-1]에서 보는 바와 같이 신뢰와 존중, 참여와 협력 등을 통한 자율적 노사관계의 구축을 의미한다. 즉, 대내외적 구조변화에 상응하는 생산적이고 민주적인 상생의 노사관계를 지향하는 것이다(김대환, 2006).

이렇듯이 노사관계의 합리화는 근로자와 사용자, 그리고 노조와 기업이 서로가 다른 존재임을 인식하고 이를 인정하고 존중하는 데에서부터 출발한다. 과거 "공장을 가정처럼, 근로자를 가족처럼"과 같은 전근대적 온정주의와 결별함은 물론, 이른바 "노동자가 주인 되는 세상"과 같은 '진보적' 철학을 강요해서도 안 된다. 서로가 존재양식과 철학이 다를 수밖에 없다는 점을 인정하고, 승패의 강박감으로 인한 감정적 대립에서 벗어나서 '담담하고 이성적인[dry and cool]' 상생협력의 길을 모색하는 것이 노사관계에 대한 합리적인 인식이며, 이로부터 노사관계 선진화의 첫 발이 내디뎌질 수 있을 것이다.

그것은 노사 당사자가 상생의 바탕 위에서 이해관계를 놓고 교섭하고 타결해나가는 모습으로 나타나겠지만, 원만한 타결을 위해서는 사용자는 경영의 투명성을 높이고, 한국 사회의 토론 문화의 선진화와 함께 교섭 문화를 합리화하며, 근로계약은 물론 단체교섭의 타결사항을 충실히 이행해나가는 등의 노력이 전제되어야 할 것이다. 이를 통해서 노사 스스로 상호신뢰를 축적하고, 정부는 노사관계의 한 주체로서 계약의 사각지대를 해소하고 사회안전망을 확충함과 아울러 공정한 법집행 등으로 노사 상생협력의 기반을 강화해나가야 할 것이다.

2. 제도 및 관행의 합리화 : 과제와 방안

앞(제4장 3)에서 제기된 문제점들로부터 도출되는 제도 및 관행의 합리화 과제들을 요약하면 〈표 I-5-1〉과 같다. 여기에서는 이를 다시 (1) 근로계약과 교섭관행, (2) 임금제도와 지급관행, (3) 노사분규의 자율해결, (4) 노동시장의 유연안전화, (5) 노사관계 선진화 입법의 남은 과제 등으로 정리하여 살펴보고자 한다. 이들 각각에는 (법)제도적인 문제와 관행적인 문제가 서로 혼재된 경우가 많기 때문에, 제도와 관행을 분리하여 보기보다는 사안별로 함께 다루는 방식을 택하기로 한다.

(1) 근로계약 및 교섭관행의 개선

근로계약은 노사관계의 출발점이며, 단체교섭은 타결을 위한 과정이다. 계약 없는 임노동 관계가 성립되지 않는 것과 마찬가지로, 타결을 목적으로 하지 않는 교섭은 없다.

그런데 현실적으로는 근로계약과 관련하여 여전히 비합리적인 관

〈표 I-5-1〉 제도 및 관행의 합리화 과제(요약)

근로계약	계약서 작성, 고지, 확인, 이행 교부 대상의 확대
단체교섭	상호 존중, 성실 교섭, 예의 염치 교섭 문화의 후진성 극복
임금 관련	임금체계의 단순화 고정 초과근로 수당 및 포괄역산 관행의 타파 연공서열 임금제도의 개편
노사분규	자율해결 원칙 확립 법과 원칙 준수 교섭체계를 둘러싼 갈등 극복
노동시장	대기업 및 공공부문의 경직성 완화 취약 근로계층 지원 및 사회안전망 확충 유연안전성 사회협약
비정규직 및 특수직 종사자	보호의 정도와 방안
선진화 법제	복수노조 및 창구 단일화 노조 전임자 임금 자체 부담

행이 남아 있다. 즉, 근로계약서의 작성과 숙지를 소홀히 취급하는 행태가 바로 그것이다. 개정된 근로기준법은 근로계약서의 작성과 열람 및 교부를 의무화하고 있는데, 이에 대한 노사의 인식은 아직 취약하고 형식적인 데에 그치는 경우가 적지 않다. 특히 비정규직 등 취약 부문일수록 노사 양자가 근로계약서의 작성을 귀찮아하거나 소홀히 하는 경향이 있는데, 이는 결코 합리적인 태도가 아니다.

반드시 근로계약서를 작성하고 그 내용을 검토한 다음 계약을 맺는 것이 기본임에도 불구하고 이마저 잘 지켜지지 않는 경우가 있는데, 이는 계약 문화에 대한 한국 사회의 인식 수준이 아직 낮은 데에 일차적으로 기인한다. 대충 말만 듣거나 약관을 자세히 보지 않고 계약을 맺는 경우가 다반사이다. 노사 간에도 이 기본을 지키기 위한 관행의 개선이 이루어져야 하며, 근로계약서 작성을 기피하는 경우에는 분명한 조치를 취함으로써 근로계약서 작성이 예외 없이 이루어지도록 하는 것이 우선이다. 근로자의 경우에도 내용을 제대로 검토하지 않고 서명한 다음 사후에 문제를 제기하는 경우가 있는데, 일차적으로 자기 책임이라는 생각이 필요하다.

모든 계약에는 고지의 의무가 있다. 그것은 열람만이 아니라 근로자가 요구하는 경우에는 사용자에게 교부의 의무를 부과하고 있다. 그러나 근로자의 입장에서 이를 소홀히 하는 경향이 있는데, 이러한 근로자 의식의 개선이 필요함은 물론 제도적 개선이 수반되어야 할 사안이다. 교부 의무에서 제외되는 5인 미만 사업장도 교부 요구에 응할 수 있는 준비를 갖추어, (요구에 따른) 근로계약서의 교부가 보편화되도록 해야 할 것이다. 그럼으로써 근로계약 내용을 둘러싼 노사 간의 불필요한 마찰이 줄어드는 것은 물론 책임소재가 분명해짐으로써 한국의 계약 문화 전반을 합리화하는 데에도 도움이 될 것이다.

단체교섭에서는 많은 사람들이 현재의 교섭 문화가 후진적임을 지적하고 있음은 익히 아는 사실이다. 우선, 교섭이 상대방을 제압하여 자신의 요구에 응하게 하는 수단으로 생각한다면, 이는 결코 합리적이지 않다. 한두 번은 효과를 볼지 모르지만, 감정적 충돌을 불러옴으로써 타결에 이르는 데에 오히려 걸림돌이 된다.

교섭석상에서의 전투적인 복장과 거친 언어 및 행태는 물론 시위를 통해서 교섭력을 높이려고 하는 노조의 의식과 관행은 이제 국민들로부터 외면당하고 있는 현실을 직시함으로써 스스로 개선하는 노력이 요청된다. 잘못된 타성에 의존하기보다는 실사구시의 논리로 자신의 요구에 설득력을 더 하고, 사용자의 성실 교섭을 불가피하게 하는 합리적 전략을 개발하는 데에 주력해야 할 것이다. 사용자도 노조의 요구에 성실히 응하고 감정을 자제하기 위한 노력을 배가할 필요가 있다. 경영의 투명화는 기본이고, 기업의 제반 여건과 실적 및 전망에 대한 설명을 통하여 신뢰를 획득해나가야 할 것이다. 교섭은 노사대등을 전제하고 있다는 사실을 소홀히 하지 않는 것도 중요하다.

그럼으로써 단체교섭의 분위기가 감정이 아니라 이성에 지배되어, 교섭이 뜨겁게 진행되기보다는 차분하게 진행됨으로써 타결에 보다 순조롭게 이르는 선진적 교섭 문화가 정착될 수 있을 것이다. 타결에 이르지 못할 경우에도 상호 자극적인 비난 없이 이성적으로 노동위원회의 조정과정에서 타결을 기약하는 관행을 세워나가야 할 것이다.

특히 최근 들어 산별 체제로의 전환이 늘어나고 있음에도 불구하고 교섭체제가 제대로 정립되지 못한 채 실제로는 이중교섭 내지는 중복교섭이 이루어짐으로써, 사용자는 산별 체제를 수용하는 데에 주저하거나 산별 체제 자체에 대해 거부감을 가지고 있다. 이는 노사갈등의 추가 요인으로 작용하고 있다. 산별 교섭과 기업별 교섭을 동시다발적으로 진행함으로써 그 위세로 유리한 고지를 차지하려고 하는 이런 교섭관행은 하루빨리 개선되어야 한다. 법으로 산별 교섭을 강제하는 것은 현실적이지 않으며, 노사자율로 교섭체제를 결정하고 결정된 교섭체제에 걸맞게 교섭질서를 확립하는 것이 중요하다. 산별 교섭 '쟁취'를 내걸고 (불법)파업을 감행하기보다는 대각선 교섭을 통해서 그리고 교섭질서의 확립에 대한 신뢰를 축적해가면서 사용자의 산별 교섭에 대한 거부감을 불식시키고 산별 교섭이 실제 교섭비용을 낮출 것이라는 믿음을 가지게 하는 것이 훨씬 합리적일 것이다.

마지막으로, 하청기업의 경우 노조가 원청 사용자와의 직접 교섭을 요구하고 이를 이유로 파업에 돌입하는 사례가 늘고 있는데, 이 역시 합리적인 일이 아니다. 교섭 대상은 어디까지나 노조가 조직된 하청

기업의 사용자이고, 필요한 사안은 원청과 하청 사용자 사이의 협의를 통해서 조정되어야 할 것이다. 물론 원청-하청 사이의 문제는 하청 근로자에게도 영향을 미치지만, 그런 문제는 불공정거래의 시정을 통해서 해결하는 것이 합리적이다. 하청 근로자의 근로조건도 고려하여 공정거래의 실효성을 높이는 데에 원청 사용자가 적극적으로 노력해야 함은 두말할 나위가 없다.

(2) 임금제도의 개편

임금은 노사 간 계약의 기본적이고도 지속적인 교섭 사항이다. 그럼에도 불구하고 현행 임금제도는 문제가 많기 때문에 노사관계 합리화를 위해서는 임금제도의 개편이 필요하다. 단기적으로는 지나치게 복잡한 임금체계를 단순화함과 동시에 불합리한 지급관행을 고치고, 중장기적으로는 현재의 연공급제를 직무급제로 개편해야 한다.

현행 임금체계는 각종 이름의 보상을 불필요하게 복잡하게 둠으로써 정작 근로자 자신도 항목을 제대로 기억하지 못할 뿐만 아니라, 임금의 공평성에 대한 회의를 자아내고 임금교섭을 난해하게 하여 원활한 교섭에 걸림돌이 되기도 한다. 따라서 한국 노사관계의 합리화를 위해서 임금체계를 [그림 I-5-2]와 같이 단순화시킬 필요가 있다.

이와 같이 임금체계를 단순화함으로써 기업들이 서로 쉽게 비교할 수 있도록 하면, 외부 노동시장에 대한 임금조사에도 매우 큰 도움이 될 것이다. 가급적이면 근로기준법의 개정을 통해서 임금체계의 단순화가 제도화되도록 하는 것이 좋을 것이다. 통상임금과 평균임금의 이중 잣대 역시 노사 간의 갈등 소지가 될 뿐만이 아니라 외국인 투자기업의 투자회수에 활용되기 때문에 표준임금 하나로 통합하는 것이 바람직하다.

[그림 I-5-2] 임금체계의 단순화 모델

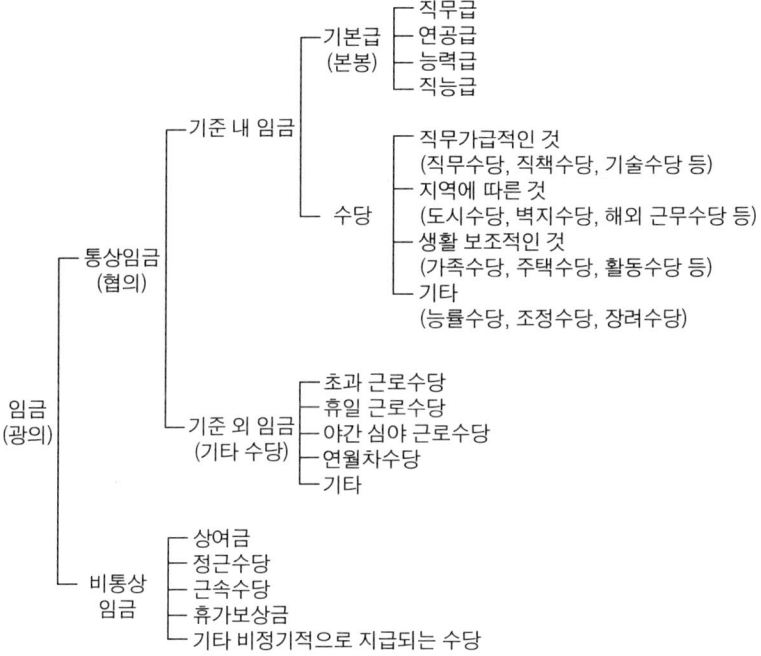

　임금체계의 단순화와 더불어 비합리적인 임금지급의 관행도 시급히 고칠 필요가 있다. 그 대표적인 것이 초과 근로시간을 고정적으로 달아주는 것인데, 이는 초과 근로수당을 주는 것도 아니고 안 주는 것도 아닌, 도저히 납득할 수 없는 변칙적인 방법이다. 이미 관행화되었다고 그냥 넘길 것이 아니라 폐지하는 것이 합리적이다. 고정 초과 근로시간만이 아니라 각종 법정수당을 그대로 둔 채 포괄역산(包括逆算)을 하는 관행도 청산의 대상이다. 이런 잘못된 관행을 그대로 두고 연봉제를 도입하더라도, 그것은 생산성 제고의 기능과 제대로 연결되지 못한다.

　한국 임금제도의 보다 근원적인 문제는 연공급제에서 탈출하지 못하고 있다는 것이다. 정작 근로자 자신은 임금을 가지고 자기의 각종 기본욕구를 충족시킬 수 있다고 믿는 정도를 나타내는 유의성(誘意性 : valence)은 높아지고 있는데, 그것을 동기유발의 적절한 수단으로 활용하지 못하고 있는 것이 현실이다. 사용자는 근로자의 작업성과나 노동투입과 임금이 잘 연결되지 않는 데에 불만이고, 다른 한편에서는 직무가치에 따른 임금을 선호하는 근로자가 늘어가는 현실을 감안하여, 직무급제로의 개편을 전제로 하여 임금제도를 합리화시켜 나가야 할 것이다.

연공급제의 직무급제로의 개편이 노사관계의 합리화에 미치는 영향은 매우 크다. 우선 무엇보다도 직무급제는 동일노동 동일임금(同一勞動同一賃金)을 실현할 수 있는 바탕이 되며, 임금유연화를 통해서 노동시장의 유연안전화를 가능하게 해준다. 그뿐만이 아니라 노사갈등의 현안이 되어 있는 비정규직 문제와 관련해서도 불합리한 차별 해소의 실효성을 높이는 등 비정규직 문제 해결의 한 대안이 될 수도 있을 것이다.

그렇다고 하더라도 이런 과제들은 중장기적으로 추진하는 것이 바람직하다. 오랫동안 만연했던 연공급제를 직무급제로 당장 대체하는 것은 노사갈등만이 아니라 노노갈등을 유발할 수가 있을 뿐만 아니라, 직무 평가 및 설계와 같은 사전준비가 제대로 이루어져 있지 않기 때문에 현실적으로도 쉽지 않다. 현재 이런 작업이 진행 중에 있으므로,[4] 특정 산업을 선정하고 모델을 마련하여 시범적으로 실시한 뒤 점차적으로 그러나 가속적으로 전면 실시의 방향으로 나아가야 할 것이다.

(3) 노사분규의 자율해결 원칙 확립

노사분규는 될 수 있는 대로 발생하지 않는 편이 좋겠지만, 교섭과

---

4) 노동부가 2004년에 설립한 '임금·직무 혁신 센터'에서 이 작업을 주도해오고 있다.

[그림 I-5-3] 힉스의 단체교섭 모델

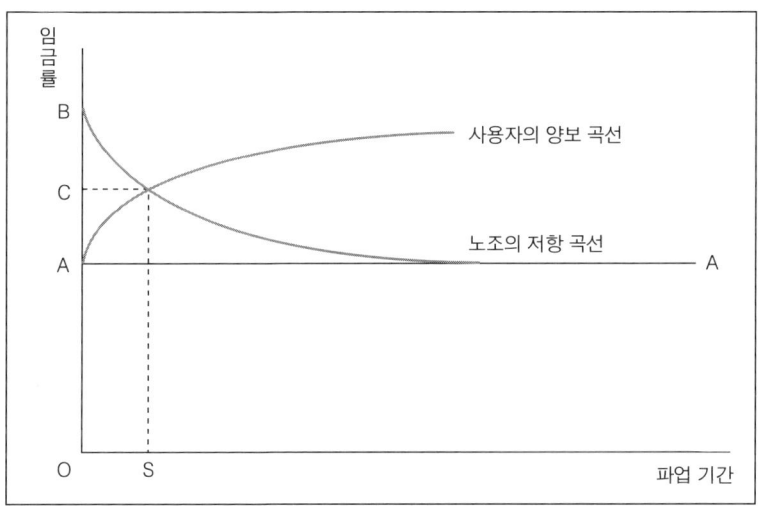

정에서 흔히 발생할 수 있는 일이다. 분규가 발생하지 않도록 사전적인 노력이 중요하다는 것은 두말할 필요가 없지만, 발생시에 합리적으로 해결해나가는 것도 그에 못지않게 중요하다.

교섭에서 타결에 실패할 경우 분규가 발생하는 것은 분규 자체가 목적이 아니라 다음 단계의 타결을 위한 과정이다. 조정과정에서 계속 타결에 이르도록 노력하고, 그마저도 이루어지지 않아 발생하는 파업은 상호경제적 압박을 받음으로써 어느 한쪽도 만족하지는 않더라도 적절한 선에서 타결에 이르도록 하는 수단이다.

이를 [그림 I-5-3]으로 나타나는 힉스(Hicks, 1966)의 고전적인 임금교섭 모델로 설명하면 다음과 같다. 당초 파업 전 사용자의 제시 임금률 A와 노조의 요구 수준 B는 괴리가 커서 타결되지 못하여 파업이 이루어지는데, 파업 기간이 길어짐으로써 사용자는 생산 차질로, 노조는 임금 손실로 압박을 받아 사용자는 양보하게 되고 노조는 저항을 누그러뜨리게 된다. 그리하여 사용자의 양보 곡선(employer's concession curve)과 노조의 저항 곡선(union's resistance curve)이 교차하게 되는 C 수준에서 결국 타결된다. 이 교차점이야말로 노조의 가장 노련한 교섭 담당자가 사용자로부터 획득할 수 있는 가장 높은 임금률이다. 결국 여기에서 보듯이 이 교섭에서 노조는 S 기간의 파업을 통해 당초 요구했던 B에는 못 미치지만 당초 사용자가 제시했던 A보다는 높은 C 수준의 임금률을 획득하게 된다.

여기에서 중요한 것은 노사의 행위는 파업에 따른 경제적 압박 이외의 어떤 요인에 영향을 미치지도 받지도 않는다는 것이다. 물리적인 충돌이나 정부의 개입 없이 노사 양 당사자가 자율적으로 타결하여 분규가 해결된 것이다. 이 모델이 시사하듯, 일상적으로 있을 수 있는 노사분규에 대해서 자율해결의 원칙을 분명히 하고 이를 일관성 있게 지켜나가는 것이 노사관계의 합리화에 핵심적으로 중요하다.

노사는 정부 의존의 타성에서 벗어나서 합법적인 수단과 절차를 통하여 분규를 스스로 해결하는 능력을 키워나가야 한다. 이와 관련해서는, 사용자는 임시 미봉책으로 노조에 대한 지배개입의 유혹을 떨쳐버리고, 노조는 미리 파업 일자를 못박는 관행에서 탈피하는 등의 노력이 필요하다. 정부는 개별 사업장이나 산업 분규에 대한 불개입 원칙을 천명하고 이를 일관되게 지킴과 동시에, 합리적인 자율해결을 위해 불법에 대해서는 노사를 막론하고 단호하고도 분명하게 조치하는 한편 제도적·정책적 개선의 여지가 있다면 과감하게 개선해나감으로써 자율해결을 조성하고 지원하는 역할에 국한해야 할 것이다.

이에 대해서 한 원로는 "분쟁은 당사자끼리 해결하고 그것이 안 될 때에는 공멸하는 경험을 하게 함으로써 노사 당사자는 보다 책임 있는 파트너로 성숙할 것이다"[5]고 말하고 있는데, 이는 이미 사회적으

---

5) 김수곤 명예교수의 김대환(2008)에 대한 사전 논평.

로도 상당한 공감대를 이루고 있는 것으로 생각된다. 이른바 '편법'과 '떼법'과 '정서법'이 통하지 않도록 필요한 법은 개정하면서 노사관계의 법치주의를 정착시켜나가야 한다는 그의 주장은 노사 자율 원칙의 금과옥조(金科玉條)로 삼을 만하다.

'법과 원칙'의 중요성은 모든 부문에 해당되지만 특히 노사분규와 관련해서는 아무리 강조되어도 지나치지 않다. 일차적으로 중요한 것은 노사 당사자의 법규범 준수이며, 이에 못지않게 중요한 것은 노사 자율의 원칙에 입각한 정부방침의 일관성이다. 최근 들어 정부가 산업현장 분규에 대해서는 법과 원칙의 테두리 내에서 대화와 타협을 통한 자율해결의 기조를 일관되게 강조하고 이를 적용함으로써, 산업현장은 어느 정도 안정화의 길을 걷고 있는 것 같다. 무엇보다 노사 모두가 분규의 합법성 여부에 대해서 심각하게 고민하게 된 것은 진일보한 현상이다.

노사분규의 해결에서 '대화와 타협' 역시 중요하지만, 여기에도 노사 자율해결의 원칙이 일관되게 적용되어야 한다. 즉 대화와 타협의 주체는 노사 당사자이며, 이를 통한 자율적인 해결의 일차적인 주체 역시 노사 당사자이다. 노사 모두 정부 의존의 타성에서 탈피하는 노력을 더욱 강화함으로써 자율의 원칙을 확립해나가야 할 것이다.

노사가 스스로의 정당성을 확보하기 위해서는 법과 원칙의 테두리를 벗어나서는 안 된다. 대화와 타협에도 이 테두리 안에서 일정한 원칙과 룰이 있어야 하며, 원칙과 룰을 준수해야만 지속가능한 대화와 타협이 이루어질 수 있을 것이다. 정부는 노사 당사 간의 대화와 타협을 지원하고 최후의 중재자와 조정자의 역할에 충실해야 한다. 이 모든 과정에서 정부 역시 법과 원칙에 충실함으로써 노사 자율체제를 강화하고 그 지속가능성을 높이는 데에 노력을 아끼지 말아야 할 것이다.[6]

노-사-정 간의 대화도 활성화될수록 좋지만, 여기에도 보편적인 원칙이 적용되어야 한다. 이와 관련하여, 노사정위의 운용에서는 이해 관계자의 폭넓은 참여, 협의와 합의의 구분, 민주적 논의방식과 행태, 논의시한의 설정과 준수, 논의 및 이후 절차의 존중 등의 원칙이 세워지고 준수되어야 한다. 무엇보다도 노사정위의 법제적 위상을 분명히 하고 그 위상에 걸맞게 운영되어야 한다. 그렇지 못할 경우, 노사정위는 노사관계의 과도한 정치화의 매개물로 전락하고 본래의 취지와 기능이 왜곡됨으로써 존립의 위기로까지 이어질 수 있다.

(4) 노동시장 유연안전화를 위한 사회협약

한국 노사관계의 합리화에 있어서 노동시장의 문제를 간과해서는 곤란하다. 왜냐하면 노동시장의 유연화-안전화는 현재 한국의 노사관계의 핵심적 현안일 뿐 아니라 사회 양극화의 문제와 직결되어 노사관계에 미치는 영향이 계속 커지고 있기 때문이다. 이미 앞에서 보았다시피, 최근 들어서는 노사교섭과 노사분규에 있어서 임금문제보다는 고용문제가 더 큰 비중을 차지하고 있다. 특히 IMF 사태를 거치면서 해고를 보다 용이하게 하자는 사용자의 요구와, 반대로 고용안정을 확보하기 위한 노조의 '투쟁'이 첨예하게 대립하고 있는 실정이다. 이렇듯 산업현장에서 노사가 팽팽히 대치하고 사회적으로도 논쟁 구도가 형성되어 있는 '유연화 대 안전화'의 문제는 한국의 노사관계에서 '태풍의 눈'이다.

더구나 이 문제는 이념적 대립의 성격마저도 띠고 있어 당장 해결될 기미를 보이지 않고 있다. 그러나 분명한 것은, 노동시장의 유연화-

---

6) 이는 노사의 자율과 정부의 규범적 접근(normative approach)이 병행되어야 함을 의미한다. 개념적으로는 전자와 후자를 대비시키기도 하지만(예컨대 Bennett, p. 40), 특히 한국의 현실에서 양자는 상호의존의 관계에 있기 때문이다.

안전화 문제를 선과 악이나 정의(正義)와 불의(不義)의 관점에서 이분법적으로 보고 감성적으로 접근하면 할수록 상호 배타적인 해법이 제출되고 그러할수록 실제로는 사회적 정의에 부합되지 않는 결과를 초래할 위험성이 있다는 것이다. 가치나 이념의 차원에서가 아니라 현실적인 차원에서 해법을 모색하는 것이 합리적이다. 이미 학계에서는 이 문제는 양자택일의 문제가 아니라 적절한 조화, 즉 유연안전화가 현실적인 해결 방향이라는 데에 의견이 모아졌으며, 사회적으로도 적어도 원론적으로는 유연안전화에 공감대가 형성되고 있는 것으로 생각된다.

노동시장 유연안전화의 기본방향은 전체적으로는 노동시장의 유연성을 높여나가되, 획일적으로 접근할 것이 아니라 대기업 및 공공부문에 대해서는 유연성을 높이는 한편 중소 영세기업 및 취약 근로계층에 대해서는 일정한 보호를 병행하는 것이다. 주지하다시피, 최근 한국 노동시장은 이중구조화 양상이 심화되고 있다. 한쪽에는 상대적으로 임금 및 근로조건이 좋고 잘 조직된 노조가 있는 대기업과 공공부문이 있는 반면에 다른 한쪽에는 상당히 어려운 여건에서 일하는 비정규직 등 취약 근로계층 부문이 존재함으로써 노동시장의 양극화 현상이 날로 심화되고 있다. 전자에 대해서는 상대적으로 유연성을 높이고 후자에 대해서는 보호·지원을 강화함으로써, 노동시장 전체적으로는 유연안전성을 확보해나가는 것이 노동시장 개혁의 기본 방향이자 현실적인 방안이다.

특히 대기업 및 공공부문에서 노동시장의 경직성은 좀더 완화되어야 할 것이다. 이 부문의 경직성이 비정규직 등 취약계층의 확대와 불안정화의 한 요인임을 감안할 때, 제도적이든 관행적이든 이 부문에 대한 과도한 보호는 시장과 사회의 요구에 따라서 조정될 필요가 있다. 사회 전체적인 측면에서, 특히 취약부문을 고려하여, 이들 부문의 근로자와 기업은 스스로 기득권을 양보할 줄도 아는 상생적 협력의 지혜의 발휘가 요구된다.

이와 더불어 중요한 것은, 노동시장의 유연화가 고용의 유연화에만 의존해서는 곤란하다는 사실이다. 예컨대 임금 유연화로 가급적 일자리를 유지하는 한편 고용조정의 필요성이 있으면 사전 해고통지와 동시에 전직(轉職 : outplacement) 프로그램[7]을 가동하고, 직업훈련을 내실화하는 기능적 유연화를 통해서 재취업을 용이하게 하는 등 종합적인 대책이 필요하다.

이러한 관점에서 정부가 취약 근로계층에 대한 지원과 보호를 강화하기 위하여 최소한의 근로조건과 기본적인 권리가 충분히 보장받을 수 있도록 하고, 적시에 적절한 일자리를 가질 수 있도록 고용지원 서비스를 획기적으로 개선하는 것은 다소 늦은 감이 없진 않지만, 제대로 방향을 잡은 것으로 생각된다. 물고기를 직접 잡아주는 것보다는 물고기를 잡을 수 있는 그물을 제공하는 것이 더욱 중요하듯이, 일자리 알선과 더불어 보다 나은 일자리로 옮겨갈 수 있도록 직업훈련에 대한 지원을 확대·강화하는 것은 고무적이다.

직업훈련은 기능적 유연화의 핵심으로 그동안 노동시장 유연화의 중심이 된 수량적 유연화에 비해 노사 간의 마찰을 훨씬 줄이는 방안임과 동시에 노동시장 및 사회 양극화에 대응하는 유효한 수단이다. 보다 중요한 것은, 평생직장의 시대가 생애직업의 시대로 급속히 이동하는 현시점에서 지속적인 능력개발과 직업훈련 없이는 삶의 터전인 일자리가 보장되지 않는다는 사실이다.

이에 따라서 최근 정부는 과거 산업화 시대의 직업훈련 체제를 혁신하여 현장 및 수요자 중심의 맞춤형 서비스 체제로 정비해나가는

---

7) 여기에는 정보 제공, 재정 지원, 직업 탐색을 위한 시간 편의의 제공, 심리 상담, 구인처 탐색 및 관련 타회사에 대한 홍보 및 알선 등이 포함되어야 한다.

노력을 기울이고 있는 것으로 알려져 있다. 중소기업 근로자에게 직접 찾아가는 직업훈련 서비스를 제공하고, 영세 자영업자들도 훈련을 받을 수 있도록 하는 등 기회와 지원의 폭을 확대하는 정책 역시 의미 있는 변화로 받아들여진다.

그러나 이러한 정책들은 일자리 창출을 위한 종합대책과 병행하여 실시되어야만 효과를 발휘할 수 있다. 기업의 투자를 통한 일자리 창출이 핵심적으로 중요한 것은 틀림없지만, 이른바 '고용 없는 성장'의 현실에서는 사회 서비스 중심의 새로운 일자리 창출의 중요성도 과소평가할 수 없다. 이와 더불어 사회적 기업, 청년 실업 및 노인 취업 대책 등을 포함한 정부의 기존 종합대책을 가다듬어 구체적인 방안을 제시함과 동시에 사회안전망도 지속적으로 확충해나가야만 노동시장의 유연안전화가 현실화될 수 있을 것이다. 실업급여 제도의 일정한 개선도 검토될 수 있을 것이며, 비정규직에 대해서는 법만이 아니라 행정을 통한 보완도 필요하다. 특수직 종사자의 경제법적 보호와 지원 등도 여기에 포함될 수 있을 것이다. 특히 중요한 것은, 취약계층에 대한 보호를 강화함으로써 그들의 일과 생활의 안정성을 높이는 조치들이 적극적으로 이루어져야 한다는 것이다.

그것은 종합적이면서도 개별 사업장이나 개별 근로자에 대한 맞춤형 대책을 의미하는데, 그 구체적인 방안을 마련하는 것은 현실적으로 결코 쉽지가 않다. 특히 이 문제를 둘러싸고 노사의 단기적인 이해가 첨예하게 대립하고 있는 상황에서는 더욱 그렇다. 그러나 그럴수록 이에 대한 구체적인 모델과 방안을 마련하기 위한 사회적 노력의 필요성은 더 절실하다. 따라서 지금부터라도 노사는 구체적인 방안에 대한 모델을 개발하기 위한 노력을 본격화하고, 정부는 이를 지원해야 한다. 이러한 과정에서 예컨대 노사정위 차원에서 노동시장의 유연안전화를 중심으로 한 사회협약을 추진하는 방안도 생각해볼 수 있다.

이를 위해서는 노사의 상호 이해(理解)와 유연한 자세가 필요하다. 보다 종합적인 차원에서, 다양한 방식으로, 부문별로 차별성 있는 유연화와 더불어 임금 지급관행의 개선 및 임금체계의 단순화, 직무급제로의 개편을 통한 '동일노동 동일임금'의 토대 마련, 임금인상과 생산성 향상의 연계, 비정규직 차별해소의 실효성 확대 및 합리화를 위한 업종별·직종별 방안, 취약부문에 대한 적정한 수준의 보호와 지원 방안 등에 대해서 서로 양보하고 타협하는 합리적인 자세와 진지한 노력이 요구된다. 특수직 종사자의 경우는 기존의 불합리한 관행을 개선하면서 개별 사업자의 지위에 걸맞는 계약 및 근무 형태로 전환하면서 필요한 경제적 보호조치를 취하고 산재보험의 적용 등 적절한 노동법상의 보호를 취하는 방안이 합리적이다.

유연한 자세가 정부에게도 요구되는 것은 두말할 필요가 없다. 이미 한국은 경제정책과 사회정책, 노동시장의 유연화와 안전화가 같이 가야만 하는 구조와 상황에 놓여 있다. 경제적 효율은 사회적 기반 위에서 이루어지는 것이므로 경제성장도 사회안정의 바탕 위에서만 지속성을 가질 수 있다. 새로 출범한 이명박 정부가 진정으로 '경제 살리기'를 추구한다면 성장 드라이브에 '올인'할 것이 아니라 취약 근로계층에 대한 지원과 더불어 사회안전망의 확충을 비롯한 사회정책에도 심혈을 기울여야 할 것이다.

(5) 노사관계 선진화 법제의 남은 과제

앞에서 우리는 노사관계 선진화 법안의 성립으로 적어도 법제적인 차원에서는 한국의 노사관계가 선진국의 수준에 이르렀다고 했다. 그러나 여기에는 미진한 과제가 있다. 복수노조 체제의 도입과 노조 전임자 임금의 노조 자체 부담 문제를 매듭짓지 못하고 또다시 2010년으로 미루어놓은 것이 바로 그것이다.

이미 오래 전에 노사가 합의한 이 사안은 그동안 5년씩 두 차례나 유보되고서도 또다시 3년이 더 연기됨으로써, 법의 명분과 권위가 크게 훼손된 것은 논외로 하더라도 노사관계의 불안요인이 되고 있는 실정이다. 노사가 공식적으로 합의했음에도 불구하고 노사의 속사정은 복잡하고 상충되어 이 사안은 여전히 '뜨거운 감자'이다. 그동안의 정황으로 보아 2010년 이전에는 노사 어느 쪽도 이 뜨거운 감자에 손을 대지 않고 있다가 발등에 불이 떨어지면 부딪치고 버티는 후진적 행태를 되풀이할 가능성이 크다.

그것은 한국의 노사관계 체제를 새로운 선진 체제로 탈바꿈시킬 중차대한 사안인 만큼 이제 더 이상의 연기 없이 결론을 내고 시행에 들어가야 한다. 그래야만 비로소 법제적 측면에서 노사관계의 선진화가 일단락될 수 있을 것이다.

먼저, 복수노조 문제와 관련해서는 더 이상 머뭇거릴 이유가 없다. 자율의 기본원리에 충실한다면, 복수노조는 당연히 허용되어야 하고 실제 종업원들이 한 사업장 내에서 몇 개의 노조를 설립하고 나누어지든 그것은 그들의 자율에 맡겨야 한다. 복수노조의 설립 허용을 자꾸 미룸으로써 노사갈등의 소지를 계속 안고갈 필요가 없다. 이 문제의 핵심은 "된다, 안 된다"가 아니라 바로 다음과 같은 것이다.

> 사업장 내 복수노조의 허용을 하겠다고 선언해놓고 교섭창구 단일화를 법제화하지 못함으로 인해 10년을 연기해왔다. 또다시 3년을 연장한 결과 이제 그 시한이 2년밖에 남지 않았는데, 아직도 그 법제화를 위한 정치권의 준비는 전혀 되지 않고 있으니 2010년부터 일어날 노노분쟁(勞勞紛爭)을 어떻게 막을 것인가?[8]

---

8) 주 5)와 같음.

해법은 복수노조를 허용하되 교섭창구를 단일화하는 것이다. 실제로 법 제정 취지도 교섭창구 단일화를 전제로 한 복수노조 체제이다. 교섭창구 단일화는 교섭의 비용을 줄일 뿐만이 아니라 실제 교섭력의 측면에서도 노조에 도움이 된다. 그렇다고 해서 사용자의 교섭력이 약화되는 것도 아니므로 교섭창구를 단일화한 복수노조 체제의 출범을 더 이상 미룰 이유가 없다. 복수노조에 대한 사용자의 우려는 교섭창구 단일화를 통해서 해소될 수 있다.

따라서 남은 과제는 교섭창구 단일화 방안을 마련하는 일이다. 이에 대해서는, 먼저 노조들 간에 자율적으로 결정하도록 하되, 그것이 안 될 경우는 ① 과반수 노조 또는 투표에 의해서 과반수 득표한 노조가 교섭권을 가지거나 ② 조합원수 비례의 교섭위원단을 구성하는 두 가지 방안이 제시되고 있다(노동부, 2006). 이 두 시안을 놓고 노조들 간 또는 노사 간에 유불리(有不利)를 따지자면 공통의 해답이 나올 수가 없다.

따라서 그보다는 노조의 교섭권 문제는 두 시안에 공통적인 '자율결정에 맡겨두고 일정 시점(예컨대 교섭 개시일 7일 전)까지 자율적으로 결정이 되지 않을 경우에는 그 해 또는 그 차례의 단체교섭은 성립되지 않은 것으로 간주하는 것이 자율의 원리에 훨씬 충실한 방안이라고 생각한다. 이는 교섭권을 둘러싸고 노조들 간 분쟁이 있더라도 무한정 끌 수는 없을 것이며 노조 스스로 자율 역량을 키우는 촉매가 될 것이다. 이 과정에서 발생할 수도 있는 노노분쟁에 대한 현실적인 대안은 '법과 원칙'이다.

노조 전임자의 임금문제 역시 오랫동안의 잘못된 관행을 고친다는 차원에서 더 이상 미루지 말고 원안대로 시행하는 것이 옳다. 원리적으로, 노조 전임자에 대한 사용자의 임금 지급은 노조에 대한 지배개입으로 불법임에도 불구하고 우리 역사의 굴절 속에서 방치되어온 것임은 주지의 사실이다.

  이를 바로잡는 것은 자율원칙에 따르는 것이며, 늦었지만 노사관계 합리화에 큰 도움이 될 것이다. 어느 조직이든 '어용'이 아닌 이상 구성원들 스스로가 운영 경비를 부담해야 하며 현대 사회에서 '비용의 자체 부담(self-financing)'은 해당 조직의 자주성과 자율성 확보의 보루이다. 법에서 허용하는 노조활동에 대한 편의제공은 시간편의[time-off]로 하는 것이 자율의 원리에 맞다. 이 과정에서 부분 전임은 명실상부하게 사업장에서 자기 몫의 근로를 하면서 조합원을 위해서 봉사하는 것이고, 사용자는 이에 대해서 시간편의를 제공하여 그 활동을 지원하는 것이다.

  완전 전임자가 필요한 경우에는 조합원이 고용하고 급여를 지급하는 것이 자율의 원리에 맞을 뿐만 아니라, 조합 내 민주주의를 진전시키는 데에도 도움이 될 것이다. 뿐만이 아니라 조합원이 급여를 부담함으로써 전임자 고용에 효율을 기할 수 있고 회계의 투명성도 높이는 효과가 기대된다. 특히 현 시점에서 이는 노조의 내적 민주성과 함께 외적 자주성을 높여 노조가 건전하게 발전함으로써 노동계의 정치사회적 위상을 강화하기 위해서도 긴요한 일이다.

  이 경우에 소규모 노조는 재정상의 애로에 직면할 수도 있을 것이다. 노조 자체 부담 이외의 방법으로 그들을 지원하는 방안이 마련될 때까지 시행 시기를 늦추자는 주장은 스스로의 자율성을 훼손하는 것이다. 그 방안은 노조, 더 나아가서는 노동계 스스로가 자율적으로 모색해야 할 것이다. 지출의 합리화, 전임자 수의 축소, 조합비 인상 등과 함께 노조의 조직원리인 연대에 기초하여 재정적으로 상호부조하는 방안으로부터 조직의 슬림화, 합병 등 합리적으로 조직을 개편하는 방안(김정한, 2005, p. 32)에 이르기까지 가능한 모든 방안을 동원하여 자율적으로 헤쳐나가야 할 시점이다.

3. 의식의 합리화 : 제언

앞에서 우리는 여전히 대립적이고 비합리적인 한국 노사관계의 밑바탕에는 노사관계 주체들의 비합리적 의식이 자리하고 있다고 했다. 이 양자는 반드시 일의적인 관계에 있는 것은 아니지만, 의식(consciousness)이 마음 상태(mental state)에 영향을 미치고[9] 이것이 노사관계에 투영되기 때문에, 노사관계의 합리화를 위해서는 반드시 의식의 합리화가 요구된다.

물론 의식은 자체적으로 형성되는 것은 아니다. 의식은 제도나 관행의 산물이기도 하지만, 그 역(逆)도 성립한다. 따라서 여기에서 제도 및 관행의 합리화와 의식의 합리화 간에 선후관계를 따지는 것은 불필요하고, 한국 노사관계의 합리화를 위한 의식의 합리화에 대해서 제언하는 것으로 만족하고자 한다.

(1) 실제 이상의 갈등의식 지양

먼저 주목해야 할 것은, 한국의 노사관계의 갈등은 객관적인 요인보다는 주관적인 요인이 훨씬 더 크다는 사실이다. 제3자의 입장에서 보면 그다지 심각한 사안이 아니거나 별 것이 아닌 것을 가지고 노사가 필요 이상으로 심하게 대립하는 경우를 자주 목도한다. 노동위원회 위원의 경험이 있는 사람들은 이러한 사건을 적지 않게 다루었을 것이다.

김동원 외(2006)는 노사갈등의 객관적 지표(파업 증가율, 참여자 수 증가율, 1,000인당 근로손실일수)와 주관적 지표(노사관계의 생산성 및 협조성에 관한 IMD, WEF 및 IPS의 설문 점수)를 이용하여 노

---

9) 물론 여기에는 이론(異論)도 있으나 그것은 어디까지나 정도의 문제이다. 이에 대한 간략한 정리로는 *A Dictionary of Philosophy*, pp. 72-73 참조.

[그림 I-5-4] 주요국 노사관계의 갈등좌표

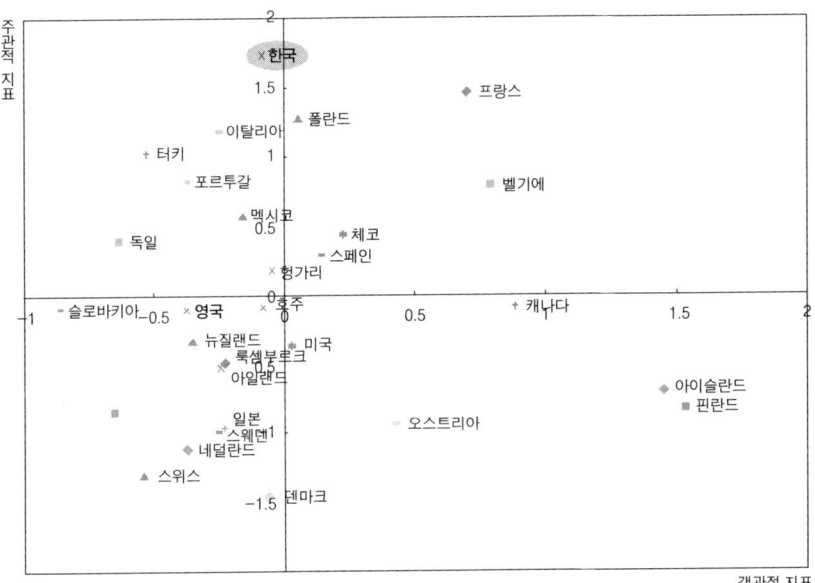

사갈등지표를 산출했는데, 그 결과에 따르면 한국의 경우 객관적 지표도 높지만 이보다 훨씬 더 주관적 요인이 높은 것으로 나타났다. 이를 주요 국가들과 비교해 보인 것이 [그림 I-5-4]인데, 이에서 보듯이 한국의 노사관계는 주관적 갈등지표가 상대적으로 높을 뿐 아니라 다른 나라에 비해서 절대적으로도 높음을 알 수 있다.

이것을 평면적으로 해석하면, 한국의 노사관계는 기본적으로 갈등관계에 있지만 노사 당사자들은 실제(객관적) 이상으로 갈등이 심하다고 (주관적으로) 느끼고 있다는 것이다. 관련 기관의 설문조사는 양 당사자들을 대상으로 한 것이다. 노사가 다같이 한국의 노사관계를 실제 이상으로 갈등적인 관계로 받아들이고 있는 것은 확실히 의식에 문제가 있는 것으로 생각된다.

여기에는 두 가지 비합리적인 의식이 작용하고 있는 것 같다. 하나는 설문에 답할 때 극단을 택한다는 것이다. 중간을 기준으로 하여 양쪽으로의 편차를 생각하는 것이 아니라, 한국의 노사관계가 '좋다, 나쁘다' 혹은 '생산적이다, 비생산적이다' 내지는 '갈등적이다, 협조적이다' 식으로 매우 이분법적인 사고를 한다는 것이다.[10] 이 자체가 비합리적인 것임은 말할 것도 없지만, 이러한 태도가 실제 노사관계를 필요 이상으로 대립적이고 비합리적으로 만드는 요인이 될 것이다.

다른 하나는, 여기에도 노사의 전략적 선택이 작용하고 있다는 것이다. 사실보다 더 갈등적이라고 답하는 데에는 은연중 상대방이나 정부에 그 책임을 미루려는 의식이 작용한 측면이 없지 않다. 어느 한편이 '갈등적'이라고 평가하는 데에 비해서 다른 한편이 '협력적'이라고 한다면, 갈등의 책임이 '협력적'이라고 한 쪽에 돌아오는 셈이 되기 때문에 서로를 '갈등적'이라고 하는 것이 전략적으로 유리하기 때문이다. 그러나 이런 전략적 선택은 상대방을 인정하지 않고 좋게 봐 주지 않음으로써 자신의 상대적 정당성을 주장하고자 하는 일종의 '기 싸움'에서 나온 것으로 실제 이상으로 갈등을 증폭시키는 비합리적인 요인으로 작용한다.

이렇듯이 다분히 이분법적이고 극단적이며 감성적이면서도 네거티브 전략적인 의식과 행위는, 노사에만 국한되지 않은 한국 사회의 전반적인 현상이지만, 한국의 노사관계를 대립적이고도 비합리적이게 만들어왔다. 여기에는 개별 노사갈등 사례를 도식적인 틀을 가지고 총자본 대 총노동의 대결로 몰아가려고 하는 이념과 '실천가'의 영향도 무시할 수 없다. 객관적으로 보면, 현재 약 6,000개의 노조가 있지만, 1년에 한 번이라도 파업을 하는 노조는 10%에도 못 미치며 이 가운데에서 매년 파업을 벌이다시피 하는 경우는 기껏해야 10% 정도이

---

[10] 이런 점에서 관련 기관의 설문 양식이 우리에게는 적합하지 않다는 지적도 있다.

다. 게다가 불법파업은 현격하게 줄어들고 있는 것이 객관적인 현실이다. 결국 전체의 1%에도 못 미치는 노사가 노사관계 전체의 이미지를 갈등적인 것으로 만드는 셈이다.

노사갈등을 실제적으로 필요 이상으로 부풀려온 데에는 노사갈등을 비롯한 한국 사회의 거의 모든 사회갈등을 이념대립의 잣대로 다루어온 언론의 책임도 결코 작지 않다. 노사관계가 관련된 사안이면 천편일률적이다시피 격렬한 파업 화면부터 내보내온 TV방송이나 갈등을 부각시키는 언론이 필요 이상의 갈등의식을 가져다주는 데 크게 작용해온 것임을 부인하기 힘들다. 따라서 한국의 사회갈등을 관리하고 해소하는 데에는 우선 객관적인 파악이 중요하며, 언론의 선정적인 보도태도를 지양하는 것도 큰 도움이 될 것이다(김태홍 외, 2005).

(2) 의식의 합리화를 위한 제언

한국 노사관계의 합리화를 위해서는 앞에서 언급한 제도 및 관행의 선진화와 함께 의식의 변화가 반드시 수반되어야 한다는 것은 상식이지만, 실제로는 쉬운 일이 아니다. 왜냐하면 역시 앞에서 본 의식의 문제점은 한국 사회의 역사, 구조 및 제도의 산물이기 때문에 의식의 합리화는 사회가 합리화되어야 비로소 완결될 수 있기 때문이다. 그러나 과정상으로는 의식의 합리화가 제도 및 관행의 합리화를 촉진하기 때문에 의식의 합리화를 위한 노력을 기울여나가는 것도 중요하다.

따라서 여기에서는 '의식의 변화와 혁신' 차원에서, 한국 노사관계의 합리화를 위해서 역시 상식적이지만 기본적으로 중요하다고 생각되는, 몇 가지만 (재)강조하고자 한다.

첫째, 노사는 노사관계가 기본적으로 협력의 관계라는 인식을 공유해야 한다. 암울했던 지난 시대에 대한 반작용으로 꼭 들어맞지는 않지만 민주화의 운동 논리로 암묵적으로 원용되기도 했던 낡은 계급투쟁적 의식은 불가역(不可逆)의 수준으로까지 민주화가 진전된 현재의 시점에서는 청산하고, 이제 우리는 노사대등의 계약론적 관점에서 상생과 협력의 길로 나서야 한다.

상생과 협력을 근원적으로 부인하는 이념은 한국 사회의 현실은 물론 세계사의 흐름과도 맞지 않음을 직시해야 한다. 그럼에도 이를 향후 한국 사회의 이정표로 삼는 것은 합리성과는 동떨어진 것이다. 이보다 더 문제인 것은 '이념 따로, 목표 따로, 행위 따로' 식의 자기 모순과 사회적 무책임이다. 한국 노사관계의 합리화를 위해서는 이것부터 극복되어야 한다.

근로자와 노조의 분배요구도 당연한 것이고 사용자의 생산성 향상 요구도 당연한 것이다. 노사는 이를 서로 받아들이고, 이 양자를 긴밀히 연관시키고 조화시켜 협력함으로써 상생의 길을 열어나가야 한다. 이는 노사 모두가 지금까지 짧았던 시계(視界)의 지평을 늘리고 좁았던 시야(視野)를 넓혀 단기적인 제로 섬(zero-sum) 투쟁에서 중장기적인 포지티브 섬(positive sum) 협력으로 의식을 전환함으로써 가능해진다.

둘째, 이와도 연관하여 노사관계의 정치화 극복을 위한 결단이 요청된다. 한국 노사관계의 낙후성, 즉 비합리성이 1987년으로부터 20년이 지난 이 시점에까지 극복되지 못하고 있는 것은 노사관계의 과도한 정치화에서 비롯되었다고 해도 지나치지 않다. 과도한 정치화는 필요 이상의 갈등구조를 확대 재생산해왔고, 그 자체가 비합리적이기 때문에 노사관계 합리화의 단초를 마련하기는커녕 부정적인 결과를 낳고 있다.

노사관계는 어느 정도 정치적인 성격을 내포하지만, 지금까지와 같이 노사관계가 과도하게 정치화됨으로써 오히려 노사 간의 불신과 갈등을 증폭시켜왔다. '힘 겨루기'나 '기 싸움'이 노사관계를 지배하면 할수록, 그리고 상호비방이 난무하면 할수록 노사관계 합리화의 길은 더욱 멀어질 수밖에 없다. 노사가 정치권을 '욕하면서 배워온' 이러한 잘못된 습성은 하루빨리 버려야 한다. 특히 노사문제를 걸핏하면 노정문제로 비화시키거나, 노사 스스로 문제를 해결하고자 끈질기게 노력하는 대신 정치권력을 자기 편으로 끌어들여 단숨에 자기에게 유리하게 해결하려고 하는 의식이 남아 있는 한 노사자율의 원칙은 정착되기가 힘들다.

과도한 정치화의 악습을 단절하기 위해서는 노사 당사자만이 아니라 정부의 의식변화도 필요하다. 사용자는 자기 책임으로 일상적인 노사관계를 일상적으로 합리화시켜나간다는 의식이 필요하고, 노조 특히 노조 간부는 '투쟁 경력'을 입신양명이나 정치권 진출의 방편으로 삼으려고 하는 정치성향을 억제해야 하고,[11] 정부는 노사문제를 정치적으로 봉합하는 데에 급급한 정치권에 흔들리지 말고 그들을 설득시켜가면서 노사관계의 정치화를 극력 막을 만큼 과감한 의식의 변화와 혁신이 요구된다. 이를 위해서는 무엇보다도 노사정 지도자 모두가 공공 정신(public mind)에 충실하고 이에 기초한 리더십을 발휘해야 한다.

노사관계의 과도한 정치화를 방지하는 데에는 노사관계 3주체 이외에도 언론을 비롯한 한국 사회의 여론주도층의 협력이 긴요하다. 노사분규에 대한 편향적인 개입은 물론 대립과 갈등의 관점에만 선 언

---

11) 노조 특히 노조 간부의 정치화는 '인정 투쟁'이라기보다는 '인정 투정'으로 나타나는 경우가 적지 않은데, 이는 국민들로부터 노조활동 전반에 대한 거부의식을 불러일으킬 뿐만 아니라 노조 내부의 권력투쟁을 격화시키는 부메랑이 될 수 있다. 이미 그 부메랑 효과가 한국 사회에 나타나고 있음을 유의할 필요가 있다.

론의 보도태도도 지양되어야 할 것이다. 과거 '민주 대 반민주' 구도의 연장선상에서 '진보 대 보수'의 구도를 산업현장에 도식적으로 적용하는 논리는 정치적이지만, 정치(精緻)하지 못하며 정치적이기 때문에 정지되어야 한다.

셋째, 이 연장선상에서 노사는 각자의 상생협력의 노사관계에서 주어지는 각자의 역할에 충실해야 한다는 일종의 사명의식이 필요하다. 각자가 책임 있는 주체라는 의식을 가지고 스스로의 변화와 혁신에 충실해야 할 것이다. 상대를 탓하거나 흠집을 내어 자신을 정당화시키는 네거티브 방식에서 스스로의 변화와 혁신에 엄격한 포지티브 방식으로의 의식전환이 절실히 요구된다. 협력(cooperation)은 시혜가 아니라 각자의 역할을 모으는 것이며, 참여(participation)는 문자 그대로 부분(각자의 역할)을 취하는 것이다.

사용자는 기업활동이 근로자와의 관계를 맺는 데서 출발한다는 의식을 가지고 사업계획에서부터 운영의 전체과정에 이르기까지 노동문제에 신경을 써야 한다는 의식을 강화할 필요가 있다. 자금조달에 골몰하는 데에 못지않게 근로계약을 어떻게 맺을 것인가를 생각해야 하며, 생산시설의 설치와 같은 비중으로 근로자의 안전과 건강을 고려해야 한다. 뿐만이 아니라 품질관리의 개념에 근로자의 고충관리와 복리를 포함시키는 것은 기본이라는 의식을 가지는 것이 중요하다. 근로자는 물론 노조에 대해서 인정과 존중의 의식을 가지고 소통(communications)을 원활하게 하려는 적극적인 자세를 지키는 한편,[12] 투명경영을 통해서 신뢰를 확보한다면 노사관계의 합리화는 결

---

[12] 이를 위해서 사용자는 현장주의에 입각하여 다양한 방식으로 작업방식, 근로자의 의무, 사용자의 계획이나 의도, 조직 개편, 건강 및 안전 조치, 성과 기준 및 기업 목표 등을 분명히 해야 한다. 이에 대해서 근로자는 사용자의 지시 및 의도의 확인, 작업 목표 및 그 달성 여부, 작업 방식이나 과정에 대한 개선 제안 등에 대한 소통을 원활화할 필요가 있다.

코 어려운 일이 아니다. "노사관계는 경영자의 얼굴이다"라는 사실은 아무리 강조해도 지나치지 않을 것이다.

근로자와 노조가 생산성 향상에 관심을 가지고 노력하는 것은 상생 협력의 노사관계에서 주어진 몫이다. 생산성을 향상시킴으로써 안정적인 고용을 유지하고 아울러 스스로의 경제적 향상도 꾀할 수 있기 때문이다. 분배요구는 당연한 것이지만 합리적으로 판단하여 적정한 요구수준을 제시하고, 기업의 사정에 따라서 유연하게 요구의 내용과 수준을 조절하는 방식이 무리한 요구를 내걸고 전투적 실리주의를 취하고자 하는 것보다 훨씬 더 합리적이다. "어떻게 싸워 이길 것인가?"가 아니라 "어떻게 조정하여 협력할 것인가?"로 스스로 의식을 전환하는 열린 자세가 요구된다.

마지막으로, 그러나 현실적으로 가장 중요한 것은 법 준수 의식을 높이는 것이다. 이는 앞에서 누차 강조되었기 때문에 더 이상의 설명은 필요 없을 것이다. 다만, 과거의 암울했던 경험 때문에 개인적으로는 편법을 동원하고, 무리를 지어서는 불법을 감행하던 무리수가 민주화 이후에는 더 이상 정당화될 수 없고 따라서 절대 통용되어서는 안 된다는 점을 노사 당사자는 물론 국민 모두가 깊이 인식해야 한다. 베버(M. Weber)의 표현을 빌릴 필요도 없이 법은 근대적 합리성의 발현이며, 따라서 법 준수 의식은 선택이 아니라 필수이다.

정부는 개별 사업장의 노사관계에 직접 개입하기보다는 편법과 불법을 규제함으로써 '법과 원칙'의 틀 안에서 노사가 대화와 타협으로 합리적인 노사관계를 형성·발전시켜나가도록 하는 역할에 충실해야 한다. 이와 동시에 취약 근로계층에 대한 정책적 지원을 통해서 노사관계의 합리화가 순조롭게 진행되도록 하는 것도 '법과 원칙'에 못지않게 중요하다.

산업현장에서만이 아니라 한국 사회가 전반적으로 법 준수 의식이 약한 것이 합리화의 가장 큰 장애물이라는 사실을 깊이 인식하고 솔선수범하여 법과 원칙을 준수하는 의식을 높여나가야 한다. 앞에서도 지적한 바와 같이 한국의 노사관계 관련법은 대체로 합리적인 수준에 와 있다. 법이 미흡하거나 문제가 있다면, 이 역시 그동안 애써 이룩한 민주주의의 합법적인 절차를 통해서 시정하되 그 이전까지는 다소 불편하더라도 현행법을 준수하는 의식의 전환과 혁신이 요구된다. 이것이 민주의식의 기본이라는 것은 새삼 말할 필요가 없을 것이다.

제6장

결론 : 노사관계의 혁신

　1987년 체제와 1997년 체제를 거치면서 오늘에 이른 한국의 노사관계는 여전히 후진적인 수준을 벗어나지 못하고 있다. 대립적이고도 불합리한 노사관계는 그동안 이룩한 산업화와 민주화의 지속가능성을 위협하고 있다. 한국 노사관계의 문제점을 짚어 그 한계를 극복하고 합리화함으로써 경제발전은 물론 사회 전반의 합리화를 추진해야 할 시점이다.

　앞에서 우리는 구조-행위-귀결 분석, 즉 사회 시스템하에서 노사의 전략적 선택행위가 귀결한 노사관계의 분석을 통해서, 노사 양자는 짧은 시계(視界)에 갇혀 단기적 이익에 초점을 맞추어 비합리적인 사회행위를 함으로써 노사관계의 안정적 발전은커녕 노사 간의 갈등구조를 확대 재생산해왔다는 결론에 이르렀다. 이로부터 제도 및 관행의 문제점과 아울러 그 배후에 작용한 의식의 문제를 가려내어 그 각각에 대해서 합리화의 과제와 방안을 논의했다. 아주 초보적인 근로계약으로부터 임금제도, 그리고 교섭관행이나 노사분규의 해결 등에서 비합리적인 제도나 관행을 합리화하고 노동시장의 유연안전화를 도모하는 동시에 노사관계 선진화 법제의 남은 과제도 더 이상 미루지 말고 마무리 하는 것 등이 그것이다.

추상이념이 아니라 구체현실에서 우리가 지향해야 할 노사관계는 분명하다. 계급론에 기초한 대립적 노사관계를 극복하고 계약관계론에 기반한 대등한 노사관계, 그리고 이에 입각한 선진적 노사관계를 이룩하는 것이다. 선진화의 요체는 합리화이므로, 이를 위해서는 노사 당사자는 물론 우리 사회 전반의 의식 합리화가 동반되어야 한다. 다분히 전략적이면서도 감정적인 실제 이상의 주관적 갈등의식을 청산하고 법 준수 의식을 높이고 과도한 정치화의 틀에서 벗어나서 각자의 역할에 충실할 것이 요구된다. 감성보다는 이성으로, 시계(視界)를 늘리고 시야를 넓혀 공동체적 의식을 가지고 소통을 통해서 상생협력의 합리적 노사관계를 이룩하는 것이 우리에게 주어진 현재적 과제이다.

격변하는 대내외적 상황과 세계화의 도전 앞에서 우리에게 현재적 과제를 해결하기 위해서 주어진 시간은 그리 많지 않다. 이를 위해서는 우선 노사정 3주체의 목적의식적인 노력이 적극적으로 기울여지지 않으면 안 된다. 이러한 노력은 무엇보다도 먼저 노사정 각 주체의 자기 변화와 혁신으로부터 출발해야 할 것이다.

노사관계에 대한 기본적인 인식으로부터 출발하여 제도, 관행, 그리고 의식에 이르기까지 스스로를 점검하고 변화시켜나가는 노력이 필수적이다. 노조(근로자)와 경영자(사용자)는 기존의 관행과 타성을 버리고 각자의 배타적 이익에 집착하는 것을 스스로 부끄럽게 생각해야 할 것이다. 내부비리의 척결과 조직운영의 투명화와 민주화를 위해서 스스로를 변화시킴으로써 타성에 젖은 기존의 시스템을 혁신하는 뼈아픈 노력이 절실하다. 노동계는 여전히 1987년에 머물러 있고 반면에 사용자는 1997년만을 생각하려고 한다면 노사의 자기 혁신은 물론 한국의 노사관계는 미래가 없다. 정부도 예외가 아니다. 정부는 무엇보다도 '가운데 중심(中心), 무게 중심(重心)'을 잡고, 공정한 조정자와 중재자의 역할을 하는 한편, 취약 근로계층에 대한 보호와 지원을 중심으로 양극화를 완화하는 데에 일관된 노력을 해야 할 것이다. 그럼으로써 한국의 노사관계는 반드시 이상이 아니라 현실적 선택으로서 합리화의 길로 접어들 수 있을 것이다.

현대 노사관계의 전반적인 추세는, 생산성 향상은 사람에 달려 있다는 대전제하에서 소통과 상담 및 참가를 활성화해나가는 것이다. 이런 가운데 성과와 급여 사이의 연계를 강화하고 인센티브 제공을 통해서 노동시장의 유연성을 높이는 한편 직업(재)훈련 등으로 취약 근로계층을 실질적으로 지원할 수 있을 것이다. 이러한 과정에서 노조는 더 이상 외부자(outsider)라기보다는 내부자(insider)로서의 역할이 점점 커지고 있는 것도 현대 노사관계의 주요한 흐름이다. 앞 장에서 제시된 노사관계 합리화의 과제와 방안도 대체로 이런 추세와 기조를 같이 한다.

한국의 노사관계가 여전히 대립적이고 비합리적인 것은 사실이지만, 그동안 우여곡절을 거치면서 알게 모르게 변화되어온 것도 사실이다. 앞에서 본 것처럼 국민의식도 크게 변했다. 노사관계를 '그들과 우리(them and us)'의 대립적인 두 축으로 분리하거나 도식적인 '진보 대 보수'의 관계로 설정하는 것에도 거부반응을 보이고 있다. 여전히 일부에서는 '진보'의 이름으로 비합리적인 사고와 행위를 정당화하고 타협을 '투항'으로 매도하면서 '상생협력'의 용어조차 거부하는 경직적인 사고에서 벗어나지 못하고 있지만, 민주화된 한국 사회는 이미 이러한 도식을 현재적 상황에서만이 아니라 미래지향적인 관점에서도 기각하고 있음을 직시해야 한다. 도식적이고도 진부(陳腐)한 '진보'의 구호가 아닌 유연하고도 합리적인 진보의 실천을 한국 사회는 요구하고 있다.

노동세력이 사회의 주요 세력으로 부상된 서구의 19세기 후반에서

20세기 초에 이르는 시기를 '노동의 시대'로 명명한 진보적인 역사가 홉스봄(E. Hobsbawm)도 그 시기가 노동세력의 절정이며 그 이상 노동세력의 '진전'은 없을 것이라고 했다. 실제로 그런 상태에서도 서구는 역사진보를 멈추지 않았다. 그들의 역사진보는 사회적 합리성의 발현과정이라고 볼 수 있다. 노동운동의 신장과 체제내화, 대립적인 노사관계로부터 협력적인 노사관계로의 전환, 그리고 사회적 약자를 위한 다양한 사회정책의 수립과 실시 등 노사관계의 합리화도 진보에 큰 몫을 했다.

여기에서 우리는 현재 시점에서 한국 사회의 '진보'를 진지하게 생각해볼 필요가 있다. 서구보다는 한 세기나 뒤져 1980년대 후반에 역사 무대의 전면에 등장한 한국 노동세력의 진전은 독자적인 정당의 결성과 의회 진출로까지 발빠르게 이루어졌는데, 그것이 절정이고 거기까지가 1987년 체제 경로 의존의 한계이다. 사용자는 1997년 체제 하에서 경영합리화가 불가피했고 그런 면에서는 어느 정도 성과를 거둔 것도 사실이지만, 노사관계에 대한 관심과 투자는 그에 미치지 못했다. 여전히 노동운동 자체를 이념적으로 폄하하고 근로자를 물화(物化)하거나 노사관계를 기업활동에 부차적으로 간주하는 경향이 있었다. 여기가 1997년 체제 경로 의존의 한계점이다. 이제 한국 사회의 진보는 노사 어느 일방의 독주가 아니라 쌍방의 상생협력을 통해서 이루어질 수밖에 없는 시공간에 있으며, 당연히 1987년 체제와 1997년 체제의 지양을 요청한다.

이 '지양'은 합리적 노사관계로의 혁신을 의미한다. 감정에서 이성으로, 도식적 틀(schema)에서 실사구시의 사고로, 당장의 분파적 득실에서 미래지향적인 전체의 이익으로, 이를 위한 대립에서 협력으로의 혁신이 노사관계 합리화의 방향이다. 다시, 그것은 1987년 체제와 1997년 체제를 지양하고 세계적인 추세에 맞추어 한국의 노사관계를 선진화하는 길이기도 하다. 노사관계의 합리화와 선진화는 한국 사회 전반을 합리화와 선진화로 이끄는 동력으로 작용할 것이며, 그 실현 과정은 반드시 역사진보로 기록될 것이다.

제II부 사회경제 환경의 변화와 노동운동

제1장 민주화와 노동운동 : '대투쟁'으로부터 3년
제2장 경제위기와 사회정책 : IMF 관리체제 2년
제3장 세계화-구조조정-경쟁력 강화와 노동운동
제4장 지식기반 경제의 노동정책과 노동운동

제1장

민주화와 노동운동 : '대투쟁'으로부터 3년[*]

아스팔트 위의 시민적 항쟁이 '6.29 선언'을 고비로 '노동자 대투쟁'으로 이어졌던 역사적 사건도 이제 '벌써' 만 3년이 지나고 있다. "우리의 1년은 세계의 10년"이라는 허황된 바람을 등지고 보더라도, 그동안 한국 사회의 급속한 변화는 부정할 수가 없는데, 역사적인 시간 —— 자연적인 혹은 수학적인 시간이 아닌 —— 으로서의 지난 3년은 결코 짧은 세월이 아니다. 그러나 그동안 무엇이 어떻게 변화했는가를 조금이라도 냉정하게 생각해본다면, 이 근거 없이 들뜬 분위기를 하루빨리 가라앉히고 보다 진지해지지 않으면 안 될 것이다.

그동안의 많은 현상적인 변화에도 불구하고 3년간의 '투쟁'으로 노동운동의 탄탄대로가 마련된 것은 아니다. 한국의 노동운동이 튼튼한 자기구조를 확립하고 우리 사회의 축적구조와 권력구조의 개선으로까지 나아가는 데에는 아직 많은 시간이 요구될 것이다. 1987년 여름의 '대투쟁'을 계기로 노동운동이 전반적으로 고양되고 중요한 여러 이슈들을 거의 동시적으로 제기하면서 운동역량이 크게 신장된 것은 사실이지만, 운동의 이념과 방향의 정립은 물론 운동역량의 조직화에

---

[*] "한국 노동운동의 길: 점검과 모색"(『계간 사상』, 1990년 가을호)을 축약하여 손질한 것임.

있어서도 아직 먼 길이 남아 있다. 이러한 과제들과 맞물려 있는 노동운동을 둘러싼 사회-제도적 환경들이 그동안의 개선에도 불구하고 여전히 미흡한 것은 노동운동의 순탄치 않은 전도(前途)를 가리킨다.

민주화의 시점에서 우리 사회의 현실과 앞날에 대해서 보다 냉정하고 진지해야만 하는 것은 특히 노동운동과 관련해서이다. 그것은 단순히 노동운동이 우리의 관심이나 사회에서 차지하는 현재적 비중이 크기 때문이 아니라, 민주화 운동의 연장선상에서 노동운동이 제기하는 한 단계 높은 새로운 사회질서에 대한 전망이 아직 불투명하기 때문이다. 이와 관련하여 우리가 긴장을 풀 수 없는 것은, 급조된 '산업평화의 공원'에 노동운동의 발걸음을 묶어두고자 하는 안이한 발상이 있는가 하면 다른 한편으로는 노동운동이 가는 곳은 어디건 길이라는 모험주의적인 발상도 존재하고 있기 때문이다. 지난 3년에 아무리 높은 역사적인 가산점을 준다고 하더라도 한국의 노동운동은 이제야 길을 나선 만큼, 간판만 붙은 '공원'을 지나 앞으로 계속 나아가야 할 것임은 자명하다. 그렇다고 해서 아무데로나 발걸음을 옮겨놓는 시행착오를 되풀이해서도 안 될 것이다.

1. 경제민주화 운동으로서의 노동운동

지난 1987년 6월의 민주화 항쟁에 곧이어 노동운동이 폭발적으로 전개된 것은 그 과정도 과정이려니와 노동운동의 성격이나 지향점에 있어서도 시사하는 바가 크다.

그것은 '6.29 선언'으로 대통령 직선제로 대변되는 정치적·절차적 민주화의 요구가 일단 수용되어, '잠정적 휴전'이 이루어진 상태에서 곧바로 일어난 운동이었다. 이는 민주화가 정치적·절차적 수준에서 끝나는 것이 아니라 경제적·실질적 수준에서 완성될 수 있음을 의미하는 동시에, 노동운동이 경제민주화 운동의 성격을 띠고 있고 따라서 그 지향점도 결국은 경제민주화가 아닌가 하는 시사를 강하게 던져준다. 다음으로 생각되는 것은, 경제민주화가 요구되는 많은 부문 가운데서 노동부문이 제일 먼저 운동을 전개했다는 점이다. 이는 경제민주화 운동의 원동력과 주도성이 바로 노동운동에 있음을 시사하는 것이다. 실제로 노동운동의 선도에 의하여 경제민주화 운동이 농민부문과 도시빈민부문 등으로 확산되는 모습을 우리는 보아왔다. 마지막으로 지적하고 싶은 점은, 대투쟁 이래 노동운동은 투쟁의 형태를 띠고 전개되고 있으며 이것은 원하든 원하지 않든 간에 정치적인 의미로 받아들여지고 있다는 사실이다. 이것은 노동운동이 경제민주화 운동으로서 밑으로부터의 개혁을 지향하는 것이기 때문에 일정 부분 정치적 성격을 띨 수밖에 없음을 의미한다.

이제 이 세 가지 시사점을 중심으로 경제민주화와 노동운동과의 관계를 논의한 다음에 노동운동에 있어서 경제투쟁과 정치투쟁과의 관계를 개략적으로 살펴보기로 하자. 이는 앞으로도 계속 뻗어나갈 한국 노동운동의 길에 이정표를 세우는 데도 유용하리라고 믿는다.

(1) 경제민주화와 노동운동

자본주의는 상품생산의 시장경제 체제이며 그 기본적인 사회관계는 자본-임노동의 관계이다. 따라서 자본주의의 발전은 곧 산업화를 통한 생산력의 증대와 이에 따른 시장의 확대를 가져오는 자본축적의 과정이며 이는 곧 임근로자군(群)의 성장과정이기도 하다. 여기에 작용하는 시장논리는 원리적으로 부존(賦存) 경제력에 비례하여 '1원 1표'의 결정권이 행사되는 관계이다. 이는 시장구조가 자유경쟁적이든 독과점적이든 상관없이 일관되게 관철되는 논리로서 이 '1원 1표'의 논리를 실질적인 '1인 1표'의 논리로써 수정 내지는 보완하고자 하는 것이 경제민주화 운동인 것이다. 서구에서 자본주의의 발전과 대체적으로 궤를 같이 해온 정치적·절차적 민주주의도 사실은 노동운동의 추동에 의한 경제민주화에 의해서 비로소 실질적인 내용을 가지기 시작한 것이라고 할 수 있다.

1) 경제민주화의 개념과 의의

경제민주화의 핵심내용은 경제력의 다수에의 평등한 양허이다.[1] 따라서 경제민주화는 어떤 시점에서 보다 열등한 경제적 지위에 있는 개인이나 집단에게 보다 많은 경제적 편익과 보다 적은 부담이 돌아가게 함으로써 이들 경제적 약자의 지위를 향상시켜 사회구성원 간의 평등화를 도모하는 과정이라고 할 수 있다. 이를 위해서 경제력의 집중 방지와 더불어 경제적 약자의 스스로의 조직화에 의한 교섭력의 증대, 경제적 의사 결정과정에의 광범한 참여 등이 그 실천과제로 제시되는 것이다(김대환, 1987, pp. 45-46). 이는 결국 시장의 문제가 아니라 정치적이고 사회제도적인 문제로서의 분배[2]에 있어서의 경제적 약자의 분배 몫을 증대시킴으로써, 경제력에 따라 차이가 나는 힘의 행사를 민주적으로 조정하는 것을 의미한다. 흔히 경제민주화를, 최근 우리 사회의 일부에서 주장되고 있는 것처럼, 정부 주도로부터 민간 주도로의 이행에 의한 시장경제의 활성화로 정의(定義)한다. 그러나 이는 원리적으로 볼 때 결코 올바른 견해가 아니다. 정부의 시장 개입이 반드시 경제민주화에 역행하는 것도 아니고, 민간 주도가 곧 경제민주화를 의미하는 것은 더욱 아니다. 정부의 개입이 시장의 실

---

1) Hodgson(1984)은 '다수(the multitude)에의 양허'라고만 표현하고 있으나 이것이 결국 분배문제를 의미하고 있음은 전체의 논지를 통하여 쉽게 확인된다.
2) 분배문제의 성격에 대한 이러한 규정은 이미 1세기 반 전에 J. S. 밀에 의하여 이루어졌다(Mill, 1852).

패나 불평등화 경향을 시정 내지는 수정하는 방향으로 이루어진다면, 경제민주화는 오히려 촉진될 것이다. 기존의 독과점 구조를 그대로 둔 채 민간 주도가 장려될 경우 독과점의 강화로 인한 경제력 격차는 오히려 확대될 수밖에 없다. 결국 경제민주화는 정부의 시장개입 여부가 아니라 그 개입의 영역과 방향과 관련되는 문제인 것이다. 이것이 함의하는 것은, 경제민주화에서 정부의 역할은 어느 방향에서든 매우 큰 비중을 차지할 수밖에 없다는 것이다.

경제민주화의 의의는 다음과 같이 정리될 수 있다. 첫째, 경제민주화는 '경제력의 다수에의 평등한 양허'를 통해 '1원 1표'를 수정·보완하는 '1인 1표'를 실질화함으로써 민주화의 실체를 구성하는 것으로, 그 과정은 곧 경제정의를 실현하는 과정이기도 하다(Macpherson, 1985). 경쟁력의 평등화를 기초로 사회구성원들이 실질적으로 동등한 결정권을 행사할 때라야만 롤즈가 이야기하는 '용인되는 차이'도 실제로 용인될 수 있고 따라서 정의(正義)에서 벗어나지 않는 것이 될 수 있을 것이다(Rawls, 1971).

둘째, 경제민주화는 사회구성원의 자발적이고 적극적인 참여를 유도함으로써 경제적·사회적 효율성을 제고시킨다. 경제적 약자인 직접생산자들의 생활 향상은 이들의 건강과 의욕을 증진시켜 생산성의 증대를 가져오고, 생산자원의 배분에서도 다수의 필요가 반영됨으로써 자원의 낭비가 방지된다. 이와 더불어 독점과 공해와 같은 사회적 비용이 억제됨으로써 사회적 후생이 증대된다. 이러한 사회적 효율성은 다시 경제적 효율성을 촉진하고 이 양자는 상승작용을 일으키면서 증대하게 되는 것이다. 이른바 '주류경제학'은 평등과 효율을 상충관계로 못박고 있으나, 이것은 매우 정태적이고 인간을 단세포 동물로 취급하는 잘못된 명제이다(Macpherson, 1985, Chap. 4).

셋째, 적극적인 참여를 보장하는 경제민주화는 국민경제의 구조적 건전화에도 기여한다. 이들은 소수 독점자본의 자기 유지 및 확대에 따른 대외종속을 거부하고 국내시장을 확대하고 국내부문 간의 균형과 연관을 촉진하는 방향으로의 정책을 선호하게 마련이기 때문이다.

2) 경제민주화의 추동력으로서의 노동운동

문제는 이렇듯이 심대한 의의를 가지는 경제민주화가 어떻게 이루어지는가, 그리고 보다 구체적으로는 그 추진동력이 어디로부터 나오는가 하는 것이다. 우리는 앞에서 경제민주화에 있어서 정부가 점하는 비중이 원리적으로 볼 때 매우 크다고 했는데, 이것은 정부가 '하기에 따라서' 경제민주화가 진척될 수도 있고 후퇴할 수도 있다는 뜻이지 경제민주화의 원동력이 정부에 있다는 의미는 아니다. 정부 혹은 '국가'의 상대적 자율성을 인정한다고 하더라도 그것은 본질적으로 '사회'로부터 추동(推動)되는 것이다. 경제민주화를 추동하기 위해서는 주객관적인 조건이 필요하고, 이 조건을 충족시키는 사회부문이 그 추진체가 된다.

이 부문은 경제적으로 열악한 지위에 놓여 있으므로 경제민주화의 요구가 절실한 한편 그것을 동력화할 수 있는 역량을 갖춘 부문이 될 것이다. 자본주의 사회에서 노동부문이 바로 이 부문임은 지극히 당연하고 자명하다. 자본주의의 전개에 따른 자본의 축적과 집중은 불평등한 자본-임노동 관계를 확대 심화시키기 때문에 경제적 약자로서의 근로자가 양산되고, 이 양산된 근로자들은 집단적 조직적인 역량을 갖추게 되고 이를 통하여 자신들의 경제적 지위 향상을 도모하게 마련이기 때문이다. 이것이 곧 노동운동이며 이 노동운동이 바로 경제민주화의 추진동력이 되는 것이다. 물론 농민, 도시빈민, 그리고 중소상공인, 나아가서는 진보적인 지식인들도 각자의 조건이나 지위에서 경제민주화의 필요성을 느끼고 노력하게 되지만 그 수적·조직적 역량이 근로자에 비해 떨어지기 때문에 경제민주화의 원동력으로서가 아니라 보조 내지는 연대 역량으로 작용할 수밖에 없다.

이렇게 보듯이 경제민주화의 추동력은 노동운동에 있다. 따라서 노동운동의 활성화와 발전은 경제민주화를 진전시킨다. 결국 경제민주화는 노동운동이 추동하고 국가기구를 매개로 실현되어가는 것이라고 할 수 있다. 서구의 경험을 피상적으로 관찰할 때는 경제민주화가 위로부터의 개혁을 통하여 진전된 경우도 있는 것 같지만, 그 개혁이 거의 예외 없이 노동운동의 추동에 의해서 가능했다는 사실을 유의할 필요가 있다. 이러한 과정은 사회구성원의 다수를 차지하고 있는 근로자가 경제력의 평등한 양허를 가로막거나 저해하는 경제적인 장애뿐만이 아니라 사회적, 제도적, 정책적인 요인들을 노동운동이라는 정치적 과정을 통하여 변화시켜온 것이라고 할 수 있다. 이리하여 노동운동은 근로자 자신만의 이익이 아니라 모든 사회의 구성원 간의 평등화를 기반으로 사회전반의 발전을 견인하는 역사적 역할을 담당해온 것이다.

노동운동을 자본주의 사회의 원리에서 또 서구의 역사적 경험을 통하여 경제민주화 운동으로 규정하는 것은 노동운동의 지향점이 경제민주화의 성취에 있다는 것을 의미한다. 이 경제민주화의 과제는 끊임없이 제기되는 것이므로 그 진전에 따라 노동운동의 양태나 단기적인 목표는 달라질 수 있겠지만 노동운동 역시 항존할 수밖에 없을 것이다.

(2) 운동의 양태 : 경제투쟁과 정치투쟁

노동운동의 진전은 근로자들의 의식을 성숙시켜나가고 따라서 노조의 정치적 역할도 증대되지만, 운동양태가 경제적 투쟁에서 정치적 투쟁으로 단선적으로 진행되는 것은 아니다. 그것은 정치경제적 여건과 근로자들의 사회경제적 지위에 의하여 규정된다.

이와 관련하여 리버만(S. Liberman)은 거센크론(A. Gershenkron)의 경제발전에 관한 역사적 모델을 원용하여 하나의 가설을 제시하고 있다. 그에 의하면 경제가 보다 후진적이고, 현상유지의 논리가 보다 강하고, 산업화의 속도가 느릴수록 노동운동은 정치투쟁의 성격을 강하게 띠고 보다 급진적이며 조직도 분화되지만, 이러한 측면들에서의 사회발전에 따라 정치, 사회적 변화에 대한 관심보다는 증가하는 국민소득의 보다 많은 몫을 획득하는 데 노력을 집중하게 된다는 것이다(Liberman, 1986). 이는 선진국 노동운동의 역사적 발전을 정치투쟁으로부터 경제투쟁으로의 변화로 보는 견해와 맥을 같이하는 것이다. 리버만은 스페인, 프랑스, 독일 및 미국의 경우를 들어 자신의 가설이 지지된다고 주장하고 있다.

이러한 견해는 다분히 당위론적인 입장에서 정치투쟁의 가열화를 주장하는 맑스-레닌주의적 견해와는 구분되는 것으로, 선진국 노동운동의 역사적 진전과도 대체로 일치한다. 즉 노동운동의 추동으로 경제민주화가 진전됨으로써 정치과정에의 노조의 실질적 참여가 제도적으로 보장되어온 결과이다. 그렇다고 해서 이것을 노동운동이 경제적 영역으로 국한된 것이라고 해석하기보다는 노조를 통한 노동운동이 정치과정과 보다 긴밀한 관계를 맺게 된 것으로 보아야 할 것이다. 이것은 노동운동의 성취에 따른 역점의 상대적 변화임과 동시에 제도화를 통한 운동양태 변화를 의미한다.

이것이 함의하는 바는 노동운동의 역점과 양태는 정치민주화의 내실화, 즉 경제민주화의 진전에 따라 변화하고, 이것은 한 단계 더 높은 사회질서의 구축과 병행하여 이루어진다는 것이다. 이는 또 아직까지 경제발전 수준이 낮고 권위주의적이고 현상유지적인 정치권력이 사회의 모든 분야를 통제하고 산업화의 템포가 느린 저개발국에서의 격렬하고 급진적인 노동운동에 대해서도 중요한 시사점을 제공한다. 그것은 개혁을 통하여 민주화를 추진하고 내실을 기해나가는 것이 체제를 보존하고 발전시켜나가는 길이라는 것이다.

노동운동의 진전에 따른 역점의 변화라는 역사적 교훈을 이해하는 데에 있어서 잊지 않아야 할 점은, 그 진전의 원천이 운동의 역량 증대에 있었다는 매우 기본적인 사실이다. 그 과정을 단순하게 받아들여 노동운동이 곧바로 정치투쟁으로부터 시작되어야 한다거나 그렇게 될 수 있다고 생각하는 것은 잘못이다. 운동의 발전을 위해서 가장 근원적으로 고려해야 할 것은 운동역량을 누적적으로 강화해나가는 방법이다. 우리가 앞에서 본 상대적 역점의 이동은 이 강화된 역량이 문제를 점차 해결해온 데 따른 것이라고 할 수 있다.

이것을 경제투쟁과 정치투쟁의 문제와 관련시켜 생각할 때, 운동역량의 강화를 위한 경제투쟁의 의의가 강조되지 않을 수 없다. 경제투쟁과 정치투쟁은 분리될 수 없는 것이므로 이는 결국 경제적인 이슈로부터 출발함으로써 운동역량이 결집되고 강화될 수 있다는 것을 의미한다. 근로자들의 보다 직접적인 생활상의 이슈는 경제적 이슈이며, 이로부터 역량의 결집이 이루어질 수 있고 이 결집을 바탕으로 역량이 강화되는 것이기 때문이다.

여기서 분명히 해두고자 하는 것은 경제투쟁의 중요성을 강조한다고 해서 정치투쟁을 배제하거나 경제적 이슈에만 노동운동이 국한되어야 한다는 것이 아니라는 것이다. 양자는 이론적으로나 현실적으로 분리될 수 없는 것이므로, 운동의 역량과 진전에 따라 운동고리를 설정함으로써 운동의 진전이 이루어질 수 있다는 점을 지적해두고자 한다. 통일체로서의 경제투쟁과 정치투쟁은 현실의 운동과정에서 긴장관계에 있는 만큼 양자의 배치는 운동전략의 기본이 된다. 경제영역에 국한된 운동이 발전될 수 없는 것과 마찬가지로 역량을 무시한 정치영역에의 몰입은 운동역량의 강화에 오히려 역행한다는 사실을 명심할 필요가 있다. 노동운동의 역사가 일천하면 일천할수록 기본역량을 고려하지 않은 관념적인 '선도투쟁'의 비중은 낮아져야 하고, 실제로 운동의 진전은 그러한 방향으로의 변화를 수반하게 될 것이다.

2. '대투쟁'의 배경과 성과

그러면 한국의 노동운동은 어떠한가? 그것은 경제민주화를 추동해 왔는가, 투쟁의 역점은 어디에 두어져왔는가, 운동은 진전되고 있는가, 진전되고 있다면 어느 단계에까지 와 있는가 등의 문제들을 제대로 살피기 위해서는 방대한 역사적·이론적 작업이 요구된다. 이 요구에는 훨씬 못 미치지만, 그 작업을 위해서도 1987년 7-8월 대투쟁으로부터 3년간 노동운동이 지나온 길에 대한 점검은 빼놓을 수 없을 것이다. 왜냐하면 '대투쟁' 이래 3년 동안 한국 노동운동이 걸어온 길은 그 이전의 연장이면서도 매우 중요한 도약이라는 사실에는 아무런 이의가 제기되지 않고 있기 때문이다.

1987년 7월에서 적어도 3년이 지난 현 시점까지 한국 노동운동의 전개는 '대투쟁'에서 폭발적인 힘이 벌어진 틈새로 분출되면서 이것을 바탕으로 계속 밀고 나온 길이었다고 할 수 있다. 이를 통하여 추진력도 더해지고 길도 넓어졌음은 우리가 익히 아는 사실이다. 여기서 우리는 왜 그것이 밀고 나오는 길이 될 수밖에 없었으며, 이러한 과정을 통해서 그 길이 어떻게 열리고 넓혀졌는가를 생각해보지 않을 수 없다. 이는 7-8월 대투쟁의 배경과 최근 3년 동안 노동운동의 성과를 살펴보는 일이 될 것이다.

(1) '대투쟁'의 배경

'6.29 선언' 이후 7-8월 두 달 동안의 노동운동은 가히 폭발적인 것이었다. 그 기세가 다소 수그러지기 시작한 9월 초까지 발생한 노동쟁의는 2,700여 건에 달했는데,[3] 이는 한국 노동운동사에서는 물론이고 세계사적으로도 그 유례를 찾아보기 힘든 경우가 아닌가 한다. 이와 같은 대투쟁이 6월 항쟁의 연장선상에서 일어났던 것은 사실이지만 그 배경은 보다 폭넓게 다루어져야 할 것이다. 저자가 보기에 이 대투쟁은 그동안 한국의 급속한 산업화 과정에서 근로자의 양적·질적인 성장을 가져온 경제적 토대의 변화에도 불구하고 지속되어온 노동배제의 정책과 이를 뒷받침한 노동운동 탄압의 정치상황에 이미 내재되어 있었던 것으로 생각된다. 그러던 것이 6월 항쟁으로 다소 열려진 민주화의 공간을 직접적인 매개로 하여 분출되었고, 여기에는 한국 사회를 둘러싼 세계정세의 변화도 간접적인 배경으로 작용했다고 볼 수 있다.

주지하다시피 1960년대 이래 한국의 산업화 과정은 매우 급속한 것이었고 이에 따라 근로자의 양적 성장도 매우 급속한 것이었다. 이 가운데 조직근로자의 추이를 보더라도 1960년대 초 20만 명에 불과하던 것이 1970년대 초와 1980년대 초에는 각각 50만과 100만 명으로 급성장을 이루었다. 경제성장의 수혜로부터의 근로자의 소외, 반(反)민주적인 정치상황의 지속과 이에 따른 노동운동의 실질적인 봉쇄, 이에 편승한 기업주의 횡포 등은 정치민주화의 분위기가 약간이라도 조성되면 노동운동이 폭발적으로 전개될 수밖에 없는 조건을 마련하고 있었다. 실제로 4.19나 '서울의 봄'과 같이 정치적 분위기의 변화가 있을 때마다 노동운동이 폭발적인 형태로 일어났었음을 우리

---

[3] 보다 자세한 사정과 경과에 대해서는 노동부(1988), 제1편 제2장을 참조. 한국 기독교사회 문제연구원(엮음), (1987)과 이영민(1988), II장도 참조.

는 알고 있다.[4]

이러한 맥락에서 볼 때, 1987년의 여름은 대투쟁이 단순히 일어날 뿐만이 아니라 그 전의 경우와는 달리 지속성을 가질 수 있는 조건이 충분히 형성되어 있었다고 할 수 있다. 그것은 6월 항쟁을 통해서 위기에 몰린 억압적 정권이 논리적으로나 현실적으로 민주화의 공간을 내줄 수밖에 없었고 이미 1970년대, 특히 1984년부터 '유화국면'을 통해 노동운동이 다소 고양되고 활성화되어왔기 때문이다. 이에 더하여 민주적 절차에 합의한 데 따른 대통령 선거와 국회의원 선거와 같은 정치일정이 임박해 있었던 사정은 적어도 당분간은 민주화가 역행될 수 없으리라는 믿음을 가져다주었고, 또 곧이어 1988년 서울 올림픽의 일정이 잡혀 있었던 관계로 탄압으로 급선회할 수 없었기 때문에 노동운동은 이를 한껏 활용할 수 있었다. 또다른 한편으로, '6.29 선언'이 근로자와 노동운동에 대해서는 아무런 내용도 담고 있지 않았기 때문에 근로자들로서는 절실한 근로 및 생활상의 요구를 실현시키거나 적어도 그 실현을 위한 기반을 구축해두지 않으면 안 되었고, 이로부터 폭발적이고도 물밀듯한 기세로 대투쟁이 전개된 것이다. 이렇게 볼 때 우리는 7-8월 대투쟁으로부터 양대 선거와 올림픽이 끝나는 시점까지는 적어도 노동운동이 밀고 나온 시기였으며, 그것은 6월 항쟁을 도화선으로 한 경제민주화 운동이었다고 성격지울 수 있다.

물론 이 대투쟁에는 1980년대 중반부터 소련의 페레스트로이카가 주도해온 이데올로기적 대립의 퇴조로 말미암아, 반공 이데올로기를 악용하여 노동운동 자체를 부정하거나 탄압하는 명분이 설 자리를 잃게 된 것도 배경요인으로 작용했음이 틀림없다. 그렇다고 하더라도

---

4) 이는 한국노총(1988), p. 167의 그림 —— 정치적 대사건과 노동쟁의 건수의 변화를 함께 나타낸 —— 을 통하여 일목요연하게 파악될 수 있다.

7-8월 대투쟁은 한국 사회의 객관적 조건과 노동운동의 역량성장으로부터 비롯된 것임을 잊어서는 안 될 것이다.

(2) 성과

이렇듯 '대투쟁'은 노동운동의 주객관적인 조건이 어느 정도 갖추어진 상태에서 전개된 것이기 때문에 본격적인 노동운동의 길을 열었을 뿐만 아니라 이후 오늘날까지 이르는 동안 그 길을 크게 넓히는 성과를 기록했다. 이에 대한 평가는 입장에 따라 다를 수도 있겠으나, 여러 측면에서 많은 성과를 가져온 사실만은 부정될 수 없을 것이다. 저자는 그 가장 중요한 성과는 지난 3년간의 운동을 통해서 한국 노동운동의 역량이 전반적으로 강화되었다는 사실을 드는 데에 주저하지 않는다. 이것은 조직의 확대·강화와 의식의 발전으로 크게 둘로 나누어볼 수가 있고, 후자는 근로자 자신의 의식성장과 일반 국민들의 노동운동에 대한 인식의 변화로 다시 둘로 나누어진다. 이에 힘입어 법제상의 개선과 아울러 임금 및 근로조건에 있어서도 일정한 성과가 기록되었다.

1) 노조 조직의 확대 및 강화

조직의 확대는 무엇보다도 '대투쟁' 이후 노조 설립의 비약적인 증대와 조직률의 신장으로 대변된다. 1987년 6월 현재 2,725개였던 노동조합(단위 노조)은 연말까지 불과 6개월 사이에 4,086개로 급속하게 늘어난 데 이어 다음 한 해 동안에 1,500여 개, 1989년에는 2,000여 개가 계속 늘어 1989년 말 현재 7,861개에 이르고 있다(〈부록 B〉 참조). 이는 2년 반 동안 거의 세 배로 노동조합 조직이 확대된 것을 가리킨다. 이에 따라 조합원 수도 당시의 105만 명가량에서 193만 명을 넘는 수준으로, 거의 두 배의 놀랄 만한 증가를 기록했다. 뿐만 아니라 노조 조직률을 보더라도 12.3%(1986년 말)에서 18.6%로 크게 신장되었음이 확인된다. 이러한 조직 확대는 그것 자체가 대체로 운동역량의 강화를 의미하지만, 지난 3년 동안 실제로 조직역량의 강화와 병행되어 이루어졌다. 그것은 무엇보다도 노조의 교섭력이 강화되어온 것으로 나타난다. 물론 이것은 노동운동에 대한 탄압이 이완된 상황과도 관련이 있는 것이지만 강화된 역량의 발휘로 교섭력 강화와 더불어 교섭대상의 범위 확대도 가능했던 것으로 생각된다. 전반적으로 볼 때는 공공부문과 사무직으로까지, 특히 언론, 병원, 연구기관 등으로까지 조직이 확대되고 여기에서 격렬한 노동운동이 일어나는 현상을 보였다. 이외에 노동조합 전임자(前任者)가 수적으로 늘어났다든지, 노동조합의 유니언 숍 제도가 확대되었다든지 하는 것도 조직 확대 및 강화의 반영이라고 볼 수 있다.[5]

그러나 운동역량의 강화에 있어서 특히 중시되어야 할 점은 '대투쟁'에서 비롯된 신생노조들이 중심이 되어 한노총과는 별도로 전노협을 결성하는 과정에서 스스로 운동역량을 결집시켰을 뿐만 아니라 한노총의 자세를 적극적인 것으로 견인함으로써 일단은 운동역량이 강화되었다는 점이다. 이 양자가 상승작용을 일으키면서 노동운동의 진전과 더불어 많은 성취를 가져온 것이 사실이다. (현재로서는 오히려 점차 운동역량을 훼손시킬 우려도 나타나고 있다.) 이와 더불어 대기업 노조협의회, 업종노련협의회 등과 같이 강력한 힘을 발휘할 수 있는 협의체 조직이 1990년 초에 결성된 것 역시 조직 강화를 말해준다.

---

5) 1989년 말 현재 전임자 수는 전체 조합원 220명당 1명의 수준에 이르고 있으며(노동부, 『분기별 노동동향분석』, 1990년 2/4분기, pp. 50-51 참조), 유니언 숍 협약규정이 있는 노조는 전체의 20.2%를 차지하고 있다(같은 책, p. 53).

2) 의식의 성장과 변화

근로자들의 의식성장은 몇몇 설문조사 결과를 통해서 확인되는데, 근로자들은 자신이 참아야 된다거나 경제성장을 위하여 장시간 노동을 해야 된다는 데에 반대를 나타내고 자신들의 요구내용이 정당하다는 데에 높은 공감대를 이루고 있다. 이는 근로자들이 스스로 권리의식을 자각하고, 특히 '대투쟁'을 통해서 그 정당성을 체화하고 있음을 보여주는 것이다. 또한 이들은 자신들의 집단행동이 꼭 필요하거나(14.6%) 불가피하다(49.1%)고 인식하기에 이르렀으며, 특히 노조활동의 활성화는 경제성장에도 좋은 영향을 미친다는 견해가 우세하게 나타나고 있다. 더 나아가 이들은 노동운동이 사회평등화와 정치민주화에 큰 기여를 하고 있다는 인식에도 도달하고 있다. 따라서 노조가 조직되어 있지 않은 사업장에서도 근로자들의 노조 가입의사가 높은 것으로 나타나고 근로자 전원이 노조에 가입하는 문제에 대해서도 높은 찬성도를 보이고 있다(한국노동연구원, 1990). 이와 더불어 노조에 대한 근로자들의 지지도 '대투쟁' 이전에는 59.6%(확고한 지지+어느 정도 지지)였던 것이 1988년 이후에는 91.0%로 크게 증대되고 있음을 보여준다(이각범, 1989). 이에 비하여 노조 운영이 민주적이라는 견해(38.3%)보다는 독단적이거나 파벌에 의해서 좌우된다는 견해(57.7%)가 높게 나타나 조합 내 민주주의에 대한 근로자들의 의식이 매우 높음이 확인되고 있다(한국노동연구원, 1990).

한편, 일반 국민의 노동운동에 대한 이해도 대체로 높게 나타나고 있는데, 근로자의 행동방식이 과격하고 국가안보적 입장에서 노동운동이 우려된다는 입장에도 불구하고 근로자의 집단행동이 불가피하고 정당하다는 견해가 우세하게 나타나고 있다. 또한 근로자의 처우는 대체로 부당하고, 특히 생산직의 경우는 경제적 보상이 지나치게 적거나(33.7%) 적은 편(54.4%)이라는 데에 공감대를 형성하고 있다. 더 나아가 공장 근로자, 사무직 근로자, 경영자 및 간부의 순으로 사회적 기여도를 평가하고 있으며, 일반 국민들도 근로자와 마찬가지로 사회평등화, 정치민주화, 경제성장의 순으로 기여한다고 생각하고 있는 것으로 나타난다(서울대 사회과학연구소, 1989).

3) 법제상의 개선

지난 3년 동안 노동관계법 및 제도에 있어서도 일정한 개선이 이루어졌다. 앞에서도 언급한 바와 같이 그동안의 경제성장 과정에서 몇 차례에 걸친 노동관계법의 개악은 노동운동에 말할 수 없는 장애가 되었는데, '대투쟁'에서 비롯된 노동운동의 활성화는 이를 어느 정도 돌파하는 성과를 거두었다. 이러한 성과는 1987년 11월 28일자로 개정된 노동조합법과 노동쟁의조정법에서 노조의 설립과 활동이 비교적 자유스럽게 보장된 것으로 대변된다. 그렇지만 이는 1980년에 더욱 대폭적으로 개악된 것을 원상회복시킨 정도에 지나지 않아 노동계가 요구하는 수준에 훨씬 못 미치는 것으로 "민정당과 전경련의 의도에 야당이 야합하는 형태로 이루어졌다"(박형준, 1988, p. 94)는 평가가 있다. 실제로 노동관계법 개정 이후에도 계속 노동운동의 주요 요구사항이 되고 있는 것을 보더라도 충분하지 못한 것임이 분명하다. 그러나 그렇다고 하더라도 그나마 개정이 이루어진 것은 일단 대투쟁의 성과라고 해야 할 것이다.

이와 더불어 노동위원회의 기능과 역할이 다소 강화된 것이라든지 정부가 그동안 지극히 편파적이었던 자세에서 일시적이나마 쌍방의 의견을 수렴하는 테이블을 마련하는 등 조정자로서의 역할을 하고자 했던 것도 노동운동이 밀고 나옴으로써 이룬 성과였다고 할 수 있다. 이와 관련하여 한노총이 정부가 제안한 국민임금위원회를 거부하고 정부를 배제시킨 채 노-사-공익만으로 국민경제사회협의회를 결성할 수 있었던 것도 전적으로 대투쟁 이래 노동운동의 활성화에 힘입은 성취라고 보아야 할 것이다.

4) 임금 및 근로조건의 개선

'대투쟁' 이후 노동운동의 활성화는 이미 임금 및 근로조건을 상당히 개선시키는 성과를 기록했다. 임금에 있어서는 아래 〈표 II-1-1〉이 일목요연하게 보여주듯이 지난 3년 동안 가속적인 상승이 이루어졌다.

1981-86년간 실질임금 상승이 실질적으로 규제되고 있었다는 사실을 감안하더라도 이는 비교적 큰 폭의 상승임이 틀림없다. 노동생산성의 증가율과 비교해보면 1989년에 들어서는 실질임금의 상승률이 앞서게 되었고, 특히 제조업에 있어서는 지난 3년 동안의 평균 임금 상승률이 노동생산성 증가율을 상회했다. 1986-88년의 호황에서 상대적인 경기침체로 들어선 1989년에 임금이 이런 정도로 상승한 것은 '대투쟁'에서 분출된 힘으로 밀고 나온 결과로밖에는 설명되지 않는다. 이러한 임금 상승과정에서 또 기업 규모별 격차 외의 각종 임금격차, 즉 학력별, 성별, 직종별 임금격차가 축소되는 성취도 수반되었다(조우현, 1989).

근로조건 개선의 측면에서는 무엇보다도 노동시간의 단축이라는 성과가 두드러진다. 세계 최장의 노동시간이라는 불명예를 씻기에는 아직 부족하지만, 1986년 제조업의 주당 평균 노동시간 55.3시간은 점차 단축되어 1989년에는 50.6시간으로 무려 4.7시간이나 줄어들었다. 마찬가지로 전 산업에 걸쳐서도 노동시간이 계속 줄어들어 1989년에 이르러서는 50시간대로부터 떨어져 나오게 되었다. 특히 노동시간의 단축은 1990년 3월 29일자의 근로기준법 개정을 통해서 법정 노

〈표 Ⅱ-1-1〉 '대투쟁'으로부터 3년간 실질임금 상승률 추이 단위 : %

	전산업	제조업
1987	6.9 (11.6)	8.5 (12.0)
1988	7.8 (12.2)	11.9 (12.6)
1989	14.5 (6.7)	18.5 (6.7)
1987-1989 평균	9.2 (10.2)	13.0 (10.4)
1981-1986 평균	5.5 (11.8)	5.7 (12.6)

주 : ( )내 수치는 상용 종업원 기준 물적 노동생산성의 증가율임.
자료 : 노동부, 『매월 노동통계조사』 및 한국생산성본부, 『노동생산성 지수』, 각 연도 판에서 작성.

동시간을 46시간(1990년 9월 30일까지)으로, 또 44시간(그 이후)으로 단축시키는 데까지 도달하고 있다. 노동시간 이외의 노동조건, 예컨대 산업안전 및 재해보상 등의 복지부문에 있어서의 개선 역시 점차 이루어지고 있는 것으로 보인다.

3. 노동운동의 발전을 위한 과제

'대투쟁'으로부터 3년이 지난 현재, 앞에서 본 성과에도 불구하고 노동운동 자체는 눈에 띌 만큼 위축되고 있다. 패배를 전제한 듯한 '사투(死鬪)'의 양태가 나타나고 있는 것이 이를 반영한다. 이것은 운동환경이 악화되어온 데에 따른 것으로 생각되지만, 바꾸어놓고 보면 그것에 대처할 만큼 운동역량이 충분하지 못하다는 것을 의미하기도 한다. 운동환경과 운동역량과의 관계가 반드시 일방적인 관계가 아니라는 사실을 상기한다면, 그 원인은 운동역량 쪽으로도 돌려서 생각해보아야 할 것이다. 운동의 침체가 역량의 문제이기도 하다면, 현재의 상황에서 노동운동의 역량은 큰 시련을 당하고 있음이 틀림없다.

이렇게 볼 때 한국의 노동운동은 헤치고 나가야 할 길이 멀게도 느껴진다. 어떻게 가야 할 것인가? 환경이 호전될 때 다시 밀고 나갈 것인가? 물론 운동의 사회적 환경이 개선되면 길은 쉬워질 것이다. 그러나 우리 사회의 막연한 낙관론과는 달리 그 환경이 쉽사리 좋아질 것 같지 않고, 오히려 운동의 진전으로 환경이 나아질 수 있을 것 같다. 여건이 나아졌을 때 들고 일어나 밀어붙이고 그 반작용으로 주춤하는 것은 지난 3년간의 학습으로 충분하다. 앞으로 가야 할 험하고도 먼 길은, '대투쟁'의 축적과 교훈을 바탕으로 힘을 모아 험로를 뚫고 나아가야만 할 것이다. 그리고 이제는 아무 길로나 들어설 때가 아니다. 목적지를 분명히 하는 것이 준비를 갖추고 힘을 모으는 데도 도움이 될 것이다.

(1) 조합 내 민주주의

지난 3년의 '돌파'로 얻어진 노동운동의 성취는 매우 값진 것이지만 앞으로도 계속 이어질 것이라고 믿을 만큼 안정적인 것은 결코 아니다. 노동운동이 전진하기 위해서는, 지난 3년간의 확대된 역량을 기초로 삼는 한편, 조직화·체계화가 미흡하여 시련에 빠진 사실을 교훈으로 삼아 조직역량의 체계화를 통해서 힘을 모아야만 한다. 이 힘의 원천은 조합원의 단결에 있고, 이는 조합 내 민주주의로써 담보된다. 조합 내 민주주의는 민주적 리더십을 담보하고, 민주적 리더십은 조직 내부뿐만이 아니라 조직 간의 힘을 모으는 데도 필수적이다.

지금까지 조합 내 민주주의는 매우 취약하거나 미흡하다. 한노총은 개혁의 기치를 내걸고는 있으나 이 면에서 매우 취약한데, 이는 개혁이 내부로 향하지 못했기 때문이다. 한노총은 조직역량의 크기에 비하여 그 결집과 체계화가 여전히 취약하다. 상급단체와 하급단체 사이의 괴리, 이와 관련된 조직의 관료화, 상급단체 간부 일부의 '노동귀족화' 등이 개혁되지 않고 있다. 한노총이 1989년 8월에서 9월 사이에 산하 조합원을 대상으로 한 의식조사에서 개혁 노력이 미흡하거나 과거와 다를 바가 없다는 견해가 74.9%로 압도적인 비중을 차지하고 있는 것도[6] 이에 연유하는 것으로 판단된다. 한노총은 조직으로서의 리더십을 확립하기 위해서 내부 개혁에 더욱 힘써야 할 것이다. 그 방안으로서는 우선 조합원들로부터 신뢰를 잃고 있는 상급단체 간부들이 조직의 활성화를 위해서 결단을 내리고, 실질적인 의결기구인 산별 대표자회의의 의결권을 조합원 수에 비례하도록 바꾸는 것이 절실하다고 생각된다. 이에 비하여 전노협은 조합 내 민주주의가 상대적으로는 나은 편이나, 전국적인 조직으로 선 이상 그 이전의 많은 경우처럼 소위 '민주집중제'에의 의존을 지양하지 않으면 안 된다고 생각한다. 이 '민주집중제'는 전술적인 차원에서 정당화되는 경우도 있지만, 그 엄격한 전제는 조직 내 민주주의이며, 많은 경우 조합 내 민주주의와는 배치되고 있는 것이 현실이다.

조직체계상으로는 현재의 기업별 체제가 산별 체제로 바뀌어야 한다고 양 조직에서 공통적으로 요구하고 있는데, 조합 내 민주주의가 확립되지 않은 상태에서는 산별 체제로의 변화가 별다른 의미를 주지 못한다고 생각한다. 조합 내 민주주의의 진전을 통해서 민주적 리더십을 확립하는 것이 급선무이다. 또 예민한 부분이기는 하지만, 한노총과 전노협 양 조직 간의 협력이나 통합에 있어서도 각 조직의 민주화가 가장 기본임을 강조하고자 한다. 양 조직이 조합원들의 의사를 민주적으로 수렴할 때 그 차이는 지금 주장되거나 느껴지고 있는 것보다는 작을 것으로 보인다. 이 부분은 한노총이 얼마만큼 내부 개혁을 성취하느냐에 보다 크게 좌우될 것이다. 그러나 현재로서는 양자

---

[6] 한국노총(1990), pp. 169-70. 주목되는 사실은, 노조 간부들(81.4%)이 평조합원 (74.8%)보다도 더, 30대가 20대나 40대보다도 더 부정적인 견해를 나타내고 있다는 것이다.

가 서로의 실체를 인정하면서 긴장과 경쟁을 통해서 연대를 도모할 수밖에 없으며 또 그러는 것이 전체 운동역량을 강화하는 데에도 도움이 되리라고 믿는다. 통합은 당위나 다른 나라 역사의 타산지석(他山之石)을 강조한다고 되는 것이 아니라 현실의 구체적인 힘에 추동되어야 이루어질 수 있다. 그 가장 강한 추동력은 바로 각 조합 내 민주주의의 성숙이다.

(2) 운동의 과학화

운동의 진전으로 봐서 우리 사회에서 노동문제는 이제 본격적으로 제기된 단계에 불과하고 노동운동 역시 본격적인 걸음을 떼기 시작한 단계에 지나지 않는다고 해도 과언은 아닐 것이다. 가야 할 길이 아직 먼 것은, 그동안 노동문제에 대한 사회적 관심은 증대했지만 아직 이에 대한 해결책은커녕 그 방향마저 제대로 서 있지 않기 때문이다. 이러한 사정은 노동운동에 있어서도 크게 다를 바가 없다. 지난 3년간의 진전에도 불구하고 한국의 노동운동은 역사도 일천하고 경험의 축적도 제대로 이루어져 있지 않음을 인정하지 않을 수 없다. 이러했기 때문에 지난 '대투쟁'은 계획된 운동이었다기보다는 자연발생적인 성격이 강했고, 한꺼번에 많은 요구를 충족시키고자 하는 면도 없지 않았다. 이러한 반성과 그동안의 경험을 통한 학습을 기반으로 하여 이제 운동은 과학화되지 않으면 안 된다. 이를 위해서는 무엇보다도 피해의식으로부터 나오는 '용맹함'을, 책임감을 가진 '현명함'으로 통제하면서 운동을 장기적인 계획체제로 전환시킬 것이 요청된다.

이제 노동운동은 오랫동안의 피해의식을 과감히 청산함으로써 여건이 다소라도 좋아지면 무조건 얻어내고 보자고 밀어붙이는 즉흥적이고도 무계획적인 운동으로부터 여건에 크게 구애받지 않는 치밀하고도 계획적인 운동으로 발전시켜나가야 한다. 지난 3년 동안 운동이

한 단계 고양됨으로써 자신감도 어느 정도 회복되고 그 과정에서 투쟁일변도의 운동도 어느 정도 스스로 통제되는 발전이 있은 것은 사실이다. 그러나 아직도 호기를 놓치면 아무것도 성취할 수 없다는 강박관념이 완전히 불식되지 못하고 있으며 따라서 운동의 치밀성과 계획성도 부족하다고 생각된다.

운동의 치밀성은 현실과 자료에 기초하여 그때그때의 단기적인 목표를 설정하고 이를 관철하기 위한 노력을 광범위하게 기울이는 것이다. 자료의 준비, 정세분석, 조합원 교육, 홍보, 차선책의 마련 등이 여기에 속한다. 예컨대 기업 및 산업 관련 자료와 조합원의 요구 등에 근거하여 임금인상 및 근로조건의 개선정도를 정확한 정세분석에 기초하여 단기적인 목표를 설정함으로써 성취해내는 것이다. 이는 장기적인 계획 아래 사안에 따라서 단계적으로 접근해나가는 것을 의미한다. 한꺼번에 많은 것을 얻으려고 하다가 아무것도 얻지 못하는 경우가 허다하고 앞으로도 그럴 가능성이 크다는 것을 염두에 두지 않으면 안 될 것이다.

이러한 치밀함의 부족은 가끔 상대방의 논리에 대한 외재적인 매도에 급급하게 하고, 이는 노동운동 전반에 이기주의라는 부정적인 인상을 심어주거나 요구나 행동의 무모함을 초래하기도 한다. 이러한 것들은 기본적으로 운동을 보다 긴 안목에서 보아 그에 따른 장기계획을 마련해놓고 있지 못한 데서 나오는 것이다. 보편논리와는 상충되는 조직논리에 매몰되어 성급하게 서두르거나 목전의 성취에만 무모하게 매달리는 것은 노동운동의 진전을 오히려 저해하게 된다.

노동운동을 발전시켜나가는 데는 정책을 개발하고 대안을 제시하는 운동의 과학화가 장기적인 계획하에 추진되어야 한다. 예컨대 임금인상 요구의 지침이 되는 이론생계비를 보다 정확하게 제시하고 고용문제의 심각화에 대비하여 고용안정 및 고용보험제를 고안하고 관철시키는 것이 중요하다. 이와 더불어 기업의 자료공개를 제도화하고 근로복지 및 사회보장을 확대하기 위한 정책적 노력도 긴요하다.

(3) 운동의 방향정립을 위한 모색

앞으로 한국의 노동운동이 운동역량을 체계화하여 험로를 뚫고 운동의 과학화를 통해서 먼 길을 주파해야 한다는 사실에는 이의가 없을 것이다. 그러나 이에 못지않게, 아니 더 중요한 것은 길의 방향을 분명히 하는 것이다. 물론 조합 내 민주주의와 운동의 과학화는 실천을 통해서 이 문제에 해답을 마련해가겠지만, 운동이 어느 정도 진전된 이 시점에서는 방향을 미리 설정하고 그 방향으로 매진할 것이 요청된다. 이는 아무 길로나 들어서보는 무모함과 시행착오를 줄일 뿐만 아니라 운동역량을 체계화하고 운동을 과학화하는 데 있어서도 도움이 되기 때문이다. 노동운동이 험하고도 먼 길에 들어서 있고 전반적으로 위축되어 있는 현 상황이 이념문제나 그에 대한 운동내부의 혼란과 결코 무관하지 않다는 사실을 감안할 때 운동이념의 정립이야말로 운동의 진전뿐만 아니라 그 사활이 달린 긴요한 문제라고 하지 않을 수 없다. 더 나아가서 노동운동의 이념은 결코 독자적인 문제가 아니라 사회 전체의 지향을 결정하는 문제이기도 하다.

운동이념의 합일(合一)은 운동이 존재하는 어느 시대 어느 사회에서나 있을 수 없지만, 대체로 볼 때는 분화(分化)의 과정을 거쳐 지배적인 경향으로 수렴되는 것이 보통이다. 지난 3년간 상대적으로 열린 공간을 통해서 나타난 한국 노동운동의 다양한 이념적 분화는 지극히 자연스러운 현상이며 운동의 발전과정에서 하나의 지배적인 경향으로 수렴될 것으로 예상하는 것도 역시 자연스러운 일이다. 따라서 노동운동의 이념정립은 머릿속에서 만들어내는 것이 아니라 현실 가운데 지배적인 경향으로 형성될 이념을 찾아내는 일이다. 이것은 사회구성원 다수의 기존 이념에 대한 평가와 바람을 통해서 반영될 것이다.

1987년의 '대투쟁'은 한국 노동운동의 진전에 있어서 뿐만이 아니라 열려진 공간을 통해서 다양한 노동운동의 이념을 공개하고 또 분화시키는 데에 있어서도 중요한 계기가 되었다. 이것은 1980년대 중반 '현장이론가들'에 의해 시발된 논쟁이 학계에서의 사회구성체 논쟁을 가져왔고, 이제는 노동운동의 조직차원에서 제기되는 과정을 보이고 있다고 생각된다(정대용, 1988 ; 조희연, 1989). 앞부분의 과정을 반영한 것이 현재 조직차원에서 제시하고 있는 이념의 분화라고 본다면, 우선 그 분화가 불명확하고 제시하는 이념이 매우 모호하다는 점이 눈에 띈다. 한노총의 기존 경제적 조합주의에 대한 전노협의 변혁론적 관점에서의 비판은 운동이념에 대한 새로운 모색을 가져왔으나 아직까지 명확하게 정립되지 않은 상태이고, 변혁론적 관점도 여러 가지로 분화되어 있는 것은 사실이나 대부분 모호한 모습을 띠고 있는 것으로 보인다.

우선 이른바 '재야' 노동운동 단체에서의 분화는 이념분화라기보다는 변혁의 전략 및 전술에 관한 차이라고 보이며(이종오, 1988), '변혁'의 이념 자체도 모호한 것이 사실이다. 대체로 이들의 이념적 지향은 체제부정적인 것이라고 받아들여지고 있지만, 그 '부정'의 정도와 질은 매우 모호하다. 노동운동의 지향을 프롤레타리아 혁명에 의한 사회주의의 건설로 명확히 한 것도 있으나,[7] 변혁의 대상으로 '군부독재-재벌-미국의 지배'를 제시하는 것이 자본주의 체제의 전면적 부정인지 적잖은 부분의 수정인지를 모호한 채로 남겨둔 것이 대부분이다.

---

7) 예컨대 『근로자계급』, 창간호, 1989. 5. 28.

조직차원에서 보면 정작 전노협은 1990년 초 열린 창립대회에서 조합주의를 비판하면서 '자주·민주적 노동운동'의 구심체로서 근로자의 경제·사회·정치적 지위 향상과 독재정권과 소수 재벌의 억압과 수탈을 제거하겠다고 하고 있다. 또 그 강령을 보더라도 근로자들의 권익향상이 주종을 이루고 이에 더하여 민주화·자주화·평화통일의 원칙이 선언적으로 천명되고 있을 뿐이다. 전노협 내에서 '선도 그룹'이라고 일컬어지고 있는 노운협의 문건에서도 '근로자가 주인 되는 세상', '평등세상 앞당기는 전노협' 등으로 지극히 모호하게 표현되고 있다.[8] 노동운동의 경제주의 극복은 명확하고 또 바람직하지만, 그 지향점은 매우 불분명하거나 은폐되어 있다고밖에 할 수 없다.

　이러한 다소 급진적인 성향의 운동이념과 지난 3년간의 운동양태에 대한 우려로부터 노사 간의 화합과 조화를 강조하는 견해도 부상되었다. 이는 대체로 근로자의 자제를 주장하는 견해이지만, 이와 함께 경영자 측의 인식전환을 촉구하는 '양심적인' 목소리의 반영이기도 하다. 이른바 이 양시양비론(兩是兩非論)을 바탕으로 제시된 '새로운' 노동운동의 이념이 국민적 조합주의, 즉 국민주의이다. 정치주의-경제주의-국민주의의 단계로 제시되고 있는 이 국민주의의 핵심은, 노사간 이해의 원천적 대립의 부정이라는 전제 위에서 노동운동의 국민경제적 이익과의 조화를 강조하는 것이다(박세일, 1990). 절충론적 양시양비론이 가지는 일정한 의의를 인정한다 할지라도 이 국민주의 역시 매우 모호하다. 그것은 집권한 노동당의 이념으로 채택될 수도 있고 —— 이 경우도 노동운동과는 간극이 있다 —— 파시즘 체제의 노동탄압에도 원용될 수 있을 만큼 이념내용이 극히 모호하다.

　바로 위에서 본 것처럼 현재 한국의 노동이념은 매우 다양하게 분

---

8) 노운협, 『노동운동』, 창간호(1988. 10) 및 1990년 1-2월 합본호.

화되어 있는 것 같으면서도 기실은 은폐되고 모호한 상태로 있다. 이것은 정치적 상황의 반영으로 이해되기도 하지만 분화가 모호성과 결부되어 있는 것은 노동운동의 이념정립에 커다란 장애가 된다. 그러나 명확하게 제시되지 않은 상태에서도 여러 견해들의 행간을 읽을 때 우리 사회의 운동이념은 최소한 한국 사회의 개혁으로부터 체제변혁에 이르기까지의 넓은 스펙트럼을 가지고 있음은 그리 힘들이지 않고도 알 수 있다. 또한 지난 3년간 운동의 진전과 사회주의권의 변화에 따라 근본주의적(fundamentalist) 견해는 현실적으로 그 비중이 낮아져 유의성이 점차 상실되고 있다고 판단된다.

자본주의 체제 자체가 바뀌지 않으면 아무것도 이루어질 수 없다는 견해도 전혀 없는 것은 아니나, 지배적인 경향은 자본주의 체제를 수정·보완하자는 것으로 보인다. 이러한 판단이 정확하다면, 이는 의회민주주의를 전제로 한 개혁적인 성격의 경제민주화임이 틀림없다. 이것은 전혀 새로운 이념의 제시나 주장이 아니다. 지금까지 노동운동의 과정에서 모색되고 제시된 운동이념들에 대한 논의가 보다 명확하게 공개적으로 토론되고 발전되었더라면 이미 도달해 있었을 결론이라고 믿는다.

이상에서 우리는 1987년 여름의 '대투쟁'으로부터 3년에 이르기까지 한국 노동운동이 걸어온 길을 점검하고 노동운동의 앞으로의 발전을 위한 길을 모색해보았다. 주지하다시피 '대투쟁'을 계기로 한국의 노동운동은 괄목할 만한 고양과 진전을 보여왔지만 그 길은 결코 평탄한 길이 아니었다. 그것을 계기로 한국 노동운동의 본격적인 길이 열리고, 운동이 밀고 나옴으로써 길이 넓혀지기도 했지만, 1988년 말을 고비로 험한 길로 들어서 있고 가야 할 길은 아직도 까마득하게 멀리 남아 있는 것이 현실이다.

이는 운동환경의 악화에도 기인하는 것이지만, 운동역량의 미흡함을 반영하는 것이라고 할 수 있다. 따라서 우리는 운동역량을 조직화·체계화하고 운동을 과학화하는 것이 현단계 한국 노동운동의 과제라고 했다. 또 이를 위해서도 운동이념의 혼란과 모호성을 극복하고 명확하게 정립하는 것이 긴요하다고 보고, 그 이념으로 경제민주주의를 제시했다. 이것은 한국 노동운동의 성격을 경제민주화 운동으로 규정한 것으로부터 도출되었다.

이 글에서 우리가 노사관계의 쟁점이 되고 있는 미시적인 문제들은 직접적으로 다루지 않고 운동진전의 관점으로 일관한 것은, 현재 거의 유행하다시피 되어 있는 양시양비론의 함정에 빠져들 것을 경계한 데에도 이유가 있지만, 보다 중요한 것은 노동운동의 지속적인 진전이 노동문제 자체만의 해결이 아니라 한 단계 높은 사회질서의 구축을 통해서 한국 사회 전반의 질적인 발전을 가져오는 관건이 된다는 평소의 믿음 때문이었다. 노동운동의 환경보다는 역량의 측면에 논의를 집중시킨 것 역시 같은 이유에서였다.

그렇다고 하더라도 운동역량이 운동환경과 긴밀한 관계에 있음은 두말할 나위가 없다. 따라서 운동환경의 호전도 노동운동의 진전만이 아니라 사회전반의 발전에 매우 중요한 역할을 한다. 그중에서도 정부와 경영자의 노동운동에 대한 태도와 대응방식은 직접적인 영향을 미친다. 정부는 경제적 약자의 보호에 정책역점을 둘 것이 요망되며, 경영자도 기업의 사회성에 대한 자성이 있어야 한다. 그렇지 않을 경우 한국의 노동운동은 더욱 더 급진성을 띠고 전개될 가능성이 있다.

마지막으로 한국 노동운동의 성격을 경제민주화 운동으로 규정함으로써 그 이념정립을 경제민주주의의 방향으로 유도한 데 대해서는 많은 논란이 있을 것으로 예상된다. 극히 예민한 이 부분에 대해서 간략한 입장 표명만으로 그친 것은 지면의 제한 때문이기도 하지만, 어디까지나 모색의 차원에서 간단명료하게 입장을 밝힘으로써 공개적인 토론이 자극될 수 있으리라고 생각한 때문이기도 하다. 앞으로 한국 노동운동의 전개를 주시하면서 이 부분에 대해서는 보다 많은 사람과 함께 고민해야 할 것이다.

제2장

경제위기와 사회정책 : IMF 관리체제 2년[*]

1997년 말 환란(換亂)으로 한국 경제가 IMF 관리체제로 들어간 이후 오늘에 이르는 2년여 동안 한국 사회경제의 변화와 아울러 노사관계에 대한 성찰적[1] 고찰은 앞으로 한국 사회가 취해야 할 정책대응의 방향을 정립하고 그 방안을 모색하는 데 있어 매우 중요하다. 체감(體感)으로도 느낄 수 있을 만큼 지난 2년간 한국 사회경제는 매우 급격한 변화를 겪어왔다. 사회경제 전반의 변화에 따라 그 하부체계인 노사관계 역시 변화를 거역할 수 없었는데, 이러한 변화는 IMF 관리체제라는 특수한 상황하에서 전개된 것인 만큼 정책적으로 유도 내지는 강제된 측면이 강하다고 할 수 있다.

주지하다시피 정부는 지난 2년여 동안 구제금융의 대가로 한국 경제에 부과된 'IMF 조건(IMF conditionality)'을 이행하는 데에 정책적 노력을 결집했고, 이에 힘입어 예상보다 빨리 환란이 극복된 데다 경기도 1999년 1/4분기를 고비로 하여 회복국면에 접어들어 역시 예상

---

[*] 한국노동연구원과 한국노사관계학회 공동 주최로 열린 학술토론회(2000. 1. 13)에서의 발표문을 수정·보완한 'IMF 관리체제 2년의 성찰적 대응'(『산업노동연구』, 제6권 제1호, 200년 7월)을 다소 손질한 것임.
[1] 여기서 '성찰적(reflexive)'이란 의미는 단순한 '반영(reflection)'과는 구별되는, 무엇보다도 자기 점검 내지는 '자가 비판'의 의미를 함축한다(Beck et al., 1994, pp. 5-8).

외의 급속한 경제성장을 보인 바 있다. 이리하여 한국은 'IMF 모범생'으로 다시 칭송되지만, 이는 이전의 '경제 기적'에 대한 칭송과 마찬가지로 바로 그 과정에서 누적되어온 사회경제적인 문제점들을 제쳐두고 있음을 지적하지 않을 수 없다. 1997년의 경제위기가 '기적'의 구조적 문제들의 발현이었음을 상기할 때,[2] '모범생'이라는 칭송에 자족할 수만은 없을 것이다. 단정해 보이는 모범생의 외양에 감추어진 문제점들을 중심으로 지난 2년여 동안 한국의 사회경제를 성찰해보고자 하는 이유도 바로 여기에 있다.

저자는 이 기간 동안의 변화 가운데서 사회경제적 불평등의 심화와 노사관계의 악화에 주목한다. 경제주의(economism)에 입각한 IMF 조건의 충실한 이행과정은 구조조정에 따른 대량실업의 발생과 더불어 고금리 및 시장경쟁 논리 일변도의 정책으로 소득분배가 악화되면서 급기야는 절대빈곤의 문제가 한국 사회에 다시 심각하게 대두되는 결과를 초래했으며, 이 과정에서 노사관계는 위기 초기의 협력적인 분위기에서 대립적인 분위기로 반전되어 오늘에까지 이르고 있는 것으로 파악된다. 따라서 노사문제를 비롯하여 종합적이고 체계적인 사회정책(social policy)을 수립 실시하는 것이 IMF 관리체제 2년여에 대한 진정한 성찰적 대응이 될 것이다.

1. IMF 관리체제 2년의 사회경제 변화

1997년 말부터 지난 2년여간 한국 사회의 최우선적인 과제는 'IMF 위기'의 극복이었다. 위기의 대처방안에 대한 다른 견해가 없었던 것은 아니지만,[3] 무엇보다도 IMF가 제시한 조건을 충실히 이행함으로

---

[2] 이러한 입장에서 저자는 경제위기의 내인(內因)을 역사-구조적 관점에서 고찰한 바 있다(Kim, 1998).

써 한국 경제의 대외신인도를 제고하는 데에 초점이 모아졌다. 그 결과 외환위기가 극복되고 대외신인도도 IMF 이전 수준으로 회복되었음은 익히 잘 아는 사실이다. 그러나 바로 이 과정에서 사회경제적 불평등이 심화된 현실이 외면되어서는 안 될 것이다.

(1) 경제위기와 구조조정

1997년 말 경제위기는 구제금융 신청을 가져왔고 이로부터 한국 경제는 IMF 관리체제하에 들어갔다. 구제금융과 더불어 한국 경제에 부과된 IMF 조건은 매우 '엄격한'(Nice, 1999, p. 2) 것으로, 크게 보아 긴축재정, 고금리, 구조조정, 무차별적 시장개방 등의 네 범주로 대별할 수 있다. 이 가운데서 긴축재정과 고금리는 과도하거나 잘못된 처방으로 판명되어 비교적 단기간 내에 완화 내지는 반전되었지만, 그동안 한국의 사회경제에 끼친 영향은 매우 크다. 이에 비하여 구조조정은 불가결한 것으로 인식되는 가운데 현재까지도 이어지면서 심대한 사회경제적 변화를 초래하고 있다. 무차별적 시장개방에 대해서는 비판이 있었지만, 이 역시 불가항력의 IMF 패키지로 받아들여온 것이 사실이다.

긴축재정과 고금리는 경제의 거품을 걷어내고 외환유출 억제를 위해서는 필요한 측면도 있었으나, 최근 IMF 스스로도 시인했듯이 지나친 처방으로 경기를 과도하게 위축시켜 기업도산 등 급격한 경제침체를 초래했다. 외환의 유출억제 내지 순(純)유입은 고금리에 따른 채권 매입보다는 경제위기에 이은 경기침체로 바닥에 떨어진 주식의 차익을 노리고 자산가치가 격감된 기업을 염가인수하는 쪽으로 진행되었다. 그러나 정작 재정부문에서는 적자누적을 가져왔으며,[4] 경제의 거

---

3) 예컨대 외채지불유예(moratorium) 및 외채탕감 주장이 그것이다.

품은 걷혔다기보다는 고소득층에 집중되었던 것이 다시 확산되는 조짐마저 있다. 도산과 생존의 게임에서 살아남은 기업의 대외경쟁력과 한국 경제의 대외신인도가 실제 향상되었는지는 의문이다.[5] 환율의 급격한 변화에 따른 수출가격의 하락에 힘입은 수출증대가 그 실체를 가리고 있다고 보아야 할 것이다.[6]

2년여 전 외채위기로부터 촉발된 경제위기에는 내인(內因)과 더불어 외인(外因)도 분명히 작용했음은 이미 잘 알려진 사실이다. 그러나 정부는 내인 쪽으로 완전히 기울어져 IMF 조건을 사실상 그대로 받아들여 수입선 다변화의 철폐, 금융 및 서비스 시장의 조기개방과 같은 무차별적 시장개방 조건도 수용했다. 당시의 상황에 비추어 어느 정도 그 불가피성을 인정한다고 하더라도, 그것은 쉽사리 납득할 수 있는 협상결과가 아니었다. 국제 투기금융에 대한 규제(APEC)나 협상전략(WTO)이 정부 간에서 거론되고 있듯이 속도와 폭의 조정이 매우 중요했다고 생각된다.

---

4) 정부의 공식적인 발표(재정경제부, *Korean Economic Update*, 2000. 3. 20)에 의하면 2000년 초 현재 총 재정적자는 108조원가량에 달한다. 이 가운데 90조원이 중앙정부의 부채이고 나머지는 지방자치단체의 부채이다. 한편, 2000년 총선 과정에서 벌어진 '국가채무 논쟁'에서 한나라당이 주장한 '400조원 이상'은 정부보증 채무(94조)와 연금결손 등 잠재적 채무(200조)를 포함한 수치이다. 재정적자가 아닌 국가채무를 말할 때는 정부보증 채무도 당연히 포함되어야 하며, 이러할 때 국가채무는 총 202조원가량으로 집계된다.
5) 스위스의 국제경영개발원(IMD)은 한국의 국가경쟁력이 향상되었다고 평가했으나(「조선일보」, 2000. 4. 18), 『유로머니(*Euro Money*)』의 국가신인도 평가에서는 2000년 3월 현재 40위로 IMF 위기 이전인 1997년 9월의 27위를 회복하지 못했을 뿐만 아니라 1998년 3월의 34위에서도 더 떨어진 것으로 나타난다(「조선일보」, 2000. 3. 20). 한편, 무디스(Moody's) 사는 신용등급을 Baa2로 고정시켜놓고 있는 실정이다(「조선일보」, 2000. 5. 1).
6) 대 달러 환율은 1997년에 40.35%나 절하되어 수출이 크게 늘어난 반면 경기침체로 수입이 미루어졌으나, 경기가 회복되어 환율이 1,100원대로 절상됨에 따라 수출이 둔화되고 수입이 크게 늘어나 무역수지에 '비상'이 걸리고 있는 실정이다.

〈표 Ⅱ-2-1〉 주요 거시 경제지표(1997-99)

	1997	1998	1999
실질 GDP 성장률 (%)	5.0	-5.8	10.7
1인당 GDP (달러)	10,361	6,742	8,581
경상수지 (10억 달러)	-8.2	40.2	25.2
외화순유입 (10억 달러)	-28.0	-14.3	9.1
가용외화보유고 (10억 달러)	9.1	48.5	74.1

주 : 연말 기준임.
자료 : 재정경제부.

 어쨌든 그동안 어느 국가보다도 충실히 IMF 조건을 이행해온 덕택으로 비교적 빨리 외환위기에서 탈출하고 경기가 회복되면서 제반 거시 경제지표가 호조를 보여주고 있지만(〈표 Ⅱ-2-1〉 참조), 급속히 밀려오는 이른바 '세계화(globalisation)'의 파고를 타고 넘을 준비가 갖추어졌다고 보기는 힘들다. 무엇보다도 국내시장은 무차별적으로 개방되어가고 있는 반면 환율에 크게 의존해온 수출경쟁력이 떨어져 경상수지의 흑자기조는 더 이상 기대하기가 힘들기 때문이다.

 구조조정과 관련해서 보더라도 사정은 거의 마찬가지이다. 누구나 인정하듯이 한국 경제의 위기가 그 구조적 취약성에 내인이 있는 만큼, 경제의 구조조정은 필수 불가결했다고 생각된다. 금융, 기업, 공공, 노동 등 이른바 4대 부문의 구조개혁은 경제위기 때문에, 보다 정확하게는 IMF 조건 때문에 진척이 가능했다고도 볼 수 있다. 그 가운데서도 금융부문의 구조조정 자체는 그런대로 성공적으로 평가되고 있으며, 기업(재벌)개혁은 우여곡절은 있었지만 당초의 예상을 상회하는 것이었다고 할 수 있다. 반면에 공공부문의 구조조정은 강력한 개혁 드라이브에도 불구하고 정책미비로 실제 성과는 부진한 편이며, 이와 더불어 노동부문의 개혁은 수량적 유연화에 치우친 탓으로 강력한 반발에 직면해 있는 실정이다.[7]

상대적으로 진척이 이루어진 금융개혁과 재벌개혁의 경우에도 이것이 해당 산업의 경쟁력 강화로 이어질지는 아직도 의문이다. 금융은 퇴출 및 합병을 통한 은행의 대형화와 같은 하드웨어의 개혁은 이루어졌는지는 모르지만 위험 분석력 및 대출 심사기능의 강화와 같은 소프트웨어의 개혁이 이루어졌다는 증거를 찾기는 아직도 쉽지가 않다. 정치적 압력은 줄어들었지만 여전히 외형과 담보능력 기준으로 '안전' 위주의 보수적 금융관행이 지속됨으로써 금융 흐름이 편중되고 있는 것이 엄연한 현실이다. 위기상황 속에서 공적 자금을 투입하여 사실상 국유화된 은행의 구조조정은 민영화라는 구조개혁의 과제를 추가하고 있다고도 볼 수 있다(IMF, 2000, p. 80). 더구나 재벌은 개혁의 초점이 맞추어진 재무구조는 어느 정도 개선되었지만 ── 대우그룹의 기업개선(workout)까지 포함하여 ── 경영투명성의 제고가 별로 가시화되지 않고 있는데다, 최근 재벌총수 독단으로 '후계자 낙점'이 이루어진 현대 그룹의 사례가 여실히 보여주듯이 본질적인 소유지배구조의 개혁에는 여전히 미치지 못하고 있는 실정이다. 정부는 제2의 금융개혁과 재벌의 '황제' 경영개혁을 공언하고 있지만, 이러한 수준의 금융과 기업의 개혁으로는 대외경쟁에 자신 있게 나설 수가 없을 것이다.[8]

전체적으로 볼 때, 비교적 빨리 외환위기에서는 벗어났지만 한국경제의 체질 개선 및 강화를 위한 안정적인 기반이 마련되었다고 보기에는 아직 증거가 빈약하다. 한국의 IMF 관리체제 2년을 평가하는 한 국제 심포지엄[9]에 참석한 내외국인 전문가 모두가 공공부문과 노

---

[7] 전문가들의 평가에 의하면, 가장 부진한 것이 공공부문의 개혁이며 그 다음으로 노동부문의 개혁이 부진하다. 반면에 금융개혁과 개방화는 대체로 높은 평가를 받았고, 재벌개혁은 중간 정도로 평가되었다(「매일경제」, 1999. 12. 31).

[8] 관점이 다르기는 하지만, IMF(1999)는 특히 기업과 금융의 구조개혁에 더욱 박차를 가할 것을 주문하고 있다.

동부문의 개혁이 부진함을 지적함과 동시에 금융과 기업의 개혁도 아직 갈 길이 멀었다고 평가한 것도 이를 뒷받침해준다. 이에 비해, 경제위기에 대한 심층적인 사회경제적 진단을 결여한 채 IMF의 처방에 매달리다시피 한 지난 2년여 동안에 배태된 사회경제적 문제는 보다 분명하게 그 심각성을 드러내고 있는 것이 아닌가 한다.

(2) 실업문제와 분배악화

IMF 관리체제 2년여는 많은 사회경제적 문제를 낳았다. 그 가운데 가장 뚜렷하게 심각한 양상을 드러내고 있는 것은, 일시적인 대량실업으로 비롯된 실업문제와 이와도 관련된 소득분배의 악화문제라고 할 수 있다. 이는 한마디로 한국 사회의 양극화 현상을 나타내주는 것으로, 비단 경제적인 차원에서만이 아니라 정치사회적으로도 심각한 문제가 아닐 수 없다.

먼저, 이 기간 중 실업의 추세를 보면 다음 〈표 Ⅱ-2-2〉에서 보는 바와 같이 외환위기 발생 시점부터 1999년 1/4분기까지 도산 및 구조조정에 따른 정리해고 등으로 대량실업이 발생함으로써 실업률은 8.4%까지 치솟았다. 노숙자의 발생과 증대, 그리고 실직 및 도산에 따른 가족 동반 자살과 같은 사회병리 현상이 이어진 것도 대체로 이 시기까지이다. 이후 경기회복세가 가시화되면서 실업률은 감소 추세로 반전되어 1999년 4/4분기 중에는 4.8%로까지 떨어진 이후 2000년 들어서도 대체로 하락 추세가 이어지고 있다.[10]

---

9) 한국개발연구원(KDI) 주최의 '한국의 경제위기와 구조조정에 관한 국제 심포지엄' (1999. 12. 3). 이에 대해 보다 자세한 것은 KDI 홈페이지(www.kdi.re.kr)에 올려져 있는 발표논문과 토론내용을 참조.
10) 2000년 초에는 계절적인 요인으로 5.3%로 다시 증가했으나 3월 말 현재 4.7%로 다시 떨어지고 있다. 1999년 중 실업률은 6.2%로 추정되며, 2000년의 전망치는 4.5%이다(노동부, 「2000. 3월 고용동향분석」, 2000. 4).

〈표 II-2-2〉 실업의 추이(1997-99)   단위 : 만 명, %

	경제활동인구	실업자	실업률
1997	2,166	56	2.6
1998 1/4	2,094	118	5.6
2/4	2,173	148	6.8
3/4	2,165	160	7.4
4/4	2,151	159	7.4
1999 1/4	2,085	175	8.4
2/4	2,180	144	6.6
3/4	2,191	122	5.6
4/4	2,197	101	4.8

자료 : 통계청(http://www.nso.go.kr).

2002년까지 실업률이 4.0%로까지 감소될 것이라는 전망에 언뜻 비추어보면 실업대란은 끝난 것 같지만, 문제는 그렇게 간단하지는 않다. 우선, 4%대의 실업률은 이론적으로는 낮은 수치이지만 한국 사회의 경험에 비추어볼 때는 결코 낙관할 수 없는 실업문제가 상존함을 염두에 두어야 할 것이다. 다음으로 실업률은 전반적으로 감소하고 있지만, 공공근로 등 불안정 취업자가 늘어나면서 실업률이 낮아지고 있는 반면에 거기에도 흡수되지 못한 실업은 장기화하고 있다는 사실에 유의하지 않으면 안 된다.[11] 게다가 경기회복에도 불구하고 정규직의 비율은 오히려 줄어들고 비정규직이 1996년의 29.6%에서 계속 늘어나 1999년에는 그 비중이 33.6%에 달하기에 이르렀다. 이는 신규고용을 가능한 한 비정규직으로 채우고자 하는 고용관행이 강화되고 있음을 말해준다.[12] 이렇듯 장기실업이 고착되는 가운데 고용안정

---

11) 1998년 10.6%였던 1년 이상 장기실업자의 비중은 1999년 말 현재 17.6%로 대폭 늘어났다.
12) 1999년 1/4분기 이후 신규고용의 90%가량이 임시직 내지는 일용직으로 추정된다.

〈표 Ⅱ-2-3〉 1997-99년 기간 중 소득분배의 추이

	1997	1998	1999			
			1/4	2/4	3/4	4/4
상위 20% / 하위 20%	4.49	5.41	5.85	5.24	5.29	5.57
지니계수	0.228	0.316	0.333	0.311	0.310	0.320

자료 : 재정경제부(http://www.mofe.go.kr).

이 저하되고 있는 것은 IMF 관리체제 2년의 혹독한 대가임과 동시에 앞으로 해결해나가야 할 사회경제적 부담이라고 할 수 있다.

실업과도 관련이 있지만 보다 넓은 차원에서 심각하게 대두되고 있는 사회경제적 문제는 소득분배의 악화이다. 위 〈표 Ⅱ-2-3〉에서 보듯이, 지난 2년여 동안 소득분배는 그 불평등도가 크게 증가했다. 이미 잘 알려진 대로 고금리 체제하에서 상위 소득계층의 소득이 증대된 데 반하여 조세부담은 오히려 경감된 것이 그 중요한 한 요인으로 보인다. 이러한 내용의 소득분배 악화 현상이 매우 심각한 정치사회적 문제를 야기할 수 있다는 사실은 두말할 나위가 없다.

이와 밀접히 연관되어 심각한 사회경제적 문제를 제기하고 있는 것이 절대빈곤층의 증대 현상이다. 연구결과의 발표 자체가 민감한 반응을 불러일으킨 바 있지만, 1999년 11월에 발표된 UNDP와 참여연대의 공동조사에 따르면 최저생계비를 기준으로 한 빈곤선 이하의 인구는 지난 2년 동안 약 774만 명에서 1,030만으로 크게 늘어난 것으로 나타났다(〈표 Ⅱ-2-4〉 참조). 이에 의거할 때 절대빈곤율 역시 14.4%에서 18.8%로 크게 증대되었다.

정부-여당 일각에서는 이러한 상대적, 절대적 빈곤의 증대를 경제위기에 따른 일시적인 현상이며 앞으로 경기회복이 가속화됨에 따라 개선될 것이라고 낙관하고 있지만,[13] 이미 상당한 정도로 사회경제적 양극화가 진행되어 온데다가 앞으로도 이제와 같은 정책기조가 지속

〈표 Ⅱ-2-4〉 최저생계비 이하 빈민의 추이 단위: 명, %

	1996	1997	1998	1999
전체가구	13,251,191	13,567,024	13,904,756	14,265,922
빈곤가구	2,067,186	1,953,651	2,391,618	2,681,993
빈민의 수	7,627,916	7,736,458	9,207,729	10,298,853

주: 1/4분기 기준임.
자료: UNDP, 참여연대.

되는 한 '20대 80의 사회'로의 경향성도 강화될 것이므로, 결코 안이하게 넘길 수 있는 사안이 아니다. 보다 적극적인 사회정책의 실시 없이 경기회복에 따라 문제가 자동적으로 해소되기를 기대할 수는 없기 때문이다.

2. 노동정책과 노사관계의 변화

이제 노동부문으로 눈을 돌려 지난 2년여의 관련정책과 이에 따라 전개된 상황을 성찰해보기로 하자. 그동안 정부의 노동정책은 어떠한 성격의 것이었으며 이와도 관련하여 노사관계에는 어떠한 변화가 있었는가를 살펴봄으로써 2000년 현재의 관점에서 한국의 노사관계를 진단해보기로 한다.

(1) 제한적 노동포섭정책

IMF 관리체제 2년여간의 노동정책은 한마디로 제한적 포섭정책이라고 규정할 수 있다. 이전의 노동정책이 대체적으로 노동배제적이었던 데에 비하면 경제위기 상황에서 제한적이나마 노동포섭적 정책이

---

13) 예컨대 재정경제부의 외신용 보도자료, 'Policy Measures to Improve Income Distribution'(http://mofe.go.kr/cgi-pub//content.cgi?code=e_ep&no=34)을 참조.

시도된 것은 하나의 진전이라고 볼 수 있다. 그러나 노동정책은 여전히 산업정책이나 경제정책 —— 특히 경제위기 극복을 최우선 과제로 한 IMF 처방 —— 의 종속적인 지위에서 탈피하지 못했기 때문에 노동포섭적인 성격은 어디까지나 부차적이었고 상황에 따라 동요하는 불안정한 것이었다. 실제 '신속하고도 압축적인 구조조정' 앞에서 노동포섭적인 성격은 점차 퇴색할 수밖에 없었고 따라서 그 효과는 명목적인 데서 크게 벗어날 수 없었다.

이는 무엇보다도 노사정위의 설립과 운영과정을 통해서 여실히 드러나는데, 이를 개략적으로 보면 〈표 II-2-5〉와 같다.

경제위기 극복의 최우선 과제 앞에서 노사정위를 설립하고 이를 통한 사회적 합의가 시도된 것은 한국에서 역사적 의미를 가지는 것이라고 할 수 있다.[14] 그러나 이는 노동계의 정책참가를 수용한다는 점에서는 노동포섭적이지만 그러한 성격은 제한적인 데에 불과했다. 당초 노사정위의 설립과 관련해서는 이 위원회에 실질적인 정책협의 기능을 부여함으로써 사회통합적인 구조조정이 이루어지도록 해야 한다는 의견도 만만치 않게 제기되었으나 처음부터 구조조정의 정책기조에 밀려났다. 이는 '민주적 시장경제'의 공약을 가지고 집권한 김대중 정부가 출범과 더불어 '민주주의와 시장경제의 병행발전'으로 그 기조를 선회시킨 것과 불가분의 관계에 있는 것으로 생각된다(김대환, 1998, pp. 177, 183).

실제 운영과정에서는, 신속하고도 전면적인 구조조정의 불가피성이 역설되면서 노동정책의 노동포섭적 성격은 이를 위한 보조적인 수

---

14) 물론 노사정위의 발족(1998. 1. 15)이 한국에서 사회적 합의의 최초 시도라고는 할 수 없다. 이전부터 중앙노사협의회(1980-96), 국민경제사회협의회(1990-), 노사관계개혁위원회(1995-96) 등 다양한 시도가 있었지만 명목적이거나 매우 제한적인 역할에 그쳤다고 할 수 있다. 이에 대한 자세한 논의는 최영기 외(1999)를 참조.

〈표 II-2-5〉 노사정위원회 관련 주요 일지

일자/기간	내용/ 사건
1997년 11월-1998년 1월	노사정위원회 설립 준비
1998. 1. 15	1기 노사정위원회 구성 합의
2. 6	공식 출범
2. 14	정리해고제, 파견근로제 법제화
5. 26-27	민노총 총파업, 노정협상
6. 18	2기 노사정위원회 출범
7. 10.	양 노총 불참 선언
7. 23.-25	노정협상
8. 24	현대자동차 노사정 합의
9. 2	만도기계 공권력 투입
12. 31	민노총 탈퇴, 한노총 불참 선언
1999년 3월	노(한노총)-정 및 사-정 협상
4월	서울지하철 파업
5월	노사정위 법제화
6월	3기 노사정위원회 출범
2000년 4월	한노총 복귀 선언

자료 : 노사정위원회.

단으로 밀려나고, 이와 더불어 노사정위는 때로는 부담으로 느껴짐으로써 점차 명목상의 위상만 유지할 뿐 실제 그나마의 기능마저도 잃어가게 되었다. 그리하여 노사정위는 구조조정의 기조와 추진방식 등 실질적인 정책협의가 아니라 정부의 구조조정을 용이하게 해주는 '들러리'에 불과하다는 비판이 제기된 것이다. 정리해고제와 파견근로제의 입법화 등 정부 정책에 협력하여 경제위기 극복에 크게 기여했다는 국내외의 평가에도 불구하고, 정부가 일부 합의사항의 이행을 미루는 가운데 사전협의를 생략한 채 구조조정이 일방적으로 추진됨으로써, 노동계는 노사정위에 대한 기대는커녕 불신을 키워갔고, 이는 결국 노동계의 노사정위 탈퇴라는 사태를 가져왔다.[15]

뿐만이 아니라 정부의 제한적이나마 노동포섭적 노동정책은 조폐공사 '파업유도 사건'이 터지면서 그 진의까지 의심을 받음으로써 크게 타격을 받기에 이르렀다. 정치적 언술과는 달리 김대중 정부의 노동정책도 그 배후에는 여전히 공안적 시각이 자리하고 있다는 의혹이 제기되었고, 이러한 상황에서 "대통령의 의지는 그렇지 않다"는 언명은 효과를 발휘할 수가 없었다. 이러한 과정을 거치면서 결국 노사정위는 출범 당시의 기대와는 달리 누구보다도 먼저 노동계로부터 외면당하게 되어, 출범한 지 만 1년도 지나지 않아 좌초 상태에 빠져 있는 실정이다. 이는 지난 2년여간 노동정책의 한계를 극명하게 보여준 것이라고 할 수 있다.

이렇듯 제한적 포섭정책이 실패하게 된 데에는 여러 가지 이유가 있다. 그러나 무엇보다도 핵심적인 것은 정부의 정책기조가 분명하게 제시되지 못한 데에 있다. '사회적 합의'는 이를 전제로 하기보다는 "정부의 발목을 잡지 말고 도와달라"는 주문의 성격이 강했음을 부인할 수 없다. 실제 경제위기라는 상황논리에 편승하여 초기에는 그러한 주문이 상당히 받아들여진 측면도 있다. 문제는 정부가 이에 안주하여 실제로는 노동포섭적인 정책으로부터 점차 멀어지면서 '신노사문화'와 같이 다분히 훈계적으로 비칠 수 있는 의식운동을 강조하고 나온 것이다. 이는 결국 노동포섭적 정책의 지지자들을 반대편으로 돌려세우는 결과를 초래했다.

이렇게 된 배경에는 김대중 정부의 제한적이나마 노동포섭적인 정책을 경계의 눈초리로 바라보는 재계와 보수관료 등 기득권 세력의

---

15) 1998년 말 민노총의 '탈퇴'에 이어 한노총도 불참을 선언했다. 여기에 이르기까지의 과정에 대해서는 최영기 외(1999), 특히 제6장을 참조. 한노총은 노사정위 복귀로 선회했으나 한노총의 복귀만으로는 노사정위의 기능이 살려질 수 없는 구조적, 제도적 문제를 안고 있다. 이에 대해서는 같은 책, 제6-7장을 참조.

작용이 있었음을 부인할 수 없다. "노동정책을 보면 신자유주의 정책이라고 할 수 없다"는 재계의 항변이나 노사정위의 적극적 기능을 경계하고 반발하는 기존 관료들의 행태 등이 그나마 협소한 노동포섭적 성격의 입지를 더욱 흔들리게 했다. 이에 더하여, 노동계의 보상심리 내지는 노사정위에 대한 과잉기대도 노사정위의 실질적인 기능을 오히려 가로막는 데에 한몫을 했음도 부인할 수 없다. 이로써 지난 2년여를 통해서 '사회적 합의'의 실험은 한국 사회에서 대체로 일단락된 것으로 평가되며, 앞으로 그 후유증은 상당히 오래 지속될 것으로 보인다.

(2) 노-정관계의 전면화(前面化)

지난 2년여간 노사관계의 특징은 노-사보다는 노-정관계가 전면에 부상한 것이라고 할 수 있다. 이는 경제위기 극복이라는 명제를 내걸고 사실상 정부가 노사관계의 전면에 나섰기 때문이다. 노사관계의 불안으로 인해 대외신인도가 하락하면 경제위기가 더욱 심화될 것을 우려한 때문이고, 당초에 이는 상당한 국민적 공감대를 형성했다.

정부는 상급 수준에서는 노사정위를 통해서 노사관계의 안정을 도모하는 한편, 기업 수준에서는 다소의 기복은 있지만 사실상 정부 개입을 통해서 노사관계의 불안을 방지하고자 노력했다. 이러한 관계로 특히 대규모 사업장을 중심으로 하여 노사 당사자 간의 교섭보다는 정부의 조정에 의해서 분규가 해결되는 경우가 많았다. 예컨대 1998년 8월의 현대자동차 사태에서 보듯이, 정부의 개입은 적어도 초기에는 노동보호적인 측면을 보여주었던 것이 사실이다. 그리하여 경영계에서는 시장논리를 내세운 정부의 정책기조와 배치된다는 불만을 토로하기도 했다.

대체로 볼 때, 이 국면까지는 노정 간에 협조가 그런대로 잘 이루어졌다고 할 수 있다. 전 국민적인 경제위기 극복노력에 노동계도 고통을 감내한다는 자세를 가지고 노동계는 '2.6 합의'(1998. 2. 6)를 통해 정리해고제와 파견근로제를 내주고 그 반대급부로 실업대책 재원의 확대 및 집단적 권리(공무원 및 교원의 단결권, 노조 정치활동, 실업자 조합원 자격 인정 등)를 확보하는 등 출발은 매우 좋았다고 할 수 있다. 하반기에 접어들면서부터는 정부 정책에 대한 반발로 노동계가 노사정위 불참을 선언하기에 이르는 등 다소의 우여곡절은 있었으나, '7.23' 및 '7.25'에 이르는 노정합의를 계기로 노동계가 다시 참여하게 되었고,[16] 이러한 노정협력의 연장선상에서 1998년 8월 현대자동차 사태가 무난하게 수습되었다고도 볼 수 있다.

그러나 시간이 지남에 따라 정부의 노동포섭적인 성격이 점차 엷어져갔는데, 정작 노정 간 대립기류는 정부가 사용자인 공공부문의 구조조정이 일방적으로 추진된 데서 비롯된 것으로 보인다. 1998년 6월 말부터 본격적으로 추진된 금융 및 공공 부문의 구조조정 과정에서 정부는 사전협의보다는 마지못해 사후통보를 하는 무성의한 행태를 보여 양 노총이 노사정위 불참을 선언하는 사태가 발생하기도 했다. 이 사태는 곧 수습이 되었으나, 기존의 단체협약을 침해하는 예산편성 지침이 사실상 강제되는 상황이 이어짐으로써 공공부문을 중심으로 노정 간의 대립기류가 점차 뚜렷해지는 모습을 보였다. 이에 더하여, 노사정위에서 합의한 사항 가운데 교원노조의 합법화가 지연되고, 실직자의 초기업 단위 조합원 자격 인정이 사실상 무산되는 등 정부의 이행조치가 제대로 취해지지 않음으로써 결국 노동계의 노사정

---

16) 정부의 금융 및 공공 부문의 구조조정안에 반발하여 양 노총은 7월 10일 노사정위원회 불참을 선언했다가 '7.23' 및 '7.25 합의'를 통해 곧바로 복귀했다. 그 합의의 주요 내용은 부당 노동행위 근절, 퇴출 금융 근로자 생계대책, 퇴출자 고용대책 등을 노사정위에서 논의하고, 종합적인 고용안정 및 실업대책을 마련함과 동시에 노사정위의 법제화를 추진하며, 2차 공공부문 구조조정을 연기하고 노사정위에서 협의 후 추진한다는 것 등이다. 이에 대해서는 노사정위원회(1998)를 참조.

위 거부라는 사태로까지 상황이 악화되고 말았던 것이다.

　노동계의 노사정위 탈퇴 내지는 불참에 대해서는 다양한 평가가 있을 수 있겠으나, 어쨌든 노정협력이 깨어졌을 뿐만 아니라 대립국면이 조성되는 분수령이 되었다는 사실은 어느 누구도 부인할 수 없을 것이다. 실제, 이후 전개된 다양한 노력에도 불구하고 노정협력은 복원되기는커녕 점점 불편한 관계가 심화되고 있는 것으로 보인다. 이와 동시에 노동계가 노사정위 불참 내지는 탈퇴를 자신들의 요구관철을 위한 전략으로 삼는다면 그것은 결코 현명한 판단이 아니라는 점도 지적해두고자 한다. 그것은 스스로의 위상제고를 사실상 거부하고 구태로 퇴행함으로써 모처럼 유용하게 활용할 수 있는 제도의 발전을 저해하는 것이기 때문이다.

3. 성찰적 대응으로서의 사회정책

　이상에서 본 IMF 관리체제 2년여간의 사회경제 변화와 노사관계는 한국 사회의 지속적 발전과 관련하여 중요한 과제를 제시해준다. 외환위기에서 탈출하고 경제회복이 이루어졌지만 그동안 사회경제적 불평등은 심화되고 노사문제는 악화되었다. 분배가 악화되는 가운데 노정대립의 양상을 보이는 것은 어느 관점에서 보든 바람직한 현상이 아니다. 이것이 경기회복에 따라 자동적으로 해소될 수 있는 문제가 아님은 이미 앞에서 지적한 바와 같다. 이에 대한 진지한 성찰에 기초하여 적절한 대응이 이루어져야 할 것인 바, 지난 2년여간 한국의 사회경제에 대한 성찰적 대응은 적극적인 사회정책[17]을 펴나가는 것일

---

[17] 자본주의 경제의 원활한 작동을 위해 시장기제에 해결될 수 없거나 오히려 심화될 수 있는 문제들을 대체, 보완 또는 수정하는 제반 정책들(Marshall, 1975 ; Polanyi, 1975)로서, 사회복지, 노동, 여성, 교육, 주택 정책 등 그 범위는 매우 광범위하다.

것이다. 특히 근로복지를 포함한 사회복지를 확충하고 노사관계의 안정적 발전을 위한 제도화 수준을 높여나가는 정책적 대응이 그 핵심일 것이다.

(1) 사회복지의 확충

IMF 조건은 경제위기에 대한 처방임을 감안하더라도 사회복지를 소홀히 하거나 혁신의 걸림돌로 간주하는 경향이 있다. 이러한 신자유주의적 경향은 시장경제의 사회적 기반을 유지하기 위해서도 복지가 마냥 내팽개치질 수만은 없기 때문에 이른바 '최소한'의 복지를 주장한다(George, 1998 ; Hine & Kassim, 1998, p. 7). 그러나 분배의 악화는 사회해체(social disintegration)로 연결되고 이는 엄청난 사회경제적 비용을 초래한다. 특히 한국과 같이 평등에 대한 열망이 높은 사회에서 이는 정치적 불안으로 연결되기가 십상이기 때문에 경계를 요한다.

따라서 지난 2년여간 IMF 조건의 이행에 매달려 신자유주의적 경제정책으로 경도되었던 데에 대해 정책적 차원에서 진지한 성찰이 필요하며, 그 성찰적 대응으로 보다 적극적인 사회복지정책이 강구되지 않으면 안 된다. 김대중 대통령이 2000년 신년사에서 '생산적 복지'를 강조한 것은 적어도 부분적으로는 이러한 성찰에 기초한 것으로 생각된다.

그러나 정부가 주창하고 있는 '생산적 복지'는 미흡한 측면이 없지 않다. 언술상으로는 일반적인 복지 —— 기초생활 보장과 삶의 질 향상 —— 에 더하여 인력개발이 강조되고 있어(삶의 질 기획단, 1999), 이를 액면 그대로 해석한다면 매우 적극적인 사회복지정책이라고 할 수 있다. 그러나 구태여 별로 새로울 것도 없는 '생산적' 복지를 표방하는 것은,[18] 현재 주창되고 있는 생산적 복지는 "복지급여의 수준과

제도가 근로동기를 해치지 않는 수준에서 제공되며, 자활의 의지를 키우는 방향으로 전개되어야 한다는 의미"(정무권, 1999, p. 343)에서 실제로 제한적인 성격이 강하다. 원래 생산적 복지의 개념은 스웨덴에서 나온 것으로 일반복지의 완비를 전제로 적극적 노동시장 정책을 중심으로 하는 것이다(Esping-Anderson, 1992). 스웨덴과는 판이하게 일반복지의 기초마저 제대로 갖추어지지 않은 한국에서 생산적 복지를 사회복지정책의 기본으로 삼는 것은 서구의 '과잉복지'에 대한 과민대응이 아닌가 생각된다.

더구나 지난 2년여간 한국의 사회경제 변화를 감안한다면 사회복지를 미리 정책적으로 제한하는 것은 결코 성찰적인 대응이라고 할 수 없다. 앞에서 보았듯이 그동안의 과정에서 실업문제, 소득분배의 악화 및 절대빈곤의 문제가 전면에 등장해 있기 때문이다. 더구나 한국의 사회복지 기초가 매우 취약하다는 사실을 추가로 고려할 때, 적확한 성찰적 대응은 사회복지를 적극적으로 확충하는 정책방향이어야 할 것이다.

물론 사회복지를 확충하기 위해서 아무리 적극적인 정책을 펼치고 싶더라도 기본적으로 그것은 사회생산력에 의해 제한될 수밖에 없다. 생산의 결과를 복지부문에 투자하는 것이 복지정책이지 그 반대는 아니지만, 사회복지에의 투자는 중장기적으로 생산력의 확대의 기초가 되기 때문에 사회복지가 곧 생산에 대한 투자가 된다는 사실이 간과되어서도 안 될 것이다. 사회경제적 관점으로 시야를 넓혀볼 때, 보다 중요한 것은 사회복지의 사회통합적 역할이다. 사회복지의 결여는 사회통합을 저해하고 궁극적으로는 사회해체를 가져올 위험이 있는데, 이는 경제적인 측면에서만이 아니라 사회정치적인 측면에서도 쉽사

---

18) '생산적 복지'라는 용어가 정부 정책에 처음 등장한 것은 지난 김영삼 정부에서였지만, 실제 그것마저도 구호에 그쳤음은 익히 잘 아는 사실이다.

리 복원될 수 없는 비용을 초래하기 마련이다.

따라서 IMF 관리체제 2년여를 경험한 이 시점에서 시급하게 요청되는 것은 일반복지를 중심으로 한 적극적인 사회복지정책이며, 이를 위해서는 무엇보다도 사회복지 예산의 확충이 요구된다. 물론 복지정책은 반드시 정부(국가)의 전유물은 아니지만, 복지의 자원을 동원하고 수혜를 배분하는 데 있어서 지금까지 알려진 가장 효율적인 기구는 역시 정부이다(Stears, 1999). 따라서 일차적으로 중요한 것이 복지 예산의 확충이라는 사실은 이론의 여지가 없다. 예산의 보다 효율적인 배분을 통해 사회복지 예산을 확충해나가는 작업이 우선적으로 필요하다.

물론 주어진 예산의 배분만으로는 한계가 명백하기 때문에 궁극적으로는 세제개혁을 통해서 복지 예산을 확충하는 정책노력이 아울러 이루어져야 한다. 한국의 세제는 재분배기능과 공평과세의 측면에서 공히 문제가 많은데다 특히 지난 2년여 동안의 세제개편으로 조세부담은 오히려 역진적이 되어 조세형평이 악화되어왔다(김대환, 1999, pp. 138-141 ; 현진권·윤건영, 1999). 세제개혁의 기본방향은 직접세 위주로 세제구조를 전환하면서 과세투명성을 획기적으로 제고하는 것이다. 이를 위해서는 세원의 정확한 포착을 포함한 과학적인 과세자료를 정비하는 작업부터 서둘러야 할 것이다. 신용카드 결제에만이 아니라 일반거래에도 대만의 경우처럼 영수증 복권제를 도입하는 등 소득파악률을 획기적으로 제고하고 세정개혁을 단행해야 함은 두말할 나위가 없다.

이와 더불어 사회보험제도의 대폭적인 개선이 요망된다. 기본적으로는 4대 사회보험을 통합하는 방향으로 나아가야 한다는 것이 저자의 입장이다. 보험료 부과, 징수 및 자격관리의 일원화를 통해서 경비를 절감하는 등 효율을 증대시킬 뿐 아니라 사회보장제도 전체를 올바른 방향으로 정비할 수 있다는 점에서 4대 보험의 통합은 매우 중요하다. 이와 더불어 보험의 사각지대를 해소하고, 급여를 조정하고, 재정운용을 효율화함과 동시에 보다 효율적인 행정체계를 구축해나가야 할 것이다.

이러한 제도개혁 내지는 개선과 병행하여 도농(都農) 간의 복지 서비스 격차를 줄여나가는 것을 포함한 종합적 계획의 수립 및 실시가 요망된다. 사회복지제도나 기금의 운영을 보다 민주화하고 투명화해 나가는 것이 기본적으로 중요하다는 사실은 더 이상 말할 필요가 없을 것이다.

(2) 사회적 노사관계의 제도화

지난 2년여 동안 한국 노사관계의 전개양상에서 두드러지게 나타난 특징을 한마디로 요약한다면 노사관계의 정치화(politicisation)라고 할 수 있다. 이는 무엇보다도 이 기간 중의 노동정책이 지극히 정치적이었던 데에 기인한 것으로 생각된다.

앞에서 보았듯이 정부의 제한적 노동포섭정책은 구체적인 정책방안이나 제도에 기반하기보다는 경제위기 상황에서 협력을 구하는 식의 정치적인 성격이 강했다. 이 시기에 이루어진 몇 건의 법제화도 대체로 이를 뒷받침하는 것이거나 그러한 틀 내에서의 보완에 그쳐,[19] 그렇지 않아도 기본적으로 제도화의 수준이 낮은 한국의 노사관계를

---

19) 1998년 2월 노동관련법의 제정 및 개정을 통해서 이루어진 파견근로자, 임금채권보장, 고용보험제도 등이 이에 속한다. '파견근로자 보호 등에 관한 법률'은 사실상 노동의 유연화에 초점을 맞춘 것이며, 임금채권보장법은 기업도산으로 임금 및 퇴직금을 청산할 수 없는 사태에 대비한 것이고, 고용보험법은 실업을 전제로 한 법률이다. 한 법률학자에 따르면, 일반적으로 노동법은 근로조건의 개선 및 단체행동의 강화·확대라는 관념과 연결되는 것인데 반해 이들은 악화·실추된 근로자의 지위를 구제하거나 더 이상의 악화를 방지하려는 매우 소극적인 목적을 가진 법률이란 점에서 기존 노동관련법의 관념을 바꾸어놓는 것이다(김형배, 1999).

제도적으로 안정화시키는 데에는 기여하지 못했다. 제한적 노동포섭정책이 상황에 따라 다르게 나타나는 등 그 기반이 불안정한 가운데 노사관계보다 노정관계가 전면에 부상하게 된 것도 바로 이 때문이라고 할 수 있다.

이렇듯 정치화된 노동정책하에서 노동계도 마찬가지로 정치화되었다고 할 수 있다. 정리해고제나 파견근로제 자체에 얽매이기보다는 매우 큰 틀에서 친(親)노동정책을 기대한 것이 아닌가 한다. 불과 1년여 전에 노동법 개정을 반대하는 총파업을 감행한 것에 비하여 1998년 2월 노동관련법 개정 시 노동계는 대조적이라고 할 만큼 매우 다른 대응방식을 취했다. 특히 한노총으로서는 대통령 선거과정에서 집권여당과 정책연합이라는 연대를 취했기 때문에 노사관계의 정치화에 상대적으로 더 중요한 파트너가 되었다고 할 수 있다. 노사정위의 설립과 운영에 보다 우호적이었던 것도 마찬가지 맥락에서 이해될 수 있다.

이렇듯 제도화의 수준이 낮은 가운데 전개된 노사관계의 정치화는 구조적으로 불안정할 수밖에 없었다. 무엇보다도 제한적 노동포섭정책에 대한 시각의 차이가 노정됨에 따라 그 기반이 흔들리고 오래되지 않아 정치화된 노사관계는 노정갈등으로 변모될 수밖에 없었던 것이 그동안의 과정이 아닌가 한다. 정부는 경제위기 타개를 위해 노동계가 인내하면서 계속 협력해주기를 바랐지만, 노동계는 노사 간의 쟁점을 정부가 보다 노동계의 편에 서서 해결해주기를 요청한 사례를 통해서 상이한 시각이 확인되었다. 이에 따라 노동계는 급기야 정부에 대해서 정치적 수준의 공세를 취하고 나옴으로써 정치화된 노사관계의 한계가 여실히 드러났다. 여기에는 노조의 상급단체가 기업별 노조체제 위에 서 있기 때문에 노사관계의 정치화를 담당할 수 있는 역량이 구조적으로 제한될 수밖에 없는 것도 중요한 요인으로 작용했다.

이렇게 보듯이 정치화된 노사관계는 지속적일 수가 없으며 바람직하지도 않다. 이러한 성찰에 기초할 때, 노사관계의 안정적 발전을 위해서 제기되는 과제는 결국 제도화의 수준을 높여나가는 것이라고 할 수 있다. 정부를 포함한 사회 일각에서는 노사의 낮은 의식 수준에 노사관계 불안정의 원인을 돌리고 있지만, 반드시 정확한 진단은 아니다. 한국 사회에서 노사의 의식 수준이 아직 미성숙 단계에 있다는 사실 그 자체가 틀린 것은 아니지만, 그리고 의식 수준을 문제 삼는다면 정부도 결코 자유로울 수가 없지만, 제도화를 통하지 않은 캠페인성 의식 개혁운동으로부터 접근하는 것은 '열은 많지만 빛이 없는' 결과를 초래하기가 십상이다. 다분히 캠페인성이 짙었던 정부의 '신노사 문화운동'이 노동계로부터 외면당해온 것이 이를 웅변적으로 말해준다. 정부가 신노사 문화를 운위하면서도 제도화 수준의 제고에 다시 주목하게 된 것도 바로 이 때문으로 풀이된다.[20]

노사관계의 제도화는 그 층위를 크게 셋으로 나누어 생각해볼 수 있는데, 기업(작업장) 수준, 사회적 수준, 정치적 수준 등이 바로 그것이다. 한국의 경우 그동안 노사관계의 제도화는 주로 기업 층위를 중심으로 하여 진행되어왔지만, 그 제도화의 수준이 아직도 만족할 만한 것이 아니다. 기업 층위에서 보완되어야 할 제도화의 과제 가운데 IMF 관리체제 2년여가 지난 현시점에서 우선적으로 강조되어야 할 부분은 근로자 복지라고 할 수 있다. 누가 뭐라고 하던 지난 2년여 동안 상대적으로 가장 큰 고통을 겪은 계층은 근로자 계층이며, 그 여파로 노사관계가 불안한 조짐을 보이고 있음을 직시할 필요가 있다. 정부가 천명한 생산적 복지에서도 이 부분은 명시적으로 거론되고 있

---

20) 노동부는 홍보 및 교육에 치중한 신노사 문화 정책의 '과오'를 공개적으로 인정하지는 않고 있지만 그 한계를 인식하여 지속적인 제도 개선 쪽으로 눈을 돌리고 있는 것으로 보인다. 이에 대해서는 노동부(1999)를 참조.

지 않다. 복지정책에서 근로자 복지가 간과되고 있는 것도 문제이지만, 기업 층위 위주로 제도가 이루어져 있으면서도 근로자 복지의 제도화 수준이 취약한 점은 반드시 개선되어야 할 것이다.

정치적 층위에서의 제도화는 지난 2년여 동안 과도기적이고 기형적인 형태로 시도되었는데, 노사정위가 그 대표적인 것이다. 그러나 앞에서도 지적한 바와 같이 그것은 결코 성공적이었다고 할 수는 없으며 앞으로의 전망도 불투명하다. 특히 제도화의 관점에서 보았을 때 그 존립기반이 매우 취약하다. 이는 사회적 층위에서의 제도화의 수준이 지극히 미흡한 가운데 과도기적이고 기형적으로 정치적 층위의 제도화가 시도된 때문이다. 정치적 층위의 제도로서의 노사정위는 사회적 층위의 노사관계의 제도화로 뒷받침될 때 비로소 안정적이 될 수 있을 것이다.[21]

사회적 층위의 노사관계 제도화의 과제는 기업의 수준을 넘어선 지역, 업종, 산업 및 전국 수준에서의 노사교섭의 관행과 구조를 발전시키는 것이다. 당장 산별 노조체제로의 인위적 개편은 가능하지도 바람직하지도 않을 것이므로, 기존의 경직적인 기업별 체제를 보완하는 다양한 방안을 개발하는 데서 출발하는 것이 현실적이라고 생각된다. 이는 기업별 노조에 집중되어 있는 기능을 상급단체로 이관하는 것과도 관련이 있고, 교섭체제의 다양화 및 유연화에 대한 사용자의 부정적인 자세를 개선하는 문제와도 관련이 있다. 정부나 경영계가 노동시장의 유연화를 적극 주창하면서 교섭체제의 유연화에 대해서는 소극적이거나 부정적인 것은 사회적 층위의 노사관계의 제도화를 사실상 가로막는 셈이 된다. 현재 노사가 첨예하게 대립하고 있는 노

---

21) 노사정위법의 제정(1999. 5)으로 상설기구로서의 법제적인 기반은 다져졌지만 아직까지 노사정위는 사회적 층위의 제도로 받쳐지지 못한 채 '공중에 떠 있는' 상태라고 할 수 있다.

조 전임자의 임금 지급문제도 이러한 틀에서 보다 쉽게 풀어질 수 있을 것이다.

사회적 층위에서의 노사관계의 제도화는 비단 노사관계만이 아니라 노동정책에 있어서도 중요한 인프라의 의미를 가진다. 노사관계나 노동정책의 정치화를 방지하고, 기업차원의 노사관계에 있어서도 불안정성을 극복하게 하고, 노사관계 전반의 제도적 안정화에 기여한다. 노동시장, 임금, 노동시간, 직업훈련 등에 제반 현안에 대한 정책도 이 사회적 층위의 제도화를 통해서 제대로 수립되고 효과를 발휘할 수 있다. 특히 현재와 같은 고비용-저효율의 노사관계를 수정함과 동시에 노사관계의 과도한 정치화를 방지하는 데에 있어서도 기본적으로 중요한 것이 바로 사회적 층위의 노사관계를 제도화하는 것이다.

그러나 아직까지 이와 같은 사회적 노사관계의 제도화에는 부정적인 시각이 만만치 않게 존재하고 있는 것도 사실이다. 그러나 중장기적으로 한국 노사관계의 안정적인 발전이라는 관점에서 이에 진지하게 접근할 필요가 있다. 교섭비용의 절감, 노동시장의 거시적 유연화, 최저생계비의 사회적 확정을 통한 복지정책의 효율화, 기업 수준 노사갈등의 완화, 기술훈련 체제의 정비 및 사회적 숙련의 강화 등 비단 노사관계만이 아니라 사회경제의 핵심적 사안들이 사실상은 이 사회적 층위의 노사관계의 제도화와 직결되어 있다. IMF 관리체제 2년여 후 오늘의 한국 사회는 이러한 사실을 새롭게 인식하고 사회적 노사관계의 제도화에 주력해야 할 단계에 와 있다.

IMF 관리체제 2년여가 경과한 시점에서 한국 경제는 외환위기의 탈출에 성공했고 경기도 회복되고 있는 것으로 보인다. 이러한 성취는 그동안 전 국민이 고통을 감내한 결과이지만 대외여건의 호전에도 힘입은 바가 적지 않다. 그러나 바로 이 과정에서 실업문제가 대두되고 분배가 악화되면서 노사관계가 경색됨으로써 그동안 잠복되었던 사회갈등이 재연될 조짐이 역력하다. 이와 동시에 지나치게 정치화되어 노정대립의 양상을 보이고 있는 것도 결코 바람직하지 못하다.

이러한 상황은 지난 2년여에 대한 성찰적 대응을 요구하고 있다. 신자유주의적 처방으로 배태된 사회경제적 문제들에 대한 사회통합적 대응이 필요하다. 무엇보다도 사회복지의 확충과 함께 제도화를 통한 노사관계의 안정적 발전이 도모되지 않으면 안 된다.

최근 정부가 문제의 심각성을 인식하여 사회복지에 많은 힘을 쏟을 것을 천명하고 나선 것은 무척 다행스러운 일이다. 그러나 정부가 주창하고 있는 '생산적 복지'는 제한적인 것이어서 정책의 체계화와 함께 보완이 필요하다. 보다 일반적인 사회복지와 함께 근로자 복지에 대한 정책적 배려가 요구된다. 지난 2년여 동안처럼 정치적 차원에서가 아니라 제도화의 차원에서 성찰적 대응이 이루어져야 할 것이다. 무엇보다도 예산의 효율적 배분과 세제개혁을 통해서 사회복지 예산이 확충되어야 하며, 4대 사회보험의 통합을 통한 보험제도의 효율화도 중요한 과제이다. 이와 더불어 도농 간 복지 서비스의 격차를 해소해나가야 한다. 이들 정책은 관련 행정체계의 개선과 제반 복지제도의 민주적이고 투명한 운영이 전제되어야만 그 효과가 제대로 발휘될 수 있다.

이와 동시에 지나치게 정치화되어 노정대립의 양상을 보이고 있는 노사관계도 제도화의 수준에서 접근되지 않으면 안 된다. 가장 취약한 사회적 층위의 노사관계의 제도화를 통해서 노사관계의 안정적 발전을 위한 인프라를 다져나가야 할 것이다. 노사가 첨예하게 대립하고 있는 현안문제의 해결과 함께 사회적 협의의 내실을 기하는 과제를 적극적으로 사고할 단계에 이르렀다. 사회적 노사관계의 제도화가 궁극적으로는 한국의 사회경제적 발전에 긍정적인 방향으로 작용할 것이기 때문에 더욱 그러하다.

　지난 2년여 동안 한국 사회경제의 변화와 정책에 대한 성찰을 통해서 제기되는 이와 같은 정책과제는 결국 사회정책의 과제이다. 사회정책은 한국 사회경제의 발전을 위해서, 특히 경제위기와 이에 대한 IMF의 처방에 의해서 훼손된 사회통합을 복원하고 제고하는 데에 반드시 필요하다. 사회통합의 기초 위에서만이 경제체질도 개선되고 고비용-저효율의 사회 시스템도 교정될 수 있을 것이다. 요컨대 IMF 체제 2년여에 대한 성찰적 대응은 종합적이고 체계적인 사회정책을 수립하고 시행해나가는 것이다.

제3장
세계화-구조조정-경쟁력 강화와 노동운동[*]

세계자본주의 체제의 급속한 구조변화로 국가 간, 자본 간의 경쟁이 치열해지고 있다. 세계화(globalisation)와, 일견 이와는 모순되는 듯이 보이는 지역[블록]화(regionalisation)가 동시에 진행되는 과정에서 타결된 우루과이 라운드는 자유무역주의를 표방하는 세계무역기구(WTO) 체제를 출범시켜 이른바 '무한경쟁'의 시대를 열었다. 이에 따라 세계화의 물결 속에서 국가경쟁력 강화를 도모하기 위한 경제의 체질 개선수단으로 구조조정(restructuring)이 광범위하게 추진되고 있다.

세계화-구조조정-경쟁력 강화가 맞물린 사회경제의 변화는 당연히 노동부문에 직간접적인 영향을 미친다. 한국에 있어서도 여러 형태의 구조조정을 통한 경쟁력 강화조치나 그 시도로 노사관계가 출렁임과 함께 노동운동이 도전과 시험을 받고 있는 현실이 목도된다. 그럼에도 불구하고 이러한 변화와 도전에 대한 노동운동의 대응은 미흡할 뿐만이 아니라 당혹감 내지는 무기력증마저 보이고 있는 것 또한

[*] 한일민주연대 심포지엄 (1994. 3. 17), 104주년 세계노동절 기념 심포지엄(1994. 4. 25) 및 한국노총 중앙연구원 창립기념 토론회(1995. 9. 28)에서 각각 발표한 글을 통합하여 정리한 '사회경제 환경변화와 노동운동의 방향'(『사회경제 환경변화와 노동운동』, 한국노총 중앙연구원, 1995)을 축약하여 손질한 것임.

현실이다.

이는 대단히 안타까운 일이지만, 다른 한편으로 생각하면 그럴 수도 있으리라고 이해가 가기도 한다. 왜냐하면 최근의 이러한 변화의 노동부문에 대한 도전은 매우 세련되고 새로운 형태로 이루어지고 있는 것인 만큼 즉각적으로 노동운동이 유효하게 대응하기가 힘든 측면이 있기 때문이다. 뿐만 아니라 노동운동 스스로도 변화되고 있는 가운데 과거와는 다른, 어떤 새로운 노사관계의 정립의 모색이 필요하다고 막연하게나마 느끼고 있기 때문이 아닌가도 생각된다.

여기서 우리는 서로 연관되어 진행되고 있는 세계화와 경쟁력 강화의 논리, 그리고 구조조정이 노동부문에 미치는 영향에 각별히 주목하면서, 변화하는 현실에 상응하면서도 보편적인 가치에 충실한 노사관계는 어떠한 것이어야 하는가를 생각해보지 않을 수 없다. 이를 위해서는 우선 세계화와 구조조정에 따라 제기되는 노동문제를 파악하는 것이 중요할 것이다. 어떻게 하는 것이 국가경쟁력의 강화를 가져올 것인가 하는 문제는, 결국은 국가경쟁력의 결정요인은 무엇인가 하는 문제와 직결된다. 이 연장선상에서 경쟁력 강화를 현실적으로 가능하게 하면서도 발전적인 노사관계의 패러다임은 어떻게 설정되어야 할 것인가 하는 문제가 제기된다. 이에는 세계화-구조조정-경쟁력 강화의 구도에서 노동운동이 어떻게 대응해야 하는 문제가 자연히 뒤따르게 될 것이다.

1. 세계화와 노동문제

세계경제는 급격한 변화를 시현하고 있다. 이 과정에서 나타난 가장 뚜렷한 현상의 하나는, 경제활동의 차원이 일국의 범위를 넘어서 전세계적으로 확대되는 이른바 '세계화' 현상이다. 이리하여 오늘날의 세계경제는 글로벌 경제(global economy)로 명명되고 있다(Gordon, 1988). 이와 같은 세계경제의 변화는 단순히 현상적 변화에 그치는 것이 아니라 구조적 변화와 맞물려 나타난 것으로, 특히 1980년대 말 현실사회주의 체제의 해체에 따른 냉전체제의 붕괴로 세계경제가 자본주의 체제로 전일화되어가는 듯한 과정을 보여주고 있다. 이것은 기존 세계경제의 구조를 근본적으로 바꾸어놓는 것일 뿐 아니라 자본주의의 전개에 있어서 역사적인 큰 획을 긋는 것으로, 이제 세계경제는 자본주의의 시대전환의 의미를 담는 글로벌 자본주의(global capitalism)로 규정되기도 한다(Itoh, 1992).

이러한 변화, 나아가서는 전환에 따라 글로벌 경제를 대세로 밀어붙이고 미화하는 글로벌리즘(globalism)은 IMF-GATT 체제 붕괴 이후 혼미를 보여온 세계경제질서의 '새로운' 원리로 등장할 뿐만이 아니라 전후 세계를 지배해왔던 냉전 이데올로기의 퇴조와 상승작용을 하면서 그것이 물러나는 자리까지를 재빨리 차지해나가고 있다. 사회주의나 복지는 말할 것도 없고, 민주주의나 자유보다도 글로벌리즘의 공세가 전면에 나서고 있는 것이 오늘의 세계적 현실이다.

여기서는 노동문제와 같은 구조적인 문제들은 '낡은' 문제로 치부되고 오직 자본과 시장의 논리만이 강조된다. 이 시장경쟁의 논리는 자본과 노동의 차별성을 인정하지 않으며, 자본가와 근로자 간의 이해관계의 대립문제는 안중에도 없다. 자본가가 근로자를 고용하든 혹은 그 반대든 논리적으로 아무런 차이가 없으며,[1] 글로벌 경제하에서 생산의 유연성 증대로 양자 간의 계급경계가 모호해지고 계급의식이 희석되어가고 있다고 강조한다.

그러나 중요한 것은 현 시점의 세계경제에 있어서도 노사문제가 엄

---

[1] 이 표현은 Samuelson(1957, p. 894)의 것으로 신고전파 경제학의 고전적 논리이다.

연히 근본적인 문제로 존재하고 있다는 사실이다. 따라서 글로벌 경제가 진전함으로써 이 문제들이 어떠한 양태로 전개되어갈 것인가에 관심을 모으지 않을 수 없다. 해소되어갈 것인가, 아니면 오히려 심화의 길을 걸을 것인가에 일차적으로 주목하게 된다.

이와 관련하여 먼저 지적해두어야 할 것은 노동시장은 동질적이지 않으며, 따라서 글로벌 경제하에서 근로자의 국제적 이동은 차별적이고 전반적으로 볼 때는 상품이나 자본에 비해 매우 제한적이라는 것이다. 원자물리학자, 항공기 조종사, 외과 의사 등과 같은 몇몇 고숙련 전문가의 국제적 이동은 상당히 확대되고 있다고 볼 수 있으나, 비숙련 근로자의 이동은 그렇지 못하며 최근에 올수록 더욱 제한되고 있다. 이것은 글로벌 경제가 진전되면서 각국의 이민 허용은 오히려 더 선별적이고 규제적인 방향으로 이루어져온 까닭이다. 비숙련 근로자를 포함한 근로자의 이민을 대폭 개방하는 조치는 앞으로도 쉽게 생각할 수 없을 것 같다.[2]

이에 비해 자본의 활동에 있어서는 국경이 점점 낮아져왔으며, 글로벌 경제가 진전되면 될수록 국경의 존재가 더욱 희미해져갈 것이 분명해 보인다. 다국적기업의 형태로 범지구적으로 진출하는 자본에 대한 국가의 통제력 역시 더욱 제한될 수밖에 없는 상황에서 노동에 대한 국가의 보호 역시 무력화되어갈 것이다. 자본과 노동의 이동의 비대칭성이 양자 간의 대등한 관계를 시장논리로 제약하는 마당에 국가의 노동보호 기능이 글로벌 경제의 논리에 의해서 약화되면 노동문제의 개선전망은 어두울 수밖에 없을 것이다.

또한 글로벌 경제하에서 진전되고 있는 생산의 유연성은 임시노동의 비중을 증대시킴과 동시에 심각한 실업문제를 야기하고 국적, 종

---

[2] 노동력의 국제적 이동이 자유로워지는 경우에 심화될 인종문제(ethnic problem)에 대해서는 星野 智(1992)를 참조.

교, 인종 및 성에 따른 분단노동시장의 형성과 발전을 통해서 조직근로자의 세력을 이미 상당히 약화시켜왔으며 앞으로도 이러한 경향은 계속될 것으로 보인다. 이와 더불어 자본논리가 더욱 강화되고 시장경쟁이 강조됨에 따라 복지정책은 오히려 후퇴하는 상황에서 근로자들의 경제적 지위는 상대적으로 하락할 가능성이 크다. 반면에 전통적인 계급개념이 약화되어감으로써 노동운동의 주체적 역량 역시 당분간은 위축되어갈 것이다.

이른바 무한경쟁의 체제로 일컬어지는 글로벌 경제에서 각국이 내세우는 '경쟁력 강화'는 노동부문에 대한 압박으로 작용할 소지가 크다. 이는 특히 국제경쟁력이 약한 개발도상국에서 이미 현실적으로 나타나고 있으며 한국의 경우도 예외가 아니다. 자본논리의 강화 속에서 나타나는 경쟁력 강화의 문제를 단기적인 안목에서 접근하면 할수록 노동문제는 더욱 악화될 수밖에 없다. 이러할 경우 개발도상국에서 노동통제를 위해서 권위주의적인 억압체제가 다시 등장하거나 강화될 우려도 없지 않다.

그렇지 않다고 하더라도 세계화는 자본논리의 강화에 따라서 국가의 후퇴 내지는 약화를 가져오게 되는데, 이는 국가의 노동보호 능력의 약화로 이어지기가 쉽다. 자본에 의한 노동통제의 강화, 그리고 근로자 조직력의 약화라는 구도 속에서 국가의 보호기능이 약화된다면 노동문제가 개선되기는커녕 오히려 악화될 것이다. 세계화가 펼치는 화려한 청사진 가운데서 노동부문의 밝은 전망은 찾아보기가 힘들다.

바로 이러한 불균등 요인을 안고 진행되고 있는 세계화는 노동부문에 이미 시련을 가져다주고 있으며 앞으로도 더욱 그러할 것이다. 그럼에도 불구하고 이 심대한 변화를 주도하지 못하고 있는 한국의 처지로서는 이에 적응하는 수밖에 없다는 것이 우리 사회를 지배하고 있는 '세계화' 논리이다.

2. 구조조정과 노사관계

세계화에 따라 국가경쟁력의 강화가 강조되면서 경쟁력 확보를 위한 수단으로 구조조정이 앞 다투어 단행되고 있다. 구조조정은 어디까지나 자본합리화의 한 형태로서, 자본이 주체가 되어 구조조정을 추진하고 국가는 이를 독려하거나 지원함으로써 국가경쟁력을 강화하고자 하는 모습을 보이고 있다.

구조조정은 매우 다양한 방식을 취하고 있지만, 그 기본논리는 철저하게 경영실적 위주의 경영합리화, 즉 이윤극대화라는 자본운동의 논리에 상응하는 자본합리화이다. 시장과 기술의 변화에 '보다 빨리, 보다 순탄하게, 그리고 보다 저렴하게' 구조조정을 함으로써(NEDO, 1986, p. 83) 자본의 자기증식을 원활하게 하고자 하는 것이다. 때로는 우회적이고 전반적으로 세련된 형태를 띠기도 하지만, 비용을 줄이는 방식을 통해서 이윤을 극대화하고자 하는 고전적 원리에서 벗어나 있는 것은 결코 아니다. 이렇듯 구조조정의 기본논리는 기존의 경영합리화 조치와 다른 새로운 무엇은 아니다. 다만, 이전과는 달리 매우 광범위하게, 또 매우 세련된 방식으로 추진함으로써 무한경쟁의 시대에 적응하고자 하는 양상이 이전과 다를 뿐이다(Atkinson, 1985).

이러한 구조조정이 노사관계에 미치는 영향은 매우 심대하다. 그것은 기존의 노사관계를 이른바 '유연한 노사관계(flexible industrial relations)'로 바꾸어놓는 것을 지향한다. 다시 말해서 기존 노사관계의 해체를 가져올 수도 있다는 이야기이다. 여기서는 이른바 경영합리화의 전략들이 근로자에 미치는 영향을 통해서 구조조정의 조치들이 노사관계에 미치는 영향을 살펴보기로 하자.

경영합리화 전략은 ① 수요창출을 위한 고객중심의 전략, ② 경쟁력 제고를 위한 기업조직의 혁신, ③ 생산성 제고를 위한 '노동의 유연화', ④ '근로생활의 질(QWL : quality of working life)' 향상 등의 네 범주로 나눌 수 있는데, 이 모두는 서로 긴밀하게 연관되어 있다.[3] 이 가운데서 근로자에게 직접적으로 영향을 미치는 것은 뒤 세 범주의 전략이지만, 첫 번째 범주의 전략이 근로자에 미치는 영향도 간과되어서는 안 될 것이다. 왜냐하면 그것은 한편으로는 생산체제 및 작업조직의 변화를 통해서 우회적으로도 영향을 미치지만 직접적으로 노동강도를 높이는 방향으로 작용하기 때문이다. 그것은 생산영역에서 근로자의 다기능화를 요구할 뿐만이 아니라 고객관리 및 상품의 애프터서비스(after service)에 보다 강도 높은 노동투입을 수반한다. 이는 불규칙한 작업과 근로시간의 연장으로 이어지기가 쉬우며, 특히 노무관리의 유연화가 병행될 경우에 —— 실제로 병행되기 마련이지만 —— 더욱 그러하다.

두 번째 범주인 기업조직의 혁신은 대부분 기업규모의 축소를 가져와 고용불안을 야기하며 이와 동시에 효율증진을 위한 조직 및 생산과정의 재편 혹은 쇄신은 노동강도의 강화를 초래한다.[4] 직접적인 인원감축 및 외부하청에 의한 규모축소는 보다 직접적으로 고용불안을 야기하지만, 조직재편 역시 일부 근로자에 대해 '자발적인' 퇴직을 사실상 강요함으로써 고용불안에 가세한다. 조직재편에 의한 직무배치에 불만족스런 근로자는 결국 스스로 물러나게 될 것인데, 사실상 이를 유도하는 조직개편 및 직무배치가 이루어지는 경우도 드물지 않

---

3) 말하자면 이는 '총체적 품질경영(TQM : Total Quality Management)' 전략이다. 대부분의 논자들은 총체적 품질경영을 생산성 향상을 직접적인 목표로 하는 것으로 한정하고 따라서 이는 경영합리화 전략의 일부에 불과하다고 주장한다. 이 경우 ①과 ④는 여기서 제외될 것이나, 이 모두는 서로 연관된 것으로 종합적인 성격을 가진 경영합리화 전략, 즉 총체적 품질경영 전략이라고 할 수 있다.
3) 이 양자는 통상 동시에 진행된다. 이에 대해서는 Berggren(1992)을 참조.

다. 또한 기업의 규모축소가 고용불안을 통해 우회적으로 노동강도의 강화에 영향을 미친다면, 조직 및 생산과정의 재편은 관리의 '과학화'를 통해서 보다 직접적으로 노동강도를 높이는 방향으로 작용한다. 이른바 '통계적 과정통제(SPC : statistical process control)', 부품과 상품의 적기(適期)공급(JIT : just-in-time)은 말할 것도 없고, 발전된 생산 및 정보통신 기술의 경영 전반에의 적용은 결국 노동강도의 강화로 이어지게 되는 것이다.[5]

세 번째 범주인 소위 노동의 유연화는 한편으로는 개별 근로자 간의 차이를 확대시키면서 또한 경쟁을 격화시킴으로써 사실상 노동강도의 강화를 가져옴과 동시에 특히 노조의 조직역량을 약화시키는 방향으로 작용한다. 근로자의 다기능화는 실제 소수의 핵심 근로자에 국한되고 나머지는 오히려 탈숙련화되어 상호 간 숙련도의 차이가 오히려 심화되고 이와 더불어 신인사제도와 신임금제도와 같은 이른바 '유연한 보수'로 인하여 소득격차도 확대되는 결과를 가져온다(Mahon, 1987 ; Storper & Christopherson, 1988). 그나마 핵심 근로자의 다기능화 — 이것이 기능적 유연성(funtional flexibility)의 핵심이다 — 는 다숙련화(multi-skilling)라기보다는 '다업무화(multi-tasking)'로서 (Berggren, 1992, p. 44), 작업의 긴장도를 높이는데다가 신인사제도 및 신임금제도에 입각한 개별 근로자 간의 경쟁으로 인하여 노동강도가 전반적으로 강화되고 조직력이 약화된다. 더구나 나머지 부문에는 시간제 및 임시 근로자, 그리고 하청 근로자로의 대체와 같은 수량적 유연성(numerical flexibility)이 이루어짐으로써 오히려 노동통제가

---

[5] 이와 관련하여 한 생산관리자는 다음과 같이 변화된 상황을 술회하고 있다: "이제 시간대는 30일이 아니라 3분이다. 이전에는 월간 목표를 매일 조금씩 달성해나갔지만 이제는 일간 목표가 주어진다. 이전에는 매일매일 목표량을 조금씩 채우고 막판에 가서야 몰렸지만 이제 그들[근로자]은 항상 총부리 앞에 서 있는 처지가 되었다" (Klein, 1989, p. 64).

강화되는 한편 노조의 조직력은 약화되기 마련이다. 이는 소집단으로의 작업조직의 분화, 품질관리(QC : quality control) 서클 활동, 집단보다는 개인의 이익과 성공을 중시하는 젊은 층 근로자의 개인주의적 태도, 근로자 상호 간의 경쟁 등과 함께 노동조합의 역량을 약화시키는 요인으로 작용한다. 최근 선진국에서 노조의 조직력과 사회적 영향력이 상대적으로 쇠퇴한 것은 이러한 요인들과 관련하여 이해될 수 있다(Turner, 1991, p. 7).[6]

마지막 범주인 근로생활의 질 향상은 두말할 필요도 없이 근로자에게 긍정적인 영향을 미칠 것이다. 근로생활의 질의 향상을 통한 생산성 증대 효과는 특히 장기적인 관점에서 볼 때 매우 적극적인 것으로, 이 전략 자체는 진보적인 발상이라고 할 수 있다. 그러나 원래는 QC 서클도 바로 이 QWL의 일환으로 도입된 것이었지만(예컨대 미국의 제너럴 모터스), 최근의 신경영전략에서는 단기적인 생산성의 증대와 제품의 무결함에 목표를 두는 경우가 많다. 대부분의 경우에 근로생활의 질 향상은 상징적인 차원에 머물고 있으며, 그 효과가 미미할 뿐만이 아니라 앞으로도 그 중요성이 별로 증대되지 않을 것이라는 관측이 있다(Juergens, 1988, pp. 21-3). 이는 무엇보다도 전반적인 노사관계 특히 보수와 경영참여와의 연관성이 긴밀하지 못한데서 오는 것이라고 할 수 있다.

구조조정은 기존의 노사관계와는 다른, '유연적 노사관계'를 추동한다. 이른바 '유연적 특화론(flexible specialisation theory)'[7]은 자

---

[6] 이외에도 고용구조에 있어서 제조업으로부터 서비스업으로의 중심 이동(Freeman & J. Medoff, 1984, pp. 221-8), 노동운동 이외의 (신)사회운동의 대두(Dalton et al., 1984 ; Heckscher, 1988 ; Halfmann, 1989) 등도 노조의 영향력을 감소시켜온 요인이다.
[7] 논자들마다 약간의 편차가 있기는 하지만, 이에 속하는 주요 문헌으로는 Piore & Sabel(1984), Kern & Schumann(1984), Hoos(1986), Sorge & Streeck(1988) 등을 들 수 있다.

본과 노동의 상호이익을 강조하면서, 근로자의 이익으로 숙련의 증대, 다기능화, 그리고 이에 따른 고임금 등을 들고 있다. 이와 더불어 노동통제로부터 근로자를 해방시켜 노동강도의 강화와 결별하게 할 뿐만 아니라 근로자의 참여 내지는 개입을 증대시킨다는 점을 크게 강조한다.

그러나 근로자 개인에게 돌아가는 이익은 핵심 근로자에게 국한된 것이 대부분이고 그나마 이는 보다 많은 책임을 수반하며 격심한 경쟁을 유발함으로써 개인적으로는 스트레스를 높이고 조직적으로는 연대의 원리를 저상시킨다. 일반 근로자의 경우는 생산 기술과 방식의 변화에 따라 엄밀한 시간개념, 항상 대기태세와 긴장 등 지루한 장시간 노동과 동시에 노동강도가 강화된다(Wood, 1988, pp. 31-2). 그 결과 소수의 핵심 근로자와 나머지 근로자 사이에 소득과 근로조건에 있어서 양극화(polarisation)가 초래되고 그 결과 노조의 조직력이 약화되기가 쉽다. 경쟁원리에 입각한 신인사제도와 신임금제도의 시행 역시 노동강도의 강화와 함께 연대원리에 입각한 노조의 활력을 저상시키는 요인으로 작용한다. 실제로 '유연한 노사관계'는 노동통제를 유연성으로 대체하는 것이 아니라 기존의 테일러주의(Taylorism) 내지는 포드주의(Fordism)에 일부 유연한 관계가 공존하는 '유연적 경직성(flexible rigidities)'에 불과하며,[8] 이 일부 유연한 관계는 나머지 부문의 희생(수량적 유연화)에 뒷받침된 성과(기능적 유연화)의 결

---

8) 이에 대해 자세한 것은 Dore(1986)를 참조. 이에서 더 나아가 신경영전략은 노사관계에 있어서 사실상 테일러주의와 차이가 없다고 주장되기도 한다(김성환, 1995). 이 주장 자체는 '유연적 특화론'에 맞서는 '노동과정론(labour process theory)'의 주장과 비슷하지만, 일관된 관점에 서 있는 것으로는 보이지 않는다. 노동과정론에 관한 대표적인 문헌으로는 Braverman(1974), 노동과정을 둘러싼 논쟁에 대해서는 Burawoy(1979), Cressey & McInnnes(1980), Littler(1982), Burawoy(1985), Manwaring & Wood(1985) 등을 참조.

과이다(Hyman, 1986, pp. 48-60). 근로생활의 질 향상은 앞에서 그 한계를 지적했지만, 유연적 특화론과 정면으로 대립하는 노동과정론자들은 그것은 여전히 존재하는 테일러주의와 마찬가지로 또 하나의 통제기제에 불과한 속임수라고까지 비판한다. 마지막으로, 근로자의 참여 내지는 개입과 관련해서는 경영참여의 첫 단계인 정보공유의 문제에 있어서도 여전히 핵심적이고도 중요한 정보의 공유는 유보되고 있으며, 특히 근로자에게 갈등적이거나 손해가 되는 정보는 내놓지 않고 있는 현실임이 직시되어야 할 것이다(Litteck, 1986).

결국 자본합리화의 일환으로서의 구조조정이 노사관계에 미치는 영향은 경쟁원리에 입각하여 고용계약의 변경 등을 통해서 자본의 유연성을 더욱 높이는 방향으로 노사관계를 '유연하게' 하는 것이라고 할 수 있다. 미시차원에서는 성과기준을 더욱 엄격하게 하고 노동통제를 세련된 방식으로 강화하여 노동강도를 높이며, 거시차원에서는 실업을 증대시키고 노조의 세력 및 근로자의 대표성 약화를 초래한다. 이에 따라 근로생활의 질은 소수 핵심 근로자를 제외하고는 실질적으로 저하될 위험이 있으며 바로 이 때문에 노사관계는 오히려 불안하거나 경색될 우려가 있다.

그러나 구조조정이 기본적으로 자본논리에 따른 것이라고는 하지만 노동부문 내부의 변화와 전연 무관한 것은 아니다. 연공서열 노무관리에 대한 불만, 특히 최근 젊은 '신세대' 근로자들을 중심으로 한 경쟁에 의한 신속한 승진과 높은 보수의 선호, 그리고 이들의 개인주의적 성향으로 인한 조직 및 연대 활동의 회피 등과 같은 노동부문 내부의 구조와 분위기 변화 역시 그 한 축을 형성하고 있음을 유의할 필요가 있다. 그렇기 때문에 노동 측, 특히 노조가 구조조정을 전면적으로 반대하기에는 명분이 약하고 따라서 그에 대한 대응이 '헷갈리는' 모습을 보여주기도 한다.

3. 경쟁력 강화와 노사관계

세계화와 더불어 부쩍 강조되고 있는 '국가경쟁력 강화'와 노사관계와의 연관성을 보기 위해서는 먼저 국가경쟁력의 개념과 그 규정요인에 대하여 살펴볼 필요가 있을 것이다. 이 개념은 자칫 잘못하면 오용될 위험성이 있기 때문에 매우 엄밀하게 적용될 필요가 있다. 이와도 관련하여, 경쟁력을 규정하는 요인들이 복합적이며 그 가운데 노사관계도 매우 중요한 요인이라는 사실을 유의하지 않으면 안 될 것이다.

(1) 국가경쟁력의 개념과 규정요인

요즘 '국가경쟁력'이라는 말처럼 흔히 사용되는 말을 찾아보기가 힘든 데도 불구하고 정작 이 개념은 분석적이지 못하고 매우 모호하다. 이 개념을 가장 적극적으로 활용하고 있는 포터의 경우에도 국가단위를 대상으로 하면서도, 때로는 산업과 기업 등으로 개념의 적용 수준마저 혼동되고 있다(Porter, 1980, 1985).[9] 국제무역론에서 말하는 국가의 대외경쟁력 내지 국제경쟁력이 이와 친근성이 있다고 생각되지만, 그것을 파악하는 관점은 '장님 코끼리 만지기' 식으로 논자들마다 다르다. 부존자원의 풍부성, 세계무역에서 차지하는 시장점유율, 제조업 생산에서 차지하는 수출의 비중, 국내생산에서 차지하는 제조업의 비중, 심지어는 무역수지 등을 가지고 각각 다르게 국제경쟁력을 정의하고 있다. 그렇지만 이 모두는 경제적 요인, 그것도 단편적이고 부분적이며, 게다가 결과론적인 것으로 만족스러운 개념정의

---

9) 바로 이러한 개념의 모호성에도 불구하고 이데올로기적 차원에서 그것을 '허구'로 '단죄'하는 견해에는 동의하지 않는다. 이것이 나름대로의 논리와 실체를 가지고 변화의 힘으로 작용하고 있는 현실이 외면되어서는 안 될 것이다.

라고는 생각되지 않는다.

이로부터 우리는 '국가경쟁력'이라는 유행어를 대할 때 한편으로는 그 개념수준을 엄밀하게 규정하고 다른 한편으로는 보다 종합적인 관점을 견지할 필요를 느낀다. 원래대로 하자면 이 개념의 포괄범위가 워낙 넓기 때문에 모호성은 따르는 것이지만, 그 특정부분을 자의적으로 이용하는 데서 오는 이데올로기화의 위험을 경계하지 않으면 안 된다.

이를 감안하여 여기서는 '국가경쟁력'이라는 개념을 '산업의 국제경쟁력'으로 제한하여 사용하고자 한다. 이것은 산업의 수준으로 개념을 보다 구체화하고 엄밀화함으로써 오용의 위험을 제어하는 한편, 이 개념의 분석력을 높일 수 있는 이점이 있다. 또한 산업은 기업의 상위 시스템이면서 국민경제의 중추이기 때문에, 적어도 경제적인 측면에서 이는 '국가경쟁력'을 대변하는 것이라고 할 수 있다. 즉 국제경쟁력을 가진 산업이 다수 존재할 때 국가경쟁력도 존재하는 것이다. 여기서 산업의 '국제경쟁력'은 흔히 일면적으로 인식되는 해외시장에서의 수출경쟁력만이 아니라 국내시장에서의 수입대항력도 포함한다.

국제경쟁력을 산업의 수준으로 구체화하여 인식한다고 하더라도 그것을 규정하는 요인은 보다 종합적인 관점에서 파악되어야 할 것이다. 산업의 국제경쟁력은 단일변수에 의존하거나 경제적 요인에 의해서만 규정되는 것이 아니라 매우 복합적이다. 이를 체계적으로 파악하는 데는 앞서 포터의 기업 수준에서의 논의를 원용하고 보완하는 것이 도움이 된다. 그는 특정 기업의 경쟁적 우위를 가져오는 요인으로 ① 요소조건, ② 전략과 조직 및 경쟁양상, ③ 관련 및 지원 산업, ④ 수요조건, 그리고 외생변수로서 ⑤ 정부의 역할과 ⑥ 기회를 들고 있다(Porter, 1990). 그러나 여기에는 근로자와 기업가의 역할이 누락

[그림 Ⅱ-3-1] 국가경쟁력의 결정요인

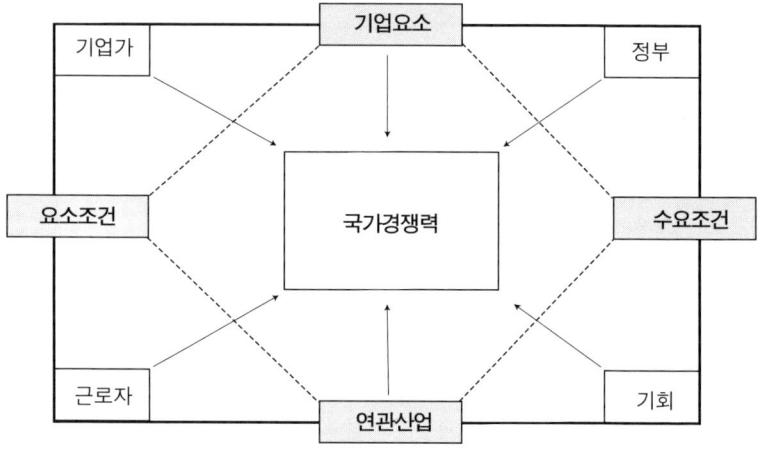

되거나 소홀히 취급되고 있으므로 ⑦ 노조의 역할과 ⑧ 기업가의 역할을 명시적으로 추가할 필요가 있다.

산업수준에서 이를 정리하여 나타낸 것이 [그림 Ⅱ-3-1]이다.

여기서 요소조건은 해당 산업에서의 생산요소의 상대적인 양을 말하는 것으로 자본, 노동, 토지 등 전통적인 부존요소뿐만이 아니라 기술, 사회간접자본, 인적자원 등 창출요소도 포함된다. 특히 최근에 들어서는 기술개발, 사회간접자본의 확충, 인적자본에의 투자 등이 강조되고 있다. 수요조건에는 시장의 규모와 같은 양적 조건뿐만이 아니라 수요의 질적 요인까지 포함한다. 수요조건에의 탄력적 적응과 경우에 따라서는 수요의 적극적 창출이 경쟁력 강화의 요인으로 작용한다. 기업요소는 기업의 경영전략뿐만이 아니라 기업조직, 그리고 산업 내의 경쟁 등을 포함한다. 기업의 체질개선 및 조직의 쇄신과 더불어 경쟁체제의 도입이 요망된다. 연관산업의 존재와 창출은 당해 산업의 국제경쟁력 강화에 크게 도움이 된다. 연관산업은 기술개발 및 마켓팅을 비롯한 여러 측면에서 상호 경쟁력을 촉진한다.

위의 네 가지가 경쟁력의 내생변수라고 한다면, 나머지 네 가지는 외생변수라고 할 수 있다. 이 양자는 상호연관된 것으로, 후자 가운데, 특히 정부, 기업, 근로자의 역할은 사회경제적 틀을 구성하는 제도적인 요소로서 장기적 경쟁력을 좌우한다. 정부는 정책지원을 통해서, 또 이해집단 간의 갈등조정을 통해서 경쟁력을 배양하는 데 직간접적으로 영향을 미친다. 기업가는 경쟁의 실질적인 조직자로서, 그들의 비전이나 도전성 및 혁신성에 의하여 경쟁력이 크게 영향을 받는다. 근로자는 경쟁력의 최일선 담당자로서, 무엇보다도 이들의 근로의욕이 경쟁을 좌우한다고 해도 지나친 말은 아닐 것이다. 이런 면에서 본다면, 근로의욕의 저하를 방지하고 증진을 위한 교섭이 노조의 중요한 기능이라고 할 수 있다. 마지막으로, 기회는 단속적이고 우발적인 경우가 많지만 경우에 따라서는 경쟁력에 심대한 영향을 준다. 이 기회를 포착하고 활용하는 당해 산업의 능력에 따라 국제경쟁력은 크게 달라질 것이다.

이렇게 보더라도 국제경쟁력은 한두 가지 변수에 의존하는 것이 아니다. 여기서는 그 범주화에 머물렀지만 그 요인들을 구체화하게 되면 수적으로 훨씬 많아질 뿐만이 아니라 상호관련이 있는 복합적인 구조를 가지게 된다.

(2) 참여를 통한 경쟁력 강화

국가경쟁력이 산업의 국제경쟁력에 달려 있다고 할 때, 한국 산업의 국제경쟁력 강화를 위해서는 어떤 노사관계가 바람직한 것인가?

경쟁력 강화의 요체는 생산성 증대이며, 이를 위해서는 단기적이고 한계가 있는 노동비용의 절감에 의존할 것이 아니라 고품질의 효율적 생산체제로의 한국 경제 전반의 체질개선을 위한 구조개혁이 이루어지지 않으면 안 된다.

이는 곧 경제민주화를 말하는 것으로, 현 단계에서는 적극적인 개혁적 조치를 필요로 한다. 경제민주화의 서로 연관된 두 수준은 정책결정에의 참여와 경제력의 상대적 평등화이다. 후자는 전자를 실질적으로 가능하게 해준다는 점에서 매우 중요하다. 경제력의 평등화에 기초하여 실질적인 참여경제체제를 구축함으로써 효율적인 고생산체제로의 진입이 가능하다. 이 참여경제의 구축에 있어서 참여적 노사관계의 정립은 핵심적인 중요성을 가진다(바넥, 1987). 경쟁력의 안정적이고도 장기적인 강화는 이러한 참여체제하에서 비롯되는 것이다.

경쟁력 강화의 최일선 담당자는 근로자이다. 근로자의 일에 대한 성의가 없이는 제품의 품질향상은 고사하고 불량률이 높아지기 쉽다. 단기적인 비용조건에 급급하여 노동비용 절감만으로써 경쟁력을 강화하고자 한다면, 이는 저품질의 상품을 저가(低價)를 무기로 경쟁하겠다는 이야기밖에 되지 않는다. 주지하다시피, 한국 경제에서 저가-소품종의 대량수출의 시대는 이미 지나갔고 이제 세계화 시대에서 이러한 접근은 가능하지도 않다. 고품질의 고부가가치 제품을 가지고 국제경쟁에서 이기겠다는 것이 '경쟁력 강화'의 내용이라면, 이것은 결국 '고임금-고생산성 경제'로의 체제전환을 의미하는 것이며 '노동배제 체제'를 가지고는 이루어질 수 없다는 사실을 인식하는 것이 중요하다.

산업경쟁력의 강화가 한국 경제의 경쟁체질 강화를 의미하는 것이라고 할 때, 그것은 무엇보다도 근로자의 자발적인 참여를 필요로 한다. 노동부문을 배제한 산업의 경쟁력 강화는 바람직하지 못한 것은 말할 것도 없고 가능하지도 않은 현실을 직시할 필요가 있다. 고생산성 경제로 가기 위해서는 노동의 인간화가 핵심적인 사안이며, 이는 근로자의 참여를 통한 노동의 능동화를 그 내용으로 한다.

근로자의 참여는 크게 두 차원으로 나누어볼 수 있는데, 그 하나는 정책참여이며 다른 하나는 경영참여이다. 정책참여에도 여러 차원이 있겠으나, 우선 중요한 것은 앞에서 말한 개혁 프로그램의 마련에 근로자가 실질적으로 참여하는 것이다. 이를 통해서 근로자 자신도 스스로의 지위향상을 위한 중장기적 프로그램을 가질 수 있으며 전체적인 관점에 입각하여 국가정책에 협력할 수 있는 것이다. 또한 중요한 것은 근로자의 참여를 통해서 국가정책도 보다 전체적인 관점에서 결정될 수 있고 따라서 실효성을 가질 수 있다는 점이다.

두 번째의 차원인 경영참가에 있어서는, 이제 금융실명제의 실시로 '비자금'과 같은 예민한 걸림돌이 적어도 제도적으로는 제거되었으므로, 경영참가제도의 실시에 보다 적극적으로 나설 수 있는 여건이 마련되었다고 보여진다. 기업의 실상에 대한 정확한 인식은 기업발전에도 도움이 되는 것으로, 근로자의 경영참가는 노동의 인간화를 통한 생산성의 증대를 가져오는 적극적인 제도로 인식되고 활용되어야 할 것이다. 기업정보의 공유에서부터 의사결정에의 참여에 이르기까지 단계적인 접근이 필요하고, 이에 필요한 근로자의 전문지식의 배양을 위한 제도적 지원과 더불어 근로자의 책임의식 고양을 위한 노력이 함께 이루어져야 할 것이다.

이렇게 볼 때 한국 경제의 경쟁력 강화를 위해서는 노동부문의 중요성과 적극성이 새삼 인식될 필요가 있으며, 근로의욕과 창의성을 살리고 활성화하는 방향으로 노동정책이 전개될 때 한국 경제 전반도 활성화될 수 있다는 사실이 유의되어야 한다. 이는 한마디로 노동정책이 수량적 유연화 중심의 경영전략을 지원하는 산업정책에 대한 종속적 지위에서 탈피되어야 함을 의미한다. 이에서 더 나아가 노동의 적극성을 저상하는 일방적 자본논리의 사회적 조정도 요구할 수 있어야 한다.

이제 노동을 경제의 걸림돌로 보는, 논리적으로나 현실적으로나 잘못된 정책사고는 그 극복이 절실히 요청되고 있다. 경쟁력 강화 없이 한국 경제의 전망이 극히 불투명한 이 시점에서 요구되는 것은 기존의 총량성장 체제를 고생산성 체제로 전환하는 것이며, 여기에는 근로자의 자발성과 적극성이 필수적이므로 이를 고취하는 노동정책이 아니고서는 현재 한국 경제의 난관을 극복할 방도가 쉽게 발견되지 않기 때문이다. 이제 노동정책 당국은 한국 경제의 경쟁력 강화에 있어서 노동의 인간화를 제도적으로 보장하는 것이 중요하다는 인식을 정부 부서에 확산시키고 그러한 정책을 적극적으로 펼침으로써, 정책 결정의 종속적 지위에서 과감히 탈피함과 아울러 한국 경제의 시대적 요청에 응답해야 할 것이다. 이러한 노동정책은 결코 근로자만을 위한 정책이 아니라 한국 경제의 경쟁력 강화를 위한, 곧 국민 전체를 위한 정책이기 때문이다.

지금과 같이 경쟁력 강화를 이데올로기적으로 간주하는 접근방식으로는 한국의 안정적인 노사관계는 물론 경쟁력 강화조차 달성할 수가 없다. 변화하는 사회경제 환경 속에서 경쟁력 강화의 노력이 발상의 전환 없이 노동배제적 성격을 강화하는 방향으로 이루어진다면 노사관계는 더욱 불안정해질 수밖에 없다. 경쟁력 제고의 핵심은 그 최일선 담당자인 근로자의 능동적인 참여에 있다는 사실은 아무리 강조해도 지나치지 않는다.

경쟁력 강화의 성공을 위해서도 참여적 노사관계의 구축은 매우 중요하다. 왜냐하면 근로자에 의한 작업조직의 자발적인 구성과 가동은 생산성 증대 및 품질 향상에 직결되기 때문이다. 경영권에 대한 사용자의 전권의식이 강한 미국에서조차 적어도 경쟁력 있는 기업은 근로자의 참여를 제도화하고 있으며(Lawler III, 1989 ; 배무기, 1996, 제4장), 글로벌리즘을 주도하고 있는 미국 정부도 참여적 노사관계를 새로운 노사관계의 방향으로 설정하고 있음을 주목할 필요가 있다.[10]

지금까지 선진국에서 경쟁력 강화의 많은 시도가 실패한 데에는 노동부문에 대한 고려와 근로자 참여의 결여 내지는 부족이 주된 원인이었다는 사실도 유의되어야 할 것이다.

4. 노동운동의 대응

우리는 위에서 근로자의 참여를 통해서만이 진정한 경쟁력 강화가 이루어질 수 있기 때문에 세계화가 요구하는 국가경쟁력의 강화를 위해서 근로자의 적극적 참여가 필요하다고 했다. 경쟁력 강화의 방안으로 광범위하게 추진되는 구조조정에 있어서도 마찬가지이다.

주지하다시피 구조조정은 일반적으로 노동부문에 압박요인이 되고 있으며, 특히 한국의 경우는 수량적이고 주변적인 유연화에 치중하여 그 압박이 가중되고 있다. 그러나 이를 자본의 공세로 치부하여 추상적이고 이데올로기적인 차원에서만 대응하는 것은 결코 현실적이지 못하다. 물론 그것이 이데올로기적인 성격을 지닌 것은 사실이나 실제 매우 구체적인 전략을 가지고 있는 만큼 이에 대한 노동운동의 대응도 구체적이어야 한다. 이데올기적인 차원에서의 대응이 노동운동의 구체적인 전략의 부재를 말해주는 것이 아닌지 스스로 점검해볼 필요가 있다. 이데올로기적 대응은 구조조정 자체를 받아들이느냐 거부하느냐 하는 차원으로 대응방향을 한정시킬 우려가 있는 바, 이는 바람직하지도 현실적이지도 못하다.

구조조정의 필요성을 인정한다고 할지라도 노동운동의 과제나 노

---

10) 대통령 자문기구인 '미래 노사관계 위원회'의 권고에서 이러한 방향이 제시되고 있다. 보다 자세한 것은 Dunlop Committee(1994) 참조. 그러나 이마저 경쟁력 강화를 위한 수단이 강하여 민주적 참여로는 불충분하다는 비판도 있다. 이와 관련하여 Kochan(1995)도 참조.

조의 역할이 사라지는 것은 결코 아니다. 오히려 구조조정의 방식과 정도와 속도, 그리고 사후관리에 대해서 구체적인 안을 제시하고 협의해나가는 것이 진일보한, 보다 현실적인 노동운동의 대응이라고 할 수 있다. 수량적 유연화, 즉 고용감축에 치우친 구조조정의 방식을 교정하고, 고용조정의 폭과 속도를 조절함과 더불어, 고용승계를 기본으로 하면서도 전직(outplacement) 프로그램의 도입과 이행을 통해서 조정된 인원의 사후관리를 확보하는 등이 그것이다. 이렇듯 대안을 가지고 참여하고 협력으로써 대내외적으로 책임 있는 노동운동의 모습이 각인될 것이며, 그러할 때 한국의 노동운동은 활로를 개척함으로써 그 지속가능성을 확보할 수 있을 것이다.

현시점에서 세계화-구조조정-경쟁력 강화에 대한 노동운동의 대응방향은 참여적 대응이어야 한다고 생각한다. 직접 참여하여 협력하는 가운데 '경영참여'의 발판을 마련하는 대응전략이 구사될 필요가 있는 바(Katz & Sabel, 1985), 이는 낡은 이데올로기의 틀에 갇혀 목소리 높여 비난하는 '투항'이나 '비굴한 타협'이 결코 아니다. 오히려 대립과 갈등을 넘어 참여와 협력의 노사관계를 제도적으로 정립하고, 또 실제적으로 계속 발전시켜나가는 계기로 삼는 적극적이고 용기 있는 노동운동의 전략이라고 할 수 있다. 이에 대한 전면적인 거부는 현 상황에서 명분을 획득하기가 어려울 뿐만이 아니라, 이미 선진국의 사례에서 나타났듯이 노동운동의 사회적 고립을 자초하기가 쉽다. 사회경제 변화를 수용하면서 이를 근로생활의 질 향상으로 연결시키기 위한 참여적 대응이 현실적이고도 바람직하다. 근로생활의 질 향상을 위해서는 노사관계의 3주체인 정부, 기업, 노조 각각의 노력은 물론 공동의 노력이 필요하지만, 그 "가장 좋은 보험은 응집력이 있는 노동운동이다"(Turner, 1991, p. 236).[11] '전면 거부'나 '결사반대'의 운동방식이 실제로 얼마나 노동운동의 응집력을 가져오고 지속시킬 수 있을지에 대한 노조 간부들의 냉철한 판단이 요구된다.

그렇다고 하더라도 현재 한국에서 이 참여적 노사관계의 실현을 위한 노동운동의 과제는 결코 만만치가 않다. 무엇보다도 변화하는 세계 경제구조하에서 경쟁력 강화의 압력이 노동부문을 압박하고 있으며, 일단은 노동 측이 수세에 몰리고 있기 때문이다. 이로 인하여 오늘날의 변화하는 사회환경 속에서 한국의 노동운동은 자칫 침체의 늪에 빠질 우려가 있다.

그러므로 한국 노동운동의 방향을 논의하기에 앞서, 근로자와 노조가 이러한 분위기에 따른 막연한 심리적 위축감에서 벗어나는 것이 급선무임라고 생각된다. 현재의 변화하는 사회경제 환경이 노동부문을 압박하고 있는 것은 사실이지만 노동운동에 반드시 불리한 환경만을 조성하고 있는 것은 아니다. 특히 한국의 경우는 낮은 실업률, 경기의 호조(문제는 있지만), 그리고 노동운동의 진전에 있어서 선진국에 비하여 상대적으로 유리한 조건에 처해 있다. 선진국 노동운동의 상대적 침체는 일정한 성취 이후에 온 것임을 명심할 필요가 있다. 이와 관련하여 지적해두고자 하는 것은, 막연한 불안에 따른 심리적 위축을 수습하기는커녕 이를 확산하고 있는 일부 노조 간부의 패배주의가 극복되지 않으면 안 된다는 것이다. 이는 '전면 거부'의 모험주의와 마찬가지로 바람직하지도 현실적이지도 못하다. 한국은 이들 국가와는 여러 면에서 사정이 다르며, 특히 '한국적' 경쟁력 강화전략은 노동운동의 적극적 대응을 촉발하는 측면이 있음을 직시해야 할 것이다.

---

11) 터너(L. Turner)는 이 책에서 1980년대 독일과 스웨덴이 상대적으로 응집적인 노동운동으로 대응한 데 비해 미국, 영국, 이탈리아의 경우는 분리된 노동운동으로 제대로 대응하지 못함으로써 그 결과가 대조적으로 나타났음을 보이고 경영자의 태도의 차이도 이에 작용했다고 분석한다.

이와 관련하여 현시점에서 취해야 할 한국 노동운동의 전반적인 방향에 대해 제언하는 것으로 논의를 마무리하기로 하자.

먼저, 운동의 노선. 한국 노동운동의 이념노선에 있어서 객관적으로 요구되는 것은 사회개혁적 노선이라고 생각된다. 교과서적으로 분류하자면 사회적 조합주의(social unionism)가 이 시점에서 한국 노동운동이 택해야 할 노선이라는 것이다. 한국의 사회경제적 조건에 비추어볼 때 실리적 조합주의(business unionism)에 매몰될 단계가 아니며, 혁명적 조합주의(revolutionary unionism)는 더욱이 비현실적이다. 근로생활의 질 향상을 위한 제도나 정책이 미흡한 것은 말할 것도 없고 기본적으로 민주화에 역행하는 제도나 관행이 척결되지 않고 있는 현실은, 근로생활의 질 향상을 위해서도 사회개혁이 선행되어야 함을 일러주고 있다. 이는 조합 내부적으로만 공감대를 형성하고 있는 것이 아니라 외부에서도 기대하고 사회적으로 요구되고 있는 것임을 다시 한 번 확인할 필요가 있다. 사회개혁을 통해서 노동생활의 질 향상이 가능하다면, 노동운동이 사회개혁에 동참하는 것은 당연한 이치이다.

둘째, 운동의 목표. 한국 노동운동의 목표를 참여적 노사관계의 제도적 구축으로 수렴하는 것이 필요하다고 생각된다. 선진국의 참여적 노사관계는 제도적으로 완전한 것은 아니지만 그나마 시혜적으로 주어진 것이 아니다. 한국의 경우는 더욱더 이를 기대하기 어렵기 때문에 노동운동이 이를 추동해나가지 않으면 안 된다. 한국의 노동운동이 참여적 노사관계의 구축으로 그 목표를 수렴할 때 매우 높은 사회적 지지를 획득할 수 있는 여건이 조성되어 있는 것으로 보인다. 이는 사회개혁적 운동노선과도 일치하는 것으로, 한편으로는 사회질서에 대한 위협이 결코 아니요 다른 한편으로는 근로자의 집단이기주의의 발로가 아니고, 사회 전반의 발전을 지향하는 것이기 때문에 대내외적으로 폭넓은 지지를 받을 수 있다. 이는 앞에서 논의된 바와 같이 진정한 국제경쟁력 강화의 성공을 위해서도 필요한 것이기 때문에 설득력을 가진다.

셋째, 노조활동의 역점. 정책활동의 강화 및 조직화에 노조활동의 역점이 두어져야 할 것이다. 급격하게 변화하는 사회경제 환경에 발빠르게 대응하지 못하는 한 노동운동은 수세에서 벗어나기가 힘들다. 특히 최근의 변화와 관련하여 경쟁력 강화의 공세에 다소 위축된 운동의 현주소가 이를 웅변으로 말해준다. 정책활동의 강화를 위해서는 전문성의 제고를 위한 자체적 조직과 인력의 양성이 시급히 요구된다. 전문가를 양성하여 확보하고 적절한 정책대안을 생산하고 실현하는 것은 운동을 활성화시키고 수준을 높이는 데 있어서도 중요하지만 운동의 목표를 달성하는 데에 직간접적으로 기능하게 된다. 이와 관련하여 첨언하고 싶은 것은, 노조의 정책활동의 강화와 조직화를 위해서는 이것이 스스로를 위한 투자라는 조합원과 노조 간부의 적극적인 사고가 선행되어야 한다는 사실이다.

넷째, 교섭의 원칙. 단체교섭에 있어서는 철저한 합리성을 견지해야만 한다. 기존의 불합리한 제도나 관행의 개선을 위해서는 집요하되 점진성의 여유를 아울러 가지고, 이익관련 교섭에 있어서는 '주고받는(give and take)' 자세가 요구된다. 엄밀하게 본다면 근로자가 줄 것은 생산성 향상밖에 없지만, 이것은 기업으로서나 국가적으로 대단한 것이다. 이에 비하여 한국의 근로자와 노조가 받을 것, 내지는 받아야 할 것은 아직 많이 남아 있다. 앞에서 말한 대로 경쟁력 강화 자체에 대한 적극적인 개입은 물론, 참여적 노사관계의 제도적 확립과 연계시키는 전략이 구사되어야 할 것이다.

다섯째, 기본동력의 중시. 아무리 사회경제 환경이 변하더라도 노동운동의 고전적 동력은 단결력이다. 교섭에 있어서의 합리성은 물론 참여적 노사관계의 구축은 조합원의 단결력 위에서만 가능하고, 이에 대한 사회적 지지의 획득도 조직역량에 크게 좌우된다. 노조 단결력의 기초는 조합 내 민주주의이다. 현장과 밀착된 조합활동, 조직적인 교육 및 홍보를 통해서 조합원의 자발적 동력이 결집될 때만이 조직역량은 강화될 수 있다. 특히 '신세대' 근로자들을 노조활동에 합류시키는 현실적인 방안을 강구하는 것은 노동운동의 장래와 직결된 과제임을 명심할 필요가 있다. 이와 관련하여 현장과 유리된 '노동귀족'과 그들에 의한 '노동권력'의 자의적인 행사가 조직적으로 쇄신 내지는 통제되어야 함을 강조해두고자 한다. 이러한 기초 위에서만 조직통합도 시발될 수 있을 것이며, 궁극적으로 조직통합을 통해서 조직역량이 강화될 수 있을 것이다.

마지막으로, 국제적인 연대운동. 형식적이고 의전적인 국제연대에서 실질적이고 구체적인 국제연대로 이행함과 동시에 광범한 연대의 네트워크를 형성하고 활동을 강화할 필요성이 어느 때보다도 절실하다. 특히 세계화를 주도하고 있는 다국적기업에 대해서는 국제적인 공동대응이 매우 중요하다. 평시 정보의 공유에 기초하여 필요한 때의 공동행동을 미리 준비해두어야 할 것이다. 이를 위해 한국의 노동운동은 국제 전문성의 취약성을 하루빨리 보완해두지 않으면 안 될 것이다. 이와 더불어 선진국 내지는 국제 노동조직으로부터 일방적 지원이나 시혜를 기대하는 기존의 자세에서 탈피하는 것도 절실한 과제 중의 하나이다.

제4장
지식기반 경제의 노동정책과 노동운동[*]

세계적인 추세와 더불어 한국도 지식기반 경제(knowledge-based economy)로의 이행이 가속화되고 있다. 지식기반 경제로의 이행은 단순히 경제적인 영역에서의 변화만이 아니라 사회관계 전반의 변화를 수반하고 또 요구하고 있다. 세계화와 맞물려 상승작용을 일으키고 있는 지식기반 경제화는 경쟁을 넘어 생존의 논리로 작용하고 있기 때문에, 이에 적응하고 또 이를 활용하기 위한 노력은 선택사항이 아니라 필수사항이 되고 있다(김대환, 2001, pp. 2-4).

지식기반 경제가 요구하는 변화에서 노동부문도 예외가 될 수 없다. 지식기반 경제의 필요에 상응하여 노동정책의 중점도 달라져야 하며, 지식기반 경제에 조응하는 노사관계를 지향하기 위해서 노동운동의 목표나 양태 또한 변화되지 않으면 안 된다. 무엇보다도 지식이 중시되는 지식기반 경제하에서는 이를 뒷받침하기 위해서 인적자원의 개발이 중요하며, 이에 노동정책의 초점이 맞추어질 필요가 있다. 또한 대립적인 노사관계로서는 지식기반 경제를 지탱할 수 없고 근로자의 창의성과 능동성에 기초한 참여와 협력의 노사관계로의 발전적

---

[*] '지식기반 경제하 노동정책과 노동운동'(『노동의 미래와 신질서』, 한국노동연구원, 2003)을 약간 손질한 것임.

이행이 요청되는데, 이에 걸맞는 노동운동의 발전적 변화가 이루어지지 않으면 안 될 것이다.

　이러한 변화의 요청은 일차적으로 지식기반 경제의 핵심인 지식(정보 포함)의 속성에서 기인되므로, 먼저 이를 통해 지식기반 경제가 노동부문에 미치는 영향을 살펴볼 것이다. 그리고 이에 따라 정책의 중점이 인적자원의 개발로 이동될 수밖에 없는데 특히 노동정책과 관련해서는 지식격차를 해소하는 데에 초점을 맞추어 인적자원 개발이 이루어져야 한다는 점이 강조되어야 할 것이다. 이러한 노동정책의 중점변화는 지식기반 경제에 조응하는 노사관계와 상호보완적으로 이루어져야 할 것인 바, 이는 곧 참여와 협력의 노사관계이다. 이에 따라 노동운동도 참여적 노사관계를 지향하면서 이에 상응하는 운동으로 그 기조와 양태를 변화시켜나가야 할 것이다.

1. 지식기반 경제의 노동부문에 대한 영향

　지식기반 경제하의 노동정책과 노동운동을 논의하기 위해서는 지식기반 경제가 노동부문에 미치는 영향을 살펴보는 것이 순서일 것이다. 이를 위해서 여기서는 그 중요성이 더욱 강조되는 지식의 속성과 그 상품화의 전일화(專一化)를 통해서 지식기반 경제의 의의와 특징을 본 다음, 이로부터 기인되는 노동부문에 대한 지식기반 경제의 영향을 논의하기로 한다.

(1) 지식기반 경제의 의의와 특징

　지식은 인간의 자연에 대한 통제의 확대를 통해서 자신의 운명을 통제할 수 있는 능력을 신장시켜준다. 지식의 중요성은 비단 경제적인 영역에만 국한되는 것이 아니지만, 현대 사회에서 가장 가시적으로 그 중요성이 발현되는 영역은 역시 경제적인 영역이다. 경제에 있어서 지식의 중요성은 이미 오래 전에 영국의 경제학자 마샬(A. Marshall)에 의하여 갈파된 바 있다.

> 자연이 수확체감의 경향을 보이는 반면에……인간은 수확체증의 경향을 보인다. ……지식은 인간의 가장 강력한 생산 엔진이며 인간으로 하여금 자연을 자신에게 복속시킴과 동시에……자신의 욕구를 충족시킬 수 있게 해준다.

지식의 개념과 종류는 매우 다양하지만, 지식기반 경제와 관련하여 특히 중시되는 지식은 크게 두 종류이다. 그 하나는 '기술에 대한 지식(knowledge about technology)'이며 다른 하나는 '속성에 대한 지식(knowledge about attributes)'이다. 전자는 우리가 흔히 기술 또는 노하우(know-how)라고 하는 것으로 영양, 산아 제한, 소프트웨어 공학, 회계기술 등과 같은 것이 그 예이다. 후자는 상품의 질, 근로자의 근면성, 기업의 신용도 등과 같은 것으로 말하자면 정보(information)라고 할 수 있다. 요컨대, 기술과 정보 —— 이 두 가지가 경제의 지식기반이 되는 것이다.

지식기반 경제는 ① 생산활동에 이와 같은 지식 투입의 증대로 생산력(부가가치) 발전이 이루어지고, 따라서 지식의 생산에 역점이 두어짐과 동시에 ② 상품으로서 지식의 중요성이 증대됨으로써 지식의 상품화가 전일화되어가는 경제로 정의할 수 있다. 말하자면, 생산력 발전에서 지식의 중요성이 증대하는 가운데 지식의 상품화를 통해서 그것을 실현하고자 하는 것이 지식기반 경제에 대한 접근이라고 할 수 있다. 지식기반 경제가 효율적인 시장 메커니즘과 관련하여 매우 중요한 것으로 간주되고 있는 이유도 바로 지식의 상품화에 있다(World Bank, 1999, pp. 1-2).

이렇듯 지식기반 경제의 의의는 경제의 생산성을 제고하고 투명성과 효율성을 높이는 데에 있다. 최근 들어 지식기반 경제가 부쩍 강조되고 있는 것도 이에 근거한다. 결국 그것은 생산성 증대를 통한 경쟁력 제고의 논리와 직결되어 있기 때문이다. 이는 특히 경제적 영역에서의 세계화의 급속한 진전으로 인해 무한경쟁으로 치닫고 있는 현 상황에서, 경쟁논리에서 더 나아가 생존논리로까지 '받들어지고' 있는 실정이다. 물론 여기에는 과학기술 혁명에 따른 상황의 변화와 경제에서 차지하는 기술과 정보의 중요성에 대한 인식이 자리하고 있지만, 세계은행의 『발전보고서(Development Report 1998/99)』에서도 지적하고 있듯이 지식기반 경제에 대한 강조는 세계화에 따른 자본 및 정보의 신속한 이동, 그리고 이에 따른 치열한 경쟁과도 맞물려 있다.

지식기반 경제의 또다른 의의는, 그것이 결국은 사회복지의 증진을 가져오는 데에 있다고 주장된다. 그 논거는 크게 두 갈래이다. 하나는 지식의 증진이 인간을 질병과 기아로부터 해방시키는 등 인류의 복지증진에 강력한 엔진으로 작용해왔다는 지식일반론의 관점에서의 주장이다. 이는 의약품의 발명(invention)-교육(education)-확산(dissemination)의 과정을 통해서 평균수명의 증대가 이루어져온 것을 생각하면 쉽게 이해할 수 있다. 다른 하나는 보다 직접적으로, 지식기반 경제가 생산성을 증대시켜 성장을 가속화함으로써 개개인의 욕구와 취향을 보다 잘 충족시킴으로써 사회후생의 증대에 크게 기여한다는 것이다. 이는 결국 지식기반 경제의 생산력 증대와 결부된 상품의 다양화 효과를 말하는 것이라고 생각된다.

이러한 지식기반 경제로의 이행은 특히 OECD 국가들을 중심으로 급격히 진행되고 있다. 무엇보다도 첨단기술 산업이 제조업에서 차지하는 비중이 증가하면서 교육, 통신 및 정보 등 지식집약적인 부문이 매우 가파른 성장세를 보이고 있다. 이에 따라 향후 고위의 기술제조업과 정보통신, 전문 서비스 등을 비롯한 고급 서비스 산업이 경제의 성장과 발전을 주도할 것으로 전망되고 있다. 이는 가히 자본주의의 패러다임적 전환이라고 할 수 있으며, 이에 따라 경쟁력의 원천 또한 종래의 물적 자본으로부터 무형의 지적 자본으로 변화하고 있다.

이렇듯 지식의 창출-확산-활용이 개인과 기업 및 국가의 부를 창출하는데 핵심이 되는 지식기반 경제로의 이행을 급속하게 하는 것은 지식이란 생산요소의 고유한 특성과 밀접한 관련이 있다. 지식은 전통적인 생산요소와 달리 희소하지 않을 뿐만 아니라 많이 사용하고 전달할수록 새로운 지식의 창출이 더욱 용이해짐으로써 수확체증 및 외부경제의 특성을 가지고 있기 때문이다. 또한 지식은 공공재(public good)와 같이 비각축(non-rivalry)적인 특성을 지니고 있어 다른 재화와는 달리 부분적으로만 배타적인 소유가 가능하다. 즉 지식의 파급 및 확산을 통해서 동일한 지식이 동시에 여러 기업이나 산업에서 사용될 수 있다는 것이다. 이는 지식의 원활한 확산과 활용을 위하여 외부경제와 공공재적 특성을 극대화하는 공식적·비공식적 '네트워크'의 형성이 중요함을 시사해주는 것이기도 하다.

(2) 노동부문에 대한 영향

이러한 지식기반 경제의 도래에 따른 가장 주목할 만한 변화의 하나는 지식의 창출 및 확산을 담당하는 지식노동이 성장하여 지식근로자(knowledge worker)가 형성되고 있다는 점이다.[1] 정보통신기술의 발달은 정보와 지식의 획득비용을 하락시키고 있으며, 또한 지식의 외부성 및 수확체증 특성에 의해서 지식의 창출 및 파급이 더욱 가속

---

1) 이에 대해 구체적인 것은 Cortada(ed), (1998)의 글들을 참조.

화됨으로써 다수의 인력이 지식근로자화할 수 있는 기술적 여건이 발전하고 있다. 이에 따라 다기능(multi-skill) 및 상급기술(upper-skill) 보유자에 대한 수요가 증가하고, 이들의 사회경제적 지위의 상승도 이루어질 것으로 보인다.

그러나 지식기반 경제로의 이행은 새로운 기회의 제공과 함께 유동성과 불확실성의 증대라는 측면을 함께 안고 있다. 지식집약화로 고기술 산업과 고학력 직종에서 인력수요가 상대적으로 더 늘어남에 따라 인력의 '숙련 불일치(skill mismatch)'가 심화될 가능성이 높으며, 이에 능동적으로 대응하지 못할 경우 실업이 증가하고 소득격차가 확대될 것이기 때문이다. 즉 지식격차의 확대는 노동시장의 양극화와 사회적 통합력의 저해라는 또다른 부작용을 초래할 수 있다(OECD, 1992).

이러한 지식격차의 문제는 지식의 상품화에 따른 사회적 관계의 변화와 관련하여 제기되는 문제이다. 지식은 결합적으로 생산되며 본질적으로 희소한 것이 아닌데도 지식기반 경제에서는 인위적으로 희소하게 만듦으로써 상품형태를 취하는 경향이 심화되고, 이에 따라 단순한 가격이라기보다는 지대지급을 통해 지식에의 접근이 이루어지는 데에서 사회경제적 문제가 발생한다(Frow, 1996, p. 89 ; Kundnani, 1998-9, pp. 54-5).[2] 지식의 상품화는 제한적 저작권에서 광범한 지적 재산권으로 사적 권리를 확대함과 동시에 이를 독점화하는 경향을 가지기 때문에(Storper, 1998), 경제력 격차에 따라 지식격차는 더욱 확대되고 이는 다시 경제력 격차를 확대함으로써 사회경제적 불평등을 더욱 심화시키게 되는 것이다.

---

2) 이는 특히 기술지식의 계층별 불평등 분배로부터 오는 지식격차(knowledge gaps)만이 아니라 속성에 대한 불완전한 정보로부터 오는 정보문제(information problems)로부터 비롯된다.

지식은 원래 빛과 같아서 무게도 없고 만질 수도 없지만 신속히 이동할 수 있고 또 누구나 활용할 수 있는 공공재의 성격을 띠지만, 지식기반 경제에서는 지식이 경쟁의 핵심적 수단이 되고 보수의 지렛대로 작용하기 때문에 실제 공공재로 활용되지 못하고 있다. 따라서 지식의 창출이나 획득은 비용을 요하고, 그러한 비용을 지불할 수 있는 경제적 능력의 차이는 곧 지식격차로 이어지게 마련이다. 특히 연구개발투자에 의해서 기술개발이 이루어지는 경우 기술지식은 독점되고 이로 인해 지식격차와 정보문제는 오히려 심화될 수밖에 없는 것이다.

이러한 지식격차는 결국 계층 간의 경제력 격차를 가속화시키는 방향으로 작용하는 데에 문제의 심각성이 있다. 지식과 정보의 획득에 있어서도 그러하지만, 창출에 있어서는 그와는 비교가 되지 않는 격차가 존재하며, 이는 다시 소득이나 부의 격차를 훨씬 더 크게 벌여놓게 된다. 이는 사회적 불평등 심화의 악순환을 이루는 것으로, 경제력 격차가 기술 및 정보 격차를 낳고, 기술 및 정보의 격차가 다시 소득 및 부의 격차를 낳게 되는 것이다.

이와 같은 지식격차의 문제는 무엇보다도 노동부문에 도전요인으로 작용한다. 근로자 계층은 상대적으로 지식·정보에서 뒤떨어져 있는 데에다 지식의 상품화가 전일화되면 될수록 지식에의 접근이 더욱 제한되어 결국 소수를 제외한 대다수 근로자의 사회경제적 지위가 더욱 하락될 것이기 때문이다. 이는 개별 근로자 간의 격차문제만이 아니라 노사관계의 합리화를 통한 경제의 안정적 발전에 장애로 작용할 수가 있다. 따라서 지식기반 경제로의 이행과정에서 인력의 수급 차원에서만이 아니라, 근로자 계층의 지식 및 정보의 증진 등을 통해서 지식격차를 해소하는 차원에서도 인력개발의 정책적 필요성이 제기된다.

또한 지식기반 경제하에서는 지식의 상품화에 따라 지식노동과 육체노동을 분리됨과 동시에 지식노동이 자본제적 임노동 관계로 편입됨으로써, 이른바 실행노동은 물론 구상노동마저도 자본의 통제하에 놓이게 됨으로써 노동의 소외가 더욱 확대되고 심화될 우려가 있다 (Sohn-Rethel, 1978 ; Schiller, 1998, p. 33). 자본의 통제는 지식노동 자체만이 아니라 그 생산물에까지 미치게 되고, 특히 지식노동의 생산물을 자본제적 생산-소비 관계로 편입시킴으로써 노동의 소외는 비단 실행노동만이 아니라 구상노동에까지 확대되게 되는 것이다 (Kelly, 1998, p. 77 ; Menzies, 1998, pp. 92-93). 결국 이는 지식노동의 생산수단(지식노동이 체화된)으로부터의 유리를 의미하고, 특히 지적 기술의 경우 집단적 근로자 지식이 자본에 의해 전유 및 통제됨으로써, 노사 간의 모순과 대립이 더욱 확대되고 촉발되는 기제로 작용할 수도 있다(Robins & Webster, 1987, p. 103).

적어도 최근까지는 지식노동 혹은 구상노동이 노사관계에서 중간자적 혹은 자본 측에 가까운 지위를 가진 것으로 인식되어왔다. 그러나 지식기반 경제의 도래는 이들마저 자본의 통제하에 두고 그 생산물을 생산-소비관계에 편입시킴으로써 실질적으로 근로자의 지위를 부여함과 동시에 생산수단으로부터의 유리와 생산물로부터의 소외를 더욱 부각시키게 된다는 사실을 유의할 필요가 있다. 지식노동은 이전에는 의식하지 못했거나 의식하지 않았던 소외의 문제를 오히려 지식기반 경제하에서 더욱 절실하게 느끼게 하는 현상을 가져올 수 있다.

흔히들 지식기반 경제하에서 지식의 소유자는 곧 독립적인 생산자라는 등식이 성립되는 것으로 생각하지만 실제로 그런 경우는 그렇게 흔치 않다. 비록 그런 경우라고 하더라도 시장경쟁의 과정에서 결국은 지식근로자로 전락하고 있는 현실이다. 자본제적 노동과정은 지식기반 경제하에서도 존속될 뿐만 아니라 지식의 생산과정 자체도 자본제적 노동과정에 편입됨으로써 결국 노동의 소외는 더욱 확대된다.

특히 세계화의 소용돌이 속에서 가속화되고 있는 지식기반 경제로의 이행은 지식노동을 더욱더 시장경쟁으로 내몰게 됨으로써 지식노동의 소외는 더욱 증폭되기가 십상이다. 이것이 그대로 방치될 경우에는 결국 노사갈등의 폭을 넓힘과 동시에 그 골을 더욱 깊게 파는 방향으로 작용할 우려가 있다는 사실이 간과되어서는 안 될 것이다. 근로자를 기계에 종속시켰던 산업자본주의의 노사관계 패러다임에서 탈피하여 근로자 개개인의 개성과 창의를 존중함으로써 생산성을 높임과 동시에 노동소외를 해소하는 참여와 협력의 노사관계로의 전환이 요청된다.

2. 노동정책의 중점 이동: 인적자원 개발

지식기반 경제하에서는 인간에 체화된 지식역량이 국가의 경쟁력, 기업의 생산성, 개인의 노동시장상의 지위를 결정짓는 강력한 요인으로 대두되면서, 불확실성의 증대와 함께 지식이 경쟁우위, 취업능력, 고용안정의 핵심적인 토대가 되고 있다. 이러한 측면에서 창의적인 인적자원의 양성과 개발은 지식기반 경제로의 이행을 위한 지식 흡수능력을 배양하는 것일 뿐만 아니라 자립적인 경제활동 참여기회를 제공하는 적극적 복지의 의의도 함께 지닌다.

우선 인력개발을 통한 지식 흡수능력의 배양은 지식의 효율적인 활용과 확산을 위한 전제조건이라고 할 수 있다. 인력개발은 고숙련-다기능 기술인력에 대한 수요의 증대에 능동적으로 대응함으로써 지식기반 경제를 촉진할 수 있다. 특히 지식기반 경제하의 노동시장에서 발생하는 인력수급의 질적 불균형 문제, 즉 인력의 질적 수준이 수요에 따라가지 못하는 공급측면에서 장애를 극복하는 일차적인 수단이다.[3] 또한 인력개발은 자립적인 경제사회 활동에의 참여기회를 확대한다는 점에서 장기적이고 예방적인 노동시장 정책의 의의를 지닌다. 뿐만이 아니라 평생취업 능력을 제고하여 지식경제의 발전 속에서 나타날 수 있는 지식격차에 따른 소득불평등과 고용불안정을 최소화함으로써 근로자의 삶의 질을 향상하고 분배적 정의를 추구하는 사회투자적인 의의도 가진다.[4]

(1) 패러다임의 변화와 정책의 기본방향

지식기반 경제로의 이행은 직업생활의 전(全) 기간에 걸친 능력 개발을 요구한다. 이러한 평생학습의 관점에서 볼 때 교육과 훈련의 경계는 모호해질 것이며, 직업교육과 직업훈련 간의 상호보완 및 협력적 관계의 구축은 더욱 중요하게 될 것이다. 학교에서 일터로, 일터에서 학교로의 원활한 이행은 지식기반 경제에 부응하는 직업능력 개발을 가능하게 하는 전제조건이기 때문이다. 또한 교육훈련의 방법과 교육훈련 기관의 운영방식도 개방적이고도 탄력적으로 바뀌게 될 것이다.

지식기반 경제의 교육훈련 체제는 정부와 기업, 학생과 근로자(단체), 지방자치단체, 교육기관 및 훈련기관 등의 이해 당사자들 간의 상호보완적인 참여적 파트너십에 기초해야 할 것이다(ILO, 1999). 정부 주도-공급자 중심의 교육훈련 체제를 벗어나 민간 주도-경제

---

[3] 이 점은 OECD(1996)에서 특히 강조되고 있다.
[4] 싱가포르, 캐나다, 영국, 네덜란드, 호주, 미국 등 주요 국가에서 최근에 이루어지고 있는 지식경제 구축을 위한 정책적 노력은 크게 혁신능력 제고, 네트워크의 구축, 지식경제 환경의 조성으로 압축할 수 있는데, 인적자원 개발은 혁신능력 제고에서 우선적 과제일 뿐만 아니라 네트워크 구축이나 환경 조성에서도 그 인프라로서 강조되고 있다.

주체 간의 상호보완적인 협력체계를 구축하여 전 국민의 지식집약화와 지식의 확산 및 활용을 촉진하는 적극적 인력개발 정책의 추구가 필요하다.

인적자원 개발에 대한 투자는 그 외부성의 특성 때문에 시장에 방임할 경우 과소 투자(under-investment)가 이루어지는, 이른바 시장실패가 발생할 위험이 큰 부문이라고 할 수 있다. 따라서 일정하게 정부의 역할이 요구된다. 이때 정부는 과거의 교육훈련 공급자 내지는 규제자의 역할로부터 민간의 교육훈련 참여를 유인하는 제도적인 환경을 조성하는 데로 역점을 이동시켜야 할 것이다. 즉 정부는 시장순응적인 유인을 통해서 지식집약화를 위한 제도적 환경을 조성하는 조정자 및 촉진자로 그 역할을 전환하는 것이 필요하다. 대신 교육훈련 정책의 수립 및 집행, 그리고 평가과정에 민간부문의 참여를 확대해야 한다. 민간부문은 필요로 하는 지식근로자나 학생에 대한 정보의 획득 면에서 정부나 개인보다 우위에 있으므로, 비용낭비적인 부실훈련이나 교육을 방지할 수 있다. 또한 지속적인 변화에 신속하게 대응하여 적합한 기술을 제공할 수 있다는 점에서 민간부문은 교육훈련의 질, 공급능력, 생산성, 적합성, 신속성 등에서 우위를 가진다. 이때 기업은 교육훈련의 적합성과 현장성에 기여할 수 있도록 하고, 근로자(단체)는 교육훈련의 사회적 통용력 제고 및 기업 외부의 근로자와 학생에 대한 교육훈련 기회의 제공을 대변하는 역할을 수행하는 것이 필요하다.

한편 지식기반 사회가 될수록 교육과 훈련은 사회적 열위자의 사회적응과 자활을 촉진하는 사회정책으로서의 중요성이 크게 증대된다. 보유하고 있는 지식의 격차는 사회 및 노동시장 불평등의 주요한 원천으로 작용하고 있기 때문이다. 평생학습 기회의 결여는 실업과 저임금으로 귀결될 뿐만 아니라 평생학습 기회의 지속적인 불균등으로 인한 불평등의 확대를 초래한다. 이에 따라 교육훈련은 장기적이고 예방적인 성격의 적극적 노동시장 정책일 뿐만 아니라 형평성의 측면에서도 공정한 소득재분배의 강력하고도 저렴한 수단이므로 정부의 역할은 중대된다고 할 수 있다(Snower & Booth, 1996). 적어도 지식 습득 기회의 차단으로 인한 사회적인 불평등은 발생하지 않도록 취약계층에 대한 학습기회를 최대한 보장해야 할 것이다.

이러한 열린 교육훈련 체제를 통한 평생학습 사회를 구축하기 위해 요구되는 정책의 기본방향을 제시해보면 다음과 같다.

첫째, 지식의 흡수능력을 배양하는 제도적 환경을 구축하여 인적자원의 지식집약화를 촉진해야 한다. 지식 흡수능력의 배양은 지식의 활용과 확산을 촉진함으로써 경제의 지식집약화와 지식근로자의 형성에 기여할 것이다.

둘째, 지식격차의 해소를 위한 교육과 훈련의 역할을 강화하여 노동시장의 안정과 사회통합의 증대에 기여해야 한다. 인력개발을 통해서 지식격차에 따른 지속적인 실업과 소득격차를 최소화하는 것은 적극적 복지의 의의를 가진다.

셋째, 개인 및 근로자가 보유하거나 획득한 지식에 대한 사회적 인정과 보상체계를 확립함으로써 지식의 습득을 촉진할 수 있도록 해야 한다. 근로자가 보유하거나 인력개발을 통해 획득하는 지식에 대한 정보의 부족은 인적자원에 대한 과소투자나 훈련시장의 비효율을 가져오는 주요한 원인 중의 하나이다. 지식에 대한 신호기제의 강화와 합리적인 평가를 통한 정보 흐름의 개선은 시장기능의 활성화를 통해 지식의 습득을 촉진하게 될 것이다.

넷째, 중앙정부, 지방자치단체, 기업, 개인 및 근로자, 교육훈련 기관 사이의 참여적이고 협력적인 네트워크를 구축하여 효율적인 인력개발체계를 구축해야 한다. 무형적인 지식의 수요와 공급을 담당하는

[그림 II-4-1] 지식기반 경제로의 이행을 위한 인적자원 개발정책

```
                        ┌─────────────────┐
                        │   지식기반 경제   │
                        └─────────────────┘
                                 ⇑
              ┌──────────────────────────────────────┐
              │      평생교육훈련 체제 확립            │
              │ 산업수요에 부응하는 효율적 인적자원 개발체제 확립 │
              └──────────────────────────────────────┘
                                 ⇑
  ┌──────────────┐    ┌──────────────────┐    ┌──────────────────┐
  │ 교육제도의 개혁 │────│ 열린 직업훈련 체제 구축 │────│ 평생학습 사회 기반 구축 │
  └──────────────┘    └──────────────────┘    └──────────────────┘
                                 ⇑
```

지식의 흡수능력 배양	지식격차 해소	지식의 인정 및 보상체계 구축	참여적 네트워크 구축
• 창의적인 교육훈련 환경의 조성 • 지식기반 경제에 부응하는 교육훈련 인프라의 구축 • 민간참여의 확대와 경쟁원리 도입 • 공공훈련의 효율화 • 기업의 능력개발사업 참여 확대 • 개인주도의 인적자원 개발 촉진 • 수요자의 선택권 확대 • 성과연계적 지원체계	• 직업교육의 특성화와 다양화 • 실업, 인문 교육과정의 통합운영 • 계속교육 기회의 확대와 교육시기, 방법의 탄력적 운용 • 실업자 직업훈련의 내실화 • 중소기업의 인적자원개발 지원 • 취업애로 계층의 인적자원개발 지원	• 학점은행제의 활성화 • 교육구좌제/직업능력 인증제의 도입 • 전문직 석박사제도 도입 • 자격의 사회적 통용성 확대 및 민간자격제도 활성화 • 기업의 인력관리제도 개선	• 인적자원 개발체계의 분권화와 수평적, 수직적 연계강화 • 노사참여적 능력개발체제 구축

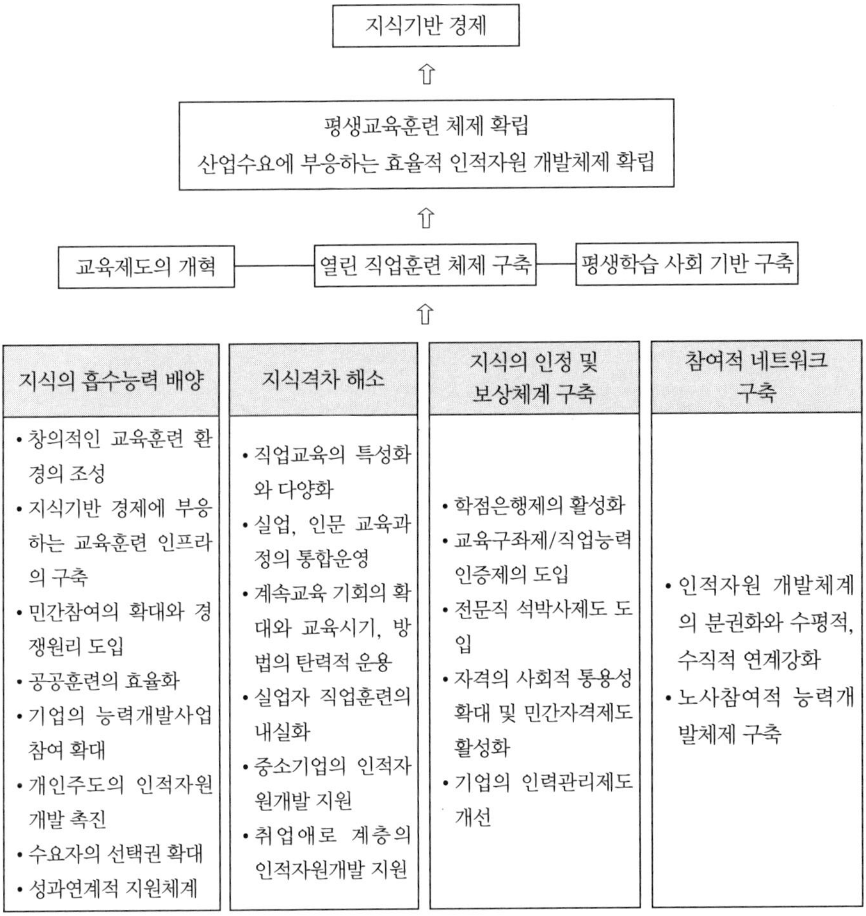

각 이해 당사자들 간의 참여와 협력은 지식의 습득 및 흡수를 통한 지식기반 경제로의 이행에 있어 관건이 되는 요소이다.

[그림 II-4-1]은 이상 각각에 대한 보다 구체적인 정책방안을 포함하여, 지식기반 경제로의 이행을 위한 인적자원 개발정책을 일목요연하게 체계화한 것이다.

(2) 지식격차의 해소를 위한 정책방안

지식격차의 문제는 시장으로만 해결될 수 있는 성격의 것이 아니다. 시장에서는 금전적 보수를 전제로 지식이 '거래'되는 것이기 때문에 오히려 그 유통을 제한하기가 쉽고 설사 그렇지 않다고 하더라도 구매력이 부족한 저소득층을 배제하는 효과가 있기 때문이다. 주지하다시피, 저소득층일수록 우선적으로 생필품에 지출을 하기 때문에 이른바 지식재(knowledge goods)를 구입할 여유가 없다. 이들은 담보가 없기 때문에 은행 대출에 접근하기도 어렵고, 따라서 고리채에 의존하는 등 오히려 보다 높은 이자를 지불하지 않으면 안 된다. 이들은 노동시장의 분절로 자기가 사는 가까운 곳에서 일자리를 구할 기회가 제한되어 오히려 더 많은 비용을 지불해야 하는 데다가 임금은 상대적으로 낮다. 이러한 경제적인 이유로 경제적 지위의 열위와 함께 사회적 소외에 시달리게 된다.

이는 사회적인 차원에서 해결되어야 할 사회정책의 과제인 바, 특히 지식격차가 노동부문에 미치는 영향을 감안하여 그 해소 내지는 완화를 위해 정책적 노력이 기울어져야 할 것이다. 그 주요한 정책방안은 다음과 같다.[5]

1) **직업교육의 특성화와 다양화** : 지식기반 경제하에서는 지식정보의 특성상 다양한 교육과정이 요구될 뿐만 아니라 원하는 사람에게 필요한 교육기회를 고루 전달하기 위해서도 직업교육을 대상별로 특성화하고 다양화할 필요가 있다. 우선 중등교육 과정에서 실업계 고교의 특성화 및 다양화는 물론 새로운 다양한 형태의 직업학교나 직업대학을 설립할 필요가 있다. 또한 이러한 교육기관에서 비취업 인문계 졸업자에게 자격 취득기회를 확대하고 기술을 습득할 수 있도록

---

[5] 이하의 내용은 강순희(1999)에 크게 의존한 것임을 밝혀둔다.

교육을 확대하는 정책수립도 필요하다.

2) **계속교육의 기회 확대와 교육시기 및 방법의 탄력적 운용** : 열린 학습사회에서는 누구든지 언제 어디서나 학습을 계속할 수 있는 기회를 가질 수 있어야 한다. 이를 위하여 수시입학제는 물론 야간제, 시간제, 계절제 등 교육시기를 다양화하고 교육방법, 수업연한 등도 탄력적으로 운영할 필요가 있다. 또한 시간적, 금전적 제약을 고려하여 학점당 등록금을 납부하거나 재학 가능기간을 연장할 수 있도록 하는 방안도 강구할 필요가 있다. 이러한 교육기회의 확충을 통해서 최소한 자질 있는 사람이 시간적, 금전적 제약 때문에 교육기회를 놓치지 않도록 해야 한다.

3) **실업자 직업훈련의 내실화** : 실업자에 대한 직업훈련은 실업자에 대한 사회보호(social protection)와 함께 인력개발을 통해서 취업능력(employability)을 제고하는 적극적 노동시장 정책의 기능을 수행해야 한다. 특히 지식기반 산업분야별 인력양성과 연계하여 직업훈련의 질적 수준을 제고해야 한다. 실업자 직업훈련을 내실화하기 위해서는 우선 훈련생 특성별로 특화된 훈련(target-specific training)으로 전환할 필요가 있다. 먼저 직업안정기관의 상담기능을 대폭 강화하여, 실업자에 대한 상담을 통해 훈련 필요 여부를 결정하고 훈련 대상자에 대해 개인별 능력개발 계획을 작성함으로써 훈련을 필요로 하는 실업자에게 제대로 훈련을 전달할 수 있을 것이다. 그리고 마찰적 실업자에 대한 단기간의 훈련을 지양하고 인력개발을 통한 재취업을 가장 필요로 하는 중점 실업자 집단에 대한 직업훈련을 강화할 필요가 있다. 구조적 실업의 위험이 큰 장기실업자, 고용조정으로 인한 실직자, 청소년, 여성 등의 중점 실업자 집단에 대한 직업훈련을 강화하기 위해 이들을 우선훈련 대상자로 선정하여 훈련의 일정비율을 할당하는 쿼터제를 도입하거나, 훈련생 가운데 중점 실업자 집단이 차지

하는 비율을 훈련과정의 평가지표에 포함하는 방안을 도입할 필요가 있다. 또한 일부 실업자 훈련을 대상으로 실시하고 있는 맞춤훈련을 실업자 직업훈련 전체로 확대 실시하는 방향으로 추진할 필요가 있다. 맞춤훈련은 기업의 인력수요를 반영하여 취업률을 제고하고, 훈련생에게는 취업보장으로 훈련에의 참여의식을 높이며, 기업은 즉시 활용가능한 인력을 적기에 채용함으로써 시간과 비용을 절감할 수 있을 뿐만 아니라, 훈련기관은 기업의 요구에 맞는 훈련을 실시함으로써 훈련의 질을 향상시키고자 하는 수요자 중심의 훈련이라고 할 수 있다.

4) **중소기업의 인력개발 지원** : 지식기반 경제에 적응할 수 있는 능력을 지속적으로 개발하는 것은 모든 개인에게 요구되는 것이지만, 인력개발의 시장실패 가능성이 큰 중소기업 근로자에 대한 자율적인 직업능력개발의 활성화는 특히 중요하다. 우선 중소기업 직업훈련 실시에서 애로요인으로 지적되는 훈련시설 설치 및 장비구입 비용의 부담을 최소화하기 위하여 중소기업 공동훈련제도를 활성화할 필요가 있다. 중소기업협동조합중앙회 등의 사용자 단체, 각 지역 공단 또는 지방자치단체가 중심이 되어 공동훈련원을 설립하거나 공공훈련기관인 기능대학이 이를 설치하여 운영할 수 있을 것이다. 어느 경우에든 중소기업 공동훈련원의 설치, 운영비용 및 훈련비의 일정 부분을 일반회계와 고용보험에서 최대한 지원할 수 있도록 해야 한다. 또한 대기업의 협력업체 등 중소기업의 직업훈련에 대한 지원체제를 강화하도록 한다. 이미 일부 대기업에서 행하고 있는 것과 같이 중소기업 인력개발 지원의 일환으로 실시하고 있는 대기업의 훈련시설을 하청 및 협력업체를 위한 훈련기관으로 지정하여 활용하는 조치를 확대해야 할 것이다. 이외에도 개별 중소기업 또는 복수의 중소기업이 자체적으로 훈련을 주도하되 대기업에서 훈련시설과 장비, 강사 등을 지원

하는 대기업의 중소기업 훈련지원 시스템도 구축할 필요가 있다. 이러한 대기업의 중소기업 직업훈련 실시나 각종 지원, 훈련 프로그램 공동개발 등의 경우에도 일반회계나 고용보험기금에서 지원하도록 해야 할 것이다.

5) **취업애로 계층의 인력개발 지원** : 노동시장 진입에 어려움이 있는 여성, 장애인, 비진학 청소년, 실업위험이 큰 중고령자 등의 취업 애로 계층이 근로를 통한 적극적 복지를 수혜할 수 있기 위해서는 이들에 대한 인력개발을 적극 지원해야 한다. 이를 위해서는 무엇보다 대상자별로 적합한 훈련이 실시되도록 해야 한다. 노동시장 참여를 촉진하고 경력을 지속할 수 있도록 특성화된 훈련과정의 개발이 필요하다. 또한 훈련의 활성화와 함께 구직정보 입수 및 동기부여 등과 같이 구직활동을 촉진할 수 있는 다양한 프로그램의 활용이 필요하다.

3. 노동운동의 기조전환 : 참여와 협력

이러한 노동정책의 중점이동과 아울러 지식기반 경제는 그에 조응하는 새로운 노사관계를 요청하고 있으며 이에 상응하여 노동운동도 기조전환에 해당하는 변화를 요청받고 있다. 지식기반 경제에 조응하는 노사관계는 참여와 협력의 노사관계이며, 이에 따라 노동운동의 기조도 참여협력의 제도화로 방향을 잡아야 할 것이다.

여기서는 우선 지식기반 경제에 수반되는 환경적·조직적 변화에 조응하여 기존의 노사관계가 참여와 협력의 노사관계로 전환될 필요가 있음을 논의한 다음, 이를 위한 참여의 현실적인 제도적 방안을 제시하고자 한다. 이에 따라 노동운동의 목표나 양태가 발전적으로 변화되어야 함은 물론이므로 이에 대한 원칙적인 방향에 대해서도 논의하기로 하자.

(1) 참여와 협력의 노사관계 : 지식기반 경제에의 조응

지식기반 경제는 참여와 협력의 노사관계를 요청한다. 그 이유는 지식기반 경제가 초래하는 환경과 조직상의 변화에서 찾아볼 수 있다.

먼저 환경적인 측면에서는 기술혁신의 가속화, 경쟁의 글로벌화, 수요자 및 고객으로의 시장 주도권의 이전에 따른 시장환경의 불확실성 증대(안정형 제품시장 → 유동형 제품시장) 등의 경향이 참여와 협력의 노사관계를 지식기반 경제와 구조적 조응성을 가지게 한다. 이와 같은 환경의 변화는 기업으로 하여금 수요변화에 유연하게 대응하여 우수한 성능과 품질을 지닌 차별화된 제품을 신속히 개발하여 생산-공급할 수 있는 능력을 갖추도록 요구하고 있다. 표준화된 제품의 대량생산 시스템으로부터 품질, 효율, 혁신 중심의 고성과(高成果) 생산 시스템으로의 전환이 요구됨에 따라 연구 및 개발 부문은 물론 작업현장 수준에서 높은 수준의 기술-기능 및 창의성과 헌신성을 지닌 고기능-고지식(高知識) 노동력의 필요성이 크게 증가하게 되었다. 참여와 협력의 노사관계에 기초하여 이들 고기능-고지식 노동력과 고성과 생산 시스템 간의 결합효과를 극대화하는 것이 바로 기업의 핵심역량 강화의 중요한 과제로 등장하고 있는 것이다.

다음으로 조직적 측면에서 볼 때, 지식기반 경제하에서 개인이나 조직의 생존을 좌우하는 핵심요인은 지식의 양과 질, 그리고 그 공유와 활용능력으로 볼 수 있다. 그러므로 축적된 지식의 양이 많고, 그 질적 심화 정도가 높을 뿐 아니라 조직성원들 간에 높은 수준의 지식공유가 이루어지는 조직은 그만큼 높은 경쟁력을 지닌다고 말할 수 있다. 물적 자본이나 노동력의 투입을 증대시킴으로써 생산성의 양적 확장만을 기하던 요소투입 중심의 성장이 한계에 직면한 시점에서 유일하게 존재하는 대안은 개선, 창의성 및 혁신능력을 지닌 지식 노동력의 축적과 활용을 통해 더 높은 차원의 경쟁력을 확보하는 것이다.

따라서 조직적 수준에서 지식의 양과 질을 향상시키고 그 활용도를 극대화시킬 수 있는 방안은 인적자원을 조직의 핵심자원으로 인식하여 그 역할과 기능 및 잠재력을 극대화함으로써 품질, 효율, 혁신 중심의 고성과 조직을 지향하는 것이라고 할 수 있을 것이다. 이것이 가능하기 위해서는 경영의 전략적 가치 자체가 근로자의 참여와 역할을 중시하는 방향으로 설정되어야 하며, 이를 뒷받침하는 참여와 협력의 노사관계 정책들이 도입되어야 한다. 근로자 역시 개별적 또는 집단적 수준에서 스스로가 지닌 지식의 투입, 공유 및 활용을 극대화시키는 참여와 협력의 전략을 취하지 않을 수 없다. 그러나 참여와 협력의 노사관계가 근로자에 가져다주는 의의는 지식기반 경제가 초래하는 노동소외의 극복에 있다. 앞에서 본 바와 같이 지식기반 경제가 제기하는 또 하나의 중요한 문제는 노동의 소외문제인데, 지식기반 경제가 지식근로자에까지 소외의 폭을 넓히는 것은 역설이 아니라 현실 그 자체이다. 노동소외의 문제 역시 시장기구를 통해 해결될 수는 없고 참여와 협력의 노사관계를 통해서 그 해소 내지는 완화가 기대될 수 있다.

 이처럼 사측의 인적자원 중시 전략과 노측의 '참여협력' 전략이 결합될 때 지식기반 경제가 요구하는 노사협력적인 '작업장 협약(workplace pact)'이 성립될 수 있을 것이다. 결국 지식기반 경제하에서는 노와 사가 참여와 협력의 새로운 조직문화를 만들어냄으로써 신뢰의 수준을 높이고, 이를 기반으로 지식을 공유하고 개선을 이끌어내며 혁신을 도모함으로써 새로운 경쟁력의 기반을 축적하는 것이 노사관계의 유일한 대안일 수밖에 없는 것이다.

 참여와 협력의 노사관계 구축은 국민경제 차원에서 근로자들의 삶의 질 향상 및 국가경쟁력의 확보와 밀접히 관련되어 있다. 고능률, 고품질, 혁신, 시장요구에의 유연한 적응능력 등에 의해 결정되는 고

수준의 생산성 향상이 전제되지 않고서는 삶의 질 향상과 국가경쟁력의 확보는 불가능하다. 나아가 이와 같은 생산성 향상은 기업의 경쟁전략이 인적자원의 효율적 활용에 의한 비교우위의 확보에 두어질 때 가능하며, 이를 위해서는 적극적인 인적자원 투자와 아울러 그러한 경쟁전략을 뒷받침하는 조직관행이 확립되어야 한다.

이러한 참여와 협력의 노사관계는 전략적 수준, 단체교섭 수준, 작업현장 등 세 가지 수준에서 각기 다음과 같은 특징을 가진다.[6] 우선 이해 당사자들은 전략적 수준에서 노사관계를 정합적(positive sum) 관계로 인식하여 단기적 이해대립이 아닌 장기적 상생의 관계형성을 더 중시하고, 이러한 방향에서 비전과 전략의 공유가 이루어진다. 단체교섭 역시 상당한 차별성을 보인다. 교섭 당사자들은 공동의 이익을 확인하고 확장시키며, 이를 위한 행동을 조직하기 위한 문제해결 지향의 경향을 강하게 가진다. 파이의 분배보다는 더 큰 파이의 생산을 위한 정합적 게임이 주된 관심 대상으로 부각되는 한편 이를 위해 서로에게 필요한 정보 공유가 활성화된다. 작업현장 수준에서는 관리, 감독, 명령보다는 자율과 책임, 자발성과 창의성이 중시되며, 상호 신뢰관계 속에서 조직성원들이 보유한 지식과 정보가 활발하게 공유되고 학습되며, 생산과정에 투입됨으로써 상생을 위한 협력이 이루어진다. 또한 노사대립의 '분배 교섭(distributive bargaining)'은 노사 파트너십에 기초한 '통합 교섭(integrative bargaining)'으로 전환된다. 노사관계가 참여와 협력의 속성을 지니면서 행위자들은 통합 교섭에 참여하고 상호협력하는 방향으로 자신들의 '행위 지향(behavioral orientation)'을 조정한다.

---

6) 이하의 내용은 Walton & McKersie(1991)에 의거한 것이다.

(2) 제도화의 수준과 내용

지식기반 경제는 대립적 노사관계를 허용하지 않는다. 안정된 시장을 바탕으로 대량생산과 가격경쟁에 의존하는 생산체제하에서는 대립적 노사관계를 유지하면서도 일정한 정도의 발전이 가능했다. 그러나 이와 같은 생산체제는 경제의 글로벌화가 가속화되는 가운데 지식과 정보, 그리고 창의력이 중요시되는 지식기반 경제하에서는 더 이상 정당성을 획득할 수 없게 되었다. 뿐만 아니라 노동의 소외를 해소하기 위해서도 근로자가 작업장 수준에서부터 출발하여 기업경영에 이르기까지 정보의 흐름을 상시적으로 접하고 직간접적으로 경영에 참여하고 협력하는, 참여와 협력의 노사관계가 요청된다. 따라서 지식기반 경제하에서 노동운동은 참여와 협력의 노사관계를 제도화하는 데에 초점을 맞추는 것이 중요하다.

참여와 협력의 노사관계는 다음과 같은 몇 가지의 중요한 제도적 장치를 가진다. 첫째, 기업조직의 각 수준에서 근로자 참여에 의한 노사 간 정보 공유와 의사소통의 기제가 활성화된다. 둘째, 어떠한 형태이건 넓은 의미의 '이윤 공유(profit sharing)', 혹은 '성과 공유(gain sharing)'의 요소들을 내재화한다. 셋째, 명시적이건 혹은 암묵적이건 장기적 고용관계를 유지한다. 이는 고용의 안정과 장기적 고용관계가 근로자들의 참여와 협력을 이끌어내는 핵심조건임을 의미한다. 넷째, 작업현장 수준에서 근로자들의 창의성이나 개선 능력을 적극적으로 활용하기 위한 팀 생산기법들을 적극적으로 도입한다. 다섯째, 개인적 차원보다는 조직 차원에서 '집단 응집성(group cohesiveness)'을 증대시키기 위한 다양한 인센티브 기제들을 발전시킨다. 마지막으로, 참여와 협력의 노사관계는 근로자 개인의 권리를 보장할 수 있는 규칙과 절차들을 정비한다(Levine & Tyson, 1990).

그러면 지식기반 경제로의 이행이 진행되고 있는 한국에서는 어떤 수준과 내용의 제도화가 요구되는가? 그 현실적인 방안은 무엇보다도 먼저 기존 제도의 활성화와 개선에서 구하는 것이 순서일 것이다. 반드시 단선적인 선후관계로 상정하는 것은 아니지만 이러한 바탕 위에서 보다 높은 수준의 참여와 협력의 방안을 모색해나가야 한다는 관점에서, 지식기반 경제에 상응하는 제도적 수준과 내용은 다음과 같이 제시될 수 있을 것이다.[7]

1) 교섭범위의 확대 및 근로자 이사제의 점진적 도입

단체교섭에 의한 근로자의 경영참가 경로는 두 가지인데, 그 하나는 단체교섭을 통해서 경영참가 제도를 도입하는 것이고 다른 하나는 이전에 '경영전권'으로 간주되었던 사항의 일부로까지 대상을 확대하여 실제 단체교섭을 하는 과정 자체가 곧 근로자의 경영참가이다 (Sturmthal, 1977, p. 14). 물론 현실적인 제약을 고려할 때 공동결정 방식의 경영참가 제도를 무차별적으로 채택하는 것은 무리일 것이다. 따라서 단체교섭의 범위를 기업의 사정을 고려하여 점차 확대함으로써 가능한 영역에서부터 경영참가를 점진적으로 제도화해나가는 것이 현실적인 방안이다.

이와 더불어 현 단계에서 도입이 현실적으로 가능하고도 필요한 경영참가 제도로 근로자 이사제를 생각해볼 수 있다. 근로자 이사제는 근로자의 대표가 이사회의 일원으로 실제 기업의 의사결정에 참여하는 것으로, 이에 따라 책임을 공유하는 근로자 경영참가 제도의 하나이다. 물론 이는 기업과 노조가 처한 사정과 전망, 이 제도의 현실적인 문제점, 그리고 실제 도입방안 등을 면밀히 검토하여 신중하게 접근되어야 할 것이나, 이 제도를 점진적으로 도입하는 것은 충분히 고

---

[7] 이하의 내용은 김대환(1997)에서 관련 사항을 다시 정리한 것이다.

려해볼 가치가 있다고 생각한다.

　보다 구체적으로는, 한국의 현실을 감안하여 독일식 공동결정제도에는 훨씬 미치지 못하지만 근로자가 선출한 근로자 이사가 이사회에 참가하여 근로자의 의사를 대변하는 제도를 제안한다. 이들 근로자 이사는 경영 제반 사항의 협의에 참가하되, 주로 노무-인사에 관계되는 사항에 관해서 근로자들의 의사를 반영하는 한편, 이사회의 모든 결정 사항을 근로자들에게 알려 협력을 구하는 일도 맡게 될 것이다.

2) 노사협의의 내실화와 노사공동 위원회의 활용

　근로자 경영참가의 또다른 유형으로서의 노사협의회는 한국에서도 법제화되어 있다. 그러나 이제까지 노사협의회 제도는 실제 제대로 운영되지 않았을 뿐만이 아니라 제도적으로도 경영참가의 의의를 살리기에는 미흡했다. 그동안 노사협의회가 근로자의 경영참가 제도로 제대로 기능하지 못했던 원인은 흔히 사용자의 성의부족으로 돌려지지만 설사 그렇다고 하더라도 이 역시 제도의 미비에 기인하는 것으로 생각된다.

　그렇지만 최근 '근로자 참여 및 협력 증진에 관한 법률'의 개정에서 노사협의회 제도가 강화된 것은 그 자체로는 상당한 의미를 지닌다. 물론 '강화된' 노사협의회 제도 역시 근로자의 경영참가 제도로서는 여전히 미흡하다고 생각할지 모르겠지만, 각종 노사공동 위원회의 설치가 의결로 가능하게 되어 있어 적어도 이론적으로는 노사협의를 통한 경영참가의 제도적 가능성이 열리게 되었다.

　노사공동 위원회의 설치와 운용은 노사공동 결정제도를 부분적으로 도입하는 것으로, 경영참가의 실제적인 효과도 증대될 수 있다. 왜냐하면 이들 노사공동 위원회의 활동은 단체교섭과는 달리 지속적으로 이루어지기 때문이다. 그리고 앞에서도 말한 바와 같이 그 활동을 통해서 직접적으로 단체교섭에 의한 경영참가의 범위 및 수준의 확대와 제고에도 기여할 수 있을 것이다. 따라서 노사공동 위원회를 적극 설치하고 활용하여 경영참가의 폭을 넓히고 수준을 높여나가는 것은 현 단계에서 유의미한 방안이 될 수 있다고 생각한다.

그러면 보다 구체적으로 어떤 공동 위원회를 설치할 것인가? 기존의 징계 위원회, 공정인사 위원회, 안전보건 위원회 등에 더하여 포상, 보상, 여성 등에 관한 노사공동 위원회를 설치하여 운용하는 것은 그다지 어려운 일이 아닐 것이다. 이러한 것들은 다소 근로자 측의 주도가 되겠지만, 사용자의 입장에서는 기술도입이나 팀 활동과 관련하여 작업장 위원회의 설립을 주도할 수도 있을 것이다. 이러한 것들이 성과를 쌓아감에 따라 궁극적으로 경영전략에 관련된 사항에까지 단계적·점진적으로 근로자의 참가를 제도화하는 것은 반드시 불가능하지만은 않을 것이다.

3) 단체교섭과 노사협의의 연계

현행 법제상으로는 단체교섭과 노사협의는 확연히 구분되고 있다. 전자가 노사 간의 이해와 대립을 전제로 하고 노조의 조직력과 때로는 쟁의를 통해서 근로자의 사회경제적 지위의 향상을 위해서 마련된 제도라면, 후자는 기업 내 사용자의 배타적 지배를 지양하고 노사 간의 대립보다는 협력을 전제로 하여 특히 근로자의 참여를 통해서 기업 및 노사 관련사항을 원만하게 풀어나가기 위한 제도이다. 그러나 실제 운용에 있어서 이 양 제도의 관계는 반드시 분리될 필요가 없으며 분리될 수 없는 측면도 있다. 노사협의의 안건이 단체교섭의 안건과 중복되는 경우가 적지 않기 때문이다.

이 양 제도의 연계는 기업의 규모, 노사관계의 현황, 그리고 사안에 따라 그 실제과정이 달라질 수 있을 것이다. 다소 단순화의 위험을 무럽쓰고 이야기한다면 기업규모가 클수록, 노사관계가 대립적일수록, 그리고 노사 간의 시각차가 큰 안건일수록 양 제도를 긴밀히 연계시켜 유기적으로 운영하는 것이 필요하지 않나 생각된다. 이러한 맥락에서 본다면, 특히 경영참가 제도의 도입과 같은 사안은 현재 한국에서 노사 간에 입장차이가 큰 사안이기 때문에, 과거와 같이 단체교섭 사안으로 불쑥 제출하여 노사관계를 긴장시키거나 아예 교섭은 물론 협의의 대상조차 안 되는 것이라고 일축하여 불신을 증폭시키기보다는, 노사협의를 통해 양자의 입장을 절충한 다음 그 범위 내에서 여건의 성숙에 따라 단체협약으로 성립시켜나가는 단계적인 접근을 취하는 것이 현실적일 뿐만 아니라 효율적이라고 생각한다.

4) '경영참가 위원회'의 설치

바로 이러한 맥락에서 근로자의 경영참가와 관련하여 단체교섭과 노사협의의 연계를 관장하는 노사공동 위원회의 설치를 제안하고자 한다. 이는 독일에서 쉽게 찾아볼 수 있는 경영 위원회와 같이 경영사항 그 자체나 경영전반을 다루는 것이 아니라, 그보다는 낮은 수준에서 근로자의 경영참가 문제를 협의하고 구체적인 사안에 따라 단체교섭에 넘기는, 말하자면 경영참가의 제도화에 대한 교통정리를 담당하는 위원회로 그 위상을 규정할 수 있다.

이 위원회를 편의상 '경영참가 위원회'라고 한다면, 그 역할범위는 당해 기업의 사정을 감안한 경영참가의 제도제안, 그 타당성 연구, 시험, 그리고 제도화에 이르기까지 신축적이고도 폭넓게 설정되어야 할 것이며, 그러면서도 노사 쌍방은 이 위원회에 큰 비중을 두는 것이 무엇보다도 중요하다. 그리고 가능하다면 작업장 수준의 근로자 참가를 다루는 위원회들을 이 경영참가 위원회의 소위(小委)로 편입시키는 체계화도 적극 고려할 필요가 있다. 이는 이 위원회가 유명무실화되는 것을 방지하기 위한 장치이다. 사실과는 다르게 작업장 수준 이상의 근로자 경영참가는 기업효율을 저하시킨다는 선입견을 가진 사용자가 지배하는 기업일수록 이러한 체계화는 필요하다. 또한 작업장 수준의 참가가 권위주의적 통제의 강화와 맞물려 있는 경우에 이는 필수적이라고까지 할 수 있다.

(3) 노동운동의 기조전환

지식기반 경제에 상응하는 노사관계는 참여와 협력의 노사관계이며, 이를 위한 제도화는 시대적 과제이다. 그러면 그 실현을 위한 노동운동의 접근은 어떤 방식으로 이루어져야 할 것인가? 여기서는 앞에서 살펴본 제도의 실현과도 관련하여 지식기반 경제의 도래에 상응하는 한국 노동운동의 방향을 제시해보고자 한다.

이에 앞서 현 단계 한국 노동운동의 문제점을 지적한다면 임금위주의 교섭관행, 과도한 투쟁성 및 정치화의 경향, 조직 이기주의의 발현 등을 들 수 있다. 일단 이러한 문제점을 지양하면서 지식기반 경제에 상응하는 운동으로 나아가는 것이 한국 노동운동의 지향이라고 할 때, 현 단계에서 그 방향은 다음과 같이 정리될 수 있을 것이다.

첫째, 노조활동의 중심을 분배투쟁 위주에서 참여협력 위주로 이동시켜야 한다. 분배투쟁 중심의 노사관계는 '제로 섬(zero sum)' 관계이므로 대립과 갈등이 불가피하다. 지식기반 경제하에서는 분배 이전에 생산단계에서부터 참여·협력함으로써 분배단계로까지 참여와 협력이 이어지게 해야 할 것이다. 기업의 생산성, 품질, 서비스 향상에 일정한 역할을 하는 등 기업성장에 책임 있는 동반자로서의 역할을 할 때 분배에 대한 노조의 발언권도 실제로 강화될 수 있다. 더 나아가 노조는 기업의 장기 발전전략 설정과정에도 참여하고 협력해야 한다. 미국 AT&T 사(社)의 노사 쌍방이 초일류 기업으로의 성장을 겨냥

하여 체결한 '미래의 작업장(Workplace of the Future)' 협약은 그 좋은 예이다. 또한 작업현장 수준에서도 작업조직 재설계, 품질관리 등 제안활동과 더불어 자율 팀 운영에도 참여하고 협력해야 할 것이다.

둘째, 교섭관행을 개선해야 할 필요가 있다. 교섭석상에서는 상대방에게 정중한 언어를 사용하고 예의를 갖추어야 한다. 요구사항은 객관적인 자료를 바탕으로 합리적인 수준에서 하고 기업의 권한 밖에 있는 사항을 스스로 판단하여 요구하지 않는 성숙한 자세가 요구된다. 기업의 권한 밖인 줄 알면서도 다른 요구사항을 관철시키기 위한 방편으로 활용하는 이른바 '정치적인' 태도는 합리적인 교섭 문화의 구축을 위해 타기되지 않으면 안 된다. 교섭을 통해 노사가 수용가능한 결과에 도달하기 위해서는 교섭기법도 바꾸어야 한다. 여기에는 다음과 같은 '교섭 4대 원칙'을 준수하는 것이 큰 도움이 될 것이다. ① 사람과 문제를 분리해서 보라, ② 이해관계의 득과 실에 초점을 맞추어라, ③ 노사 모두에게 이익이 되는 대안을 찾아라, ④ 합의안 도출의 기준에 먼저 합의하라(Cohen-Roshenthal & Burton, 1993, pp. 65-66).

셋째, 노조활동의 전문성을 제고시켜야 한다. 노조는 경영성과의 책임 있는 한 주체로서 역할해야 하기 때문에 전문성과 합리성을 가지지 않으면 안 된다. 개별 근로자도 현장참여의 주체이기 때문에 경영에 대한 이해능력이 향상되지 않으면 경영의 비효율이 발생할 수 있다. 따라서 노조는 간부는 물론 조합원의 경영에 관한 전문성과 이해능력을 제고하기 위한 노력을 기울일 것이 요청된다. 지식기반 경제가 요구하는 인력개발 정책에 기업경영에 대한 근로자의 이해를 심화시키는 프로그램을 포함시키는 것도 현실적인 한 방안이다.

마지막으로, 그러나 가장 기본적으로, 노조의 준법활동을 강조하지 않을 수 없다. 참여는 반드시 책임을 동반한다. 자율과 책임의 참여협력적 노사관계는 법이 제대로 지켜질 때 비로소 정착될 수 있다. 이제 노동관계법이 공정한 법규범으로서의 위상을 회복했기 때문에 법적 절차를 존중하며 문제를 풀어가야 할 것이다. 그러할 때만이 노동운동은 사회적으로 고립되지 않고 사회운동으로 발전해나갈 수 있기 때문이다.

세계화, 개방화와 함께 정보화, 지식화 및 유연화, 개인주의화 등 급격하게 진행되는 지식기반 경제는 한국의 노동운동에도 변화를 엄중하게 요구하고 있다. 이러한 변화에 대한 호불호(好不好)는 노조마다 처한 상황에 따라 달라, 현재와 같은 투쟁적인 노동운동의 기조를 바꾸어야 한다는 입장이 있는가 하면 외부로부터 강요되는 현 상황을 뒤엎어야 한다는 입장도 있는 것으로 알고 있다. 그러나 호불호를 떠나 분명한 것은 이러한 변화는 세계적인 차원에 심대한 뿌리를 가진 것으로 뒤엎기 힘들다는 사실이다. 비록 추상이념이나 희망사항으로서는 그렇다 하더라도, 한국 사회의 차원에서는 적응하면서 대응하는 것이 현실적 선택일 것이다(김대환, 2002, p. 12). 이를 떠나서도 한국의 노동운동은 지나치게 투쟁적이고 정치화되어, 기조전환에 해당하는 커다란 변화가 필요하다는 것이 중론이다.

지식기반 경제의 잎과 열매를 맺게 하는 것은 결국 근로자의 몫이다. 노동운동 역시 지식기반 경제에 조응하는 변화가 요청된다. 참여와 협력의 노사관계의 제도화를 위해서도 조합 내 민주주의의 신장과 분파주의의 극복이 기본적으로 요청된다. 노동운동의 지도자는 자신과 조합원의 전문성 제고와 함께 '미느냐 밀리느냐' 식의 운동관행과 단세포적 의식에서 탈피하여, 사안을 구체적이고도 분석적으로 접근하는 훈련을 축적해야 할 것이다. 이러할 때 노동운동은 저항운동이나 '인정 투쟁'에 머물지 않고 문제해결의 운동이 됨으로써 지식기반 경제에 조응하는 것이 될 수 있을 것이다.

지식기반 경제가 노동부문에 미치는 영향은 심대하다. 이는 곧 노동부문의 걸맞는 변화 없이는 지식기반 경제의 성공은 물론 그로의 이행마저도 제대로 이루어질 수 없다는 것을 의미한다. 무엇보다 노동정책의 중점이 인적자원의 개발로 이동될 필요가 있으며, 이와 더불어 대립적인 노사관계로부터 참여와 협력의 노사관계로의 이행이 불가피하기 때문에 노동운동은 이에 상응하여 참여와 협력의 제도화에 초점을 맞추고 운동의 양태도 합리화되어야 한다.

인적자원 개발정책은, 지식기반 경제에 적합한 지식근로자를 양성하여 노동시장에서 공급상의 애로요인을 제거하는 데서 더 나아가, 지식기반 경제가 초래하는 지식격차를 해소하는 데에도 초점을 맞추어야 한다. 학교교육 제도를 개혁하고, 열린 직업훈련 체계를 구축함과 아울러 평생교육훈련 체제를 실질적으로 갖추어나가는 것이 필요하다. 특히 경제력의 차이를 떠나 다양한 교육훈련의 기회가 주어질 수 있도록 하는 정책적 배려가 중요하다.

이와 같은 노동시장과 더불어 노사관계 역시 지식기반 경제에 조응하는 참여와 협력의 노사관계로 바꾸어나가야 한다. 갈등과 대립을 치르고도 '제로 섬(zero sum)'에 머물거나 심지어는 '네거티브 섬(negative sum)'으로 귀결되는 노사관계에서 탈피하여 창의적이고 능동적인 에너지로 '포지티브 섬(positive sum)'을 낳는 참여와 협력의 노사관계를 제도화하는 것이 무엇보다 중요하다. 이를 위해서는 노-사-정의 '조율된 노력(concerted efforts)'이 필요하다는 것은 두말할 나위가 없지만, 특히 노조가 전투적 타성과 과도한 정치화를 극복하고 참여와 협력의 노사관계의 제도화에 운동의 초점을 맞출 것이 요청된다. 이는 지식기반 경제에 상응함과 동시에 지식기반 경제가 초래하는 노동소외의 확대를 극복하기 위해서도 반드시 필요하다. 이렇게 할 때 노동운동의 양태도 지식기반 경제에 상응하는 방향으로 변모될 수 있을 것으로 믿는다.

　반드시 부연되어야 할 점은, 인적개발 정책과 참여와 협력의 노동운동이 상호보완의 관계에 놓여져야 한다는 것이다. 인적개발이 단순히 기능적이고 기술적인 차원을 넘어 노동운동의 전문성을 제고시키는 데에까지 정책이 미쳐야 함과 마찬가지로, 참여와 협력의 노동운동은 보다 적합한 인적개발 정책이 수립되고 그것이 효율적으로 수행되도록 하는 데에도 기여해야 할 것이다.

보론
OECD 주요 국가의 노사관계와 그 시사점[*]

　노사관계의 합리화가 선진화의 요체라는 관점에서 볼 때, '선진국 클럽'으로 일컬어지는 OECD 주요 국가의 최근 노사관계 동향은 우리에게 시사하는 바가 있을 것이다. 물론 각국마다 역사-구조적인 조건이 다르기 때문에 특정 국가의 노사관계를 그대로 이식하는 것은 가능하지도 않을 뿐만이 아니라 반드시 바람직하다고도 할 수 없다. 그렇다고 하더라도 급변하는 사회경제 환경에 주요 선진국들이 어떻게 대응해오고 있는가를 살펴보는 것은 한국 노사관계의 합리화를 위한 노력에 참고가 될 것으로 믿는다.

　최근 OECD 주요국 노사관계의 전반적인 흐름은 세계화 및 그로 인한 경쟁 심화 환경에 당면하여 탄력성과 효율성을 높이는 데 초점이 맞추어져 있는 것으로 파악된다. 그 결과 노사교섭의 분권화가 하나의 특징적 현상으로 자리잡아가고 있다. 이러한 현상은 영어사용 국가나 일본에서는 특별히 새로운 현상은 아니지만, 전통적으로 중앙 또는 산별 교섭문화가 뿌리를 내린 유럽 대륙 국가에서는 매우 새롭고도 이례적인 현상으로 평가된다.

---

* 『국제노동정책 동향자료집』(노동부, 2006. 12)에 크게 의존했음. 영국 부분은 저자가 새로이 집필한 것이며, 다른 부분도 적지 않게 수정·보완하여 재작성된 것임.

이러한 노사관계의 변화는 세계화 및 경쟁 심화에 따른 노동시장의 구조변화 및 정책적 대응과도 긴밀히 연관된 것으로 이해된다. 이를 염두에 두고 OECD 주요국 노사관계의 최근 동향을 살펴봄으로써 한국 노사관계에 대한 시사점을 생각해보기로 하자. 먼저 노사관계의 유형별로 대상 국가들을 선정한 다음, 이들 각각의 최근 노사관계 동향을 살펴보고, 그것이 한국 노사관계에 던지는 시사점을 간략히 정리하기로 한다.

1. 노사관계의 유형별 분류

노사관계는 크게 보아 영미형, 일본형 및 유럽형 등으로 나누어볼 수 있다. 유럽형의 경우는 다시 북구형(Nordic 국가), 독일을 중심으로 하는 라인란트형, 그리고 프랑스의 라틴형 등으로 분류된다.

아래 〈표 보-1〉에 요약되어 있듯이, 영미형과 일본형은 노사가 대립적인 구도를 형성하고 있지만, 북구형과 라인란트형은 사회적 협의에 기초하고 있으며, 라틴형은 갈등이 빈번히 표출되는 특징을 지니고 있다. 그러나 라틴형을 제외한 여타 유형의 국가에서 노사분규 빈도는 낮으며, 상대적으로 그 빈도가 높은 라틴형 국가에서도 최근 들어서는 대체로 하향 안정세를 보인다. 교섭체제에 있어서는 이념형적으로 볼때 영미형과 일본형은 기업별 중심인데 비해 북구형과 라인란트형은 산별 및 지역별 체제이며, 라틴형은 혼합적인 체제로 분류된다. 각 유형에 속하는 국가 중 우리가 대표적으로 살펴볼 국가들은 이 표의 제일 하단에 명기되어 있는 바와 같다.

그러나 앞에서 언급했듯이 유형별 차이와는 무관하게 최근 OECD 국가의 노사관계는 노동시장과 단체교섭의 탄력성을 부여하는 쪽으로 수렴현상을 보이고 있다. 예컨대 덴마크, 스웨덴, 독일, 프랑스,

〈표 보-1〉 노사관계의 유형별 분류

	영미형	일본형	북구형	라인란트형	라틴형
기본특징	대립형	대립형	조합주의	사회적 파트너십	갈등 표출
교섭단위	기업별	기업별	산별	산별, 지역별	산별, 기업별
노사분규	간헐적	간헐적	간헐적	간헐적	상대적으로 빈번
주요 국가	영국 미국	일본	스웨덴 덴마크	독일 네덜란드	프랑스 스페인

이탈리아, 스페인 등에서는 유형의 차이에도 불구하고 근로시간 탄력성을 확대하는 협약을 체결하는 공통적인 현상을 보이고 있다. 동시에 고용보호법제(EPL : Employment Protection Legislation)를 매우 강하게 적용하는 프랑스와 독일 등에서도 일정 규모(근로자 수) 미만의 기업에 대해서는 해고를 자유롭게 할 수 있도록 허용했다. 스페인의 경우도 '제3의 고용계약' 개념을 도입하여, 그러한 계약을 맺은 근로자에 대해서는 해고수당을 감축했다.[1] 이러한 조치가 가능했던 것은 심각해진 실업문제 때문이지만 근본적으로는 노조가 사회의 주요한 당사자로서의 책임감과 합리성을 유지해왔기 때문이다.

이러한 연유로 우리가 살펴볼 이들 주요 국가는 정도의 차이는 있지만 안정적인 노사관계를 유지하고 있다는 점에서도 공통점이 있다고 할 수 있다. 파업으로 대변되는 노사분규 건수는 다소의 기복에도 불구하고 대체로 하향 감소세를 보이고 있다.

또한 〈표 보-2〉에서 보는 바와 같이 OECD 국가의 노조 조직률과 단체교섭의 적용률도 지속적인 하락세를 나타내고 있다. 이는 노동조

---

[1] 이 조치는 경쟁 심화에 따라 국가적으로는 실업문제가 매우 심각한 상황에서 기업이 해외 이전을 무기로 노조를 지속적으로 압박해온 것을 노조가 전향적으로 수용함으로써 가능했다.

〈표 보-2〉 OECD 주요국의 노조 조직률 및 단체협약 적용률 추이   단위 : %

	노조 조직률				협약 적용률		
	1970	1980	1990	2000	1980	1990	2000
영국		51	39	31	70	40	30
미국	27	22	15	13	26	18	14
일본	35	31	25	22	25	20	15
독일		35	31	25	80	80	68
프랑스	22	18	10	10	80	90	90
스웨덴	68	80	80	79	80	80	90
덴마크	60	79	75	74	70	70	80
네덜란드	37	35	25	23	70	70	80
스페인		7	11	15	60	70	80
한국	13	15	17	11	15	20	10
OECD평균	34	32	27	21	15	38	35

자료 : OECD, *Employment Outlook 2004*, p. 145 ; *Monthly Labor Review*, Jan. 2006, p. 46.

합 조직의 근저를 구성하는 제조업의 비중 축소 및 해외 이전, 서비스 산업 중심으로의 산업구조 변화, 근로자 생활방식의 변화, 이른바 '신세대' 근로자들의 노조의 역할에 대한 회의적인 태도 등의 요인이 복합적으로 작용한 결과라고 평가된다.

2. 주요 국가의 노사관계 동향

(1) 영미형 국가 : 영국, 미국

영국

1997년 집권한 블레어(T. Blair)의 노동당 정부는 이전 보수당 정부 하에서 노조의 권한을 약화시키는 방향으로 이루어진 노사관계법의 광범한 변화에 대해 일부 수정을 가했다. 조합비 삭감 등 몇몇 조항을 삭제함과 아울러 사용자로부터 노조 승인을 담보하는 새로운 제도를 도입하고, 1999년 고용관계법을 통해 근로자와 노조에 대한 집단적 권리를 도입한 것 등이 그것이다. 그러나 기존 집단적 노사관계의 기본 틀을 바꿀 정도의 수준은 아니어서 대처(M. Thatcher)의 보수당 정부와 차별성이 없다고까지 보는 비판적인 견해도 있다.

단체교섭은 이미 1980년대 중반부터 창구 단일화 등으로 인하여 복수사용자 교섭이 감소하고 '복수작업장을 운영하는 단일사용자(multi-site single employer)' 교섭이 증가하는 변화를 보여왔다. 그리하여 1990년 40%가량으로까지 점진적으로 증대한 단일교섭의 비율은 노동당 집권 이듬해인 1998년에는 77%로 증가했다. 이러한 변화는 공공부문과 민간부문에 공통적으로 나타났으며 업종별로 보더라도 제조업과 서비스 등 거의 전 부문에 걸쳐 이루어졌다. 이는 〈표 보-2〉에서 본 바와 같이 노조 조직률 및 단체협약 적용률의 계속적인 저하와 더불어 영국 노조의 영향력이 최근에 들어서까지 쇠퇴일로를 걷고 있다는 것을 말해준다. 영국은 전체 조합원의 60%가량이 운수노조를 위시한 10대 노조에 소속되어 있다.

영국의 노조는 조합원들의 개인주의화 경향에도 불구하고 집단적인 지향성을 견지하고 있지만, 대부분의 노조에서 전투성(militancy)을 찾아보기가 힘들 정도이다. 파업 빈도는 244건(1996) 212건(2000) 116건(2005)으로 최근 들어 저(低)기록을 계속 갱신해오고 있다. 노조는 나름대로 조직 확대와 영향력 강화를 위해 노력하고 있으나 변화된 사회경제 환경으로 여의치 않아, 그 생존전략으로 '사회적 파트너십'을 택하고 있다. 즉 작업장 내에서 사용자와 대립각을 세우고 교섭을 중심으로 하기보다는 협의(consultation)를 통해 임금 및 근로조건을 개선시킴과 동시에 국가정책이나 시민사회 영역에서 파트너십을 추구하는 경향을 보이고 있다(성태규 외, 2008, p. 197).

이와 관련하여 2002년 영국 노총(TUC : Trade Union Congress)은 조합원-노조-사용자 파트너십은 근로자의 이직과 실직을 낮춤과 동시에 기업의 매출과 이윤을 증대시킨다며 적극적인 의의를 부여하고, 다음과 같은 6대 원칙을 천명했다: ① 기업의 성공을 위한 공동책무, ② 노조와 사용자의 상호존중 및 신뢰로써 의견차이 해소, ③ 고용안정에의 노력, ④ 근로생활 질에 초점, ⑤ 투명성과 정보공유, ⑥ 기업의 성과와 조건 및 종업원 참여의 구체적인 개선을 통한 노조와 사용자의 상호이익.[2] 영국 정부도 노사관계와 고용관계 개선을 목적으로 '작업장 파트너십 기금(Partnership at Work Fund)'을 조성하여 관련 단체에 배분함과 아울러 '노조 현대화(union modernisation)'에도 지원을 했다.

이러한 파트너십의 노사관계는 영국 정부가 최저임금제도를 부활하고 고용과 관련된 근로자의 권한을 일부 강화하면서도 기본적으로는 노동시장의 유연성을 제고함으로써 일자리를 창출하고 확대하고자 심혈을 기울여 추진하고 있는 뉴딜(New Deal) 프로그램의 성과와도 연관되어 장기적으로 평가되어야 할 것으로 생각된다. 그러나 적어도 현재의 시점에서 분명한 것은, 파트너십을 기반으로 최근 영국의 고용사정은 매우 개선되고 있으며 이는 노사관계의 안정적인 전개와도 결코 무관하지 않다는 사실이다.

미국

미국의 노사관계는 지속적으로 안정적인 양상을 보이고 있다. 노조 조직률의 지속적인 하락과 더불어 단체협상도 그 기능 면에서 14.0% (2000) → 13.2%(2002) → 12.9%(2003) → 12.5%(2004)로 계속적

---

[2] TUC, 'Partnership means a grown-up relation between bosses and workers' (http://www.tuc.org.uk/partnership/tuc-4130-f0.cfm).

인 쇠퇴 양상을 나타낸다. 태평양 연안 부두 근로자와의 교섭(사용자 연합 교섭) 등 몇 가지 예외를 제외하고 단체교섭은 거의 대부분 기업 차원에서 진행된다. 일본 및 EU와 마찬가지로 임금이 단체교섭의 핵심 이슈이기는 했으나, 이들 국가와 비교할 때 단체교섭이 임금인상률 설정에 미치는 역할은 미미한 편이다. 최근 단체교섭의 핵심 이슈는 건강보험과 연금 두 가지이며, 기업이 건강보험을 유지해주는 것을 대가로 낮은 임금인상 또는 동결을 노조가 수용했다. 근로자 1,000명당 근로손실일수 또한 1998-2002 동안 연평균 47일로 매우 안정적이었다.

한편, 부시 정부는 1938년부터 내려온 근로기준법상의 초과근로 보상규정을 수술하여 일시적이라도 감독 또는 관리적 성격의 업무를 수행하는 근로자를 초과근로 보상 대상에서 제외시켰다. 2004년 8월부터 시행된 개정규정과 관련하여, 일부 전문가들은 이 조치로 인해서 약 800만 명의 근로자가 초과근로 보상권을 상실하게 될 것이라고 전망했다.

이러한 와중에 미국 노총(AFL-CIO)은 다시 분열되었는데, 그 주요 배경은 다음과 같다. 먼저 2004년 대통령 선거에서 노조의 전폭적인 지지에도 불구하고 민주당이 패배하면서, AFL-CIO의 기본 노선에 대해서 회의적인 시각이 대두했다는 점이다. 또한 팀스터(Teamsters)는 중기적 노동운동의 영향력 확대를 위해서 조직률 확대 및 이를 위한 현장 중심의 조직활동에 역량을 집중할 것을 주장했다. 서비스 연맹(SEIU)은 현재의 소규모 연맹의 한계를 인식하여 산별노조로 개편할 것을 제안하기도 했다. 그러나 현 위원장인 스위니(J. Sweeney)가 이들의 주장을 배척한 가운데, 위원장 선거에서도 재선이 유력해지자 개혁파가 탈퇴를 결정하면서, 통합 50년 만에 재분열이 불가피해졌던 것이다.

미국 노총은 분열로 인해서 건강보험 적용확대 등 전체 근로자를 위한 당면 과제에 집중하기보다는 세(勢)확장을 위한 선명성 경쟁 등 내부 경쟁에 초점을 맞출 것을 우려하는 목소리가 나오고 있다. 한편으로는 그동안 무노조 경영을 고수해온 월마트(Wall Mart) 및 페덱스(FedEx) 같은 기업은 거센 노조 결성활동에 직면하게 될 가능성이 있다. 일부 학자들은 미국 역사상 노조 간의 경쟁적 환경에서 노조의 조직과 활동이 번성된 경험을 근거로 오히려 현상반전의 기회가 될 수도 있다는 전망을 내놓았다. 그럼에도 불구하고 서비스 산업의 발달, 제조업 분야의 위축과 국제경쟁의 심화, 미국 노동위원회(NLRB)의 반노조 성향 판정 등의 영향으로 인해서 노조활동의 강화는 쉽지 않을 전망이다.

(2) 일본형 국가 : 일본

일본

일본은 OECD 국가 중에서도 가장 안정적인 노사관계를 보이고 있다. 지난 30여년간 계속된 노조 조직률 하락과 더불어 단체협상 또한 포괄범위와 기능 면에서 지속적인 쇠퇴 양상을 보이고 있다. 노조 조직률은 2002년 20.2%에서 2003년 19.6%로 감소했다. 단체교섭은 미국과 같이 거의 대부분 기업차원에서 진행되고 있다. 1990년대 후반까지는 춘투(春鬪) 시기에 교섭력 강화를 목적으로 산별교섭이 진행되기도 했으나, 경제위기 및 국제경쟁 심화 이후 이러한 연대는 기업 간 성과의 차이로 거의 기능을 상실했다. 1998-2002년 동안 평균 근로자 1,000명당 근로손실일수는 단 하루로 OECD 최저수준을 기록하기에 이르렀다.

노사관계의 핵심 이슈는 임금에서 근로시간과 일자리 확대로 이동했다. 특히 기업단위 교섭의 주된 이슈는 근로시간이다. 경제위기 이후 단일 임금 가이드라인 마련이 어려워지면서 일본 노총(렝고)의 주된 관심이 근로시간 단축 및 일자리 나누기로 이전되었다. 일례로, 2004년 봄 교섭의 주된 이슈는 '초과근로에 대한 보상'을 확실히 하는 것이었다. 이와 더불어 시간제 근로자의 근로조건 개선, 중소기업 근로자에 대한 지원 확대 등 세 가지가 최근 노조의 핵심적인 요구 사항이다.

최근 들어 일본에서는 사용자와 노조 간의 마찰은 거의 없다고 해도 과언이 아닐 정도로 집단적 갈등은 현격히 줄어들었으나, 사용자와 근로자 개인 사이에 발생하는 노사분쟁은 크게 증가하고 있는 실정이다. 이에 따라 일본 정부는 「개별노동관계분쟁해결촉진법」(2001)을 제정하여 각 지역의 노동국장이 지도를 실시하거나 조정위원회[3]가 알선을 하도록 조치했다. 종래 집단적 노사분규만을 다루었던 노동위원회도 2001년부터는 개별 노동분쟁의 알선을 실시하고 있다. 이에 더하여 2006년에는 각 지방재판소에 노동심판제도를 도입,[4] 조정 및 심판 기능을 담당하고 있다(성태규 외, 2008, pp. 55-56, 63-65).

이러한 근로조건 결정의 개별화에 따라 기업과 근로자 개인 간의 고용관계를 공정하게 규정하는 노동계약법이 2008년에 제정되어 시행되기 시작했다. 이에 대해서는 비판적인 시각도 존재하고 있는데, 이것이 앞으로 집단적인 관계로부터 개별적인 계약관계로 노사관계의 기본 틀을 바꾸는 방향으로 강화되어 나아갈 수 있을지는 좀더 지켜보아야 할 것 같다.

---

3) 그 구성과 운영은 각 현(縣)마다 특징이 있다.
4) 노동심판은 재판관과 2명의 심판원(노사 단체 각각 1명씩 추천)으로 이루어진다.

(3) 북구형 국가 : 스웨덴, 덴마크

스웨덴

스웨덴에서는 교섭분권화 논의가 지속되는 한편 노조 간 통합도 추진되고 있다. 1950년 후반 이래 지속되어온 소위 '연대임금제'가 1970년대 들어 사무직노조 및 금속노조의 반발로 무너지기 시작했으며, 1990년대 초부터는 중앙 교섭이 사라지고 산별 교섭이 정착되었다. 한편, 금속사용자연합은 이에서 한 걸음 더 나아가 기업별 교섭으로의 분권화를 추진했다. 이에 대해서 노조는 파업을 강행하는 등 강력히 대응했다. 사용자총연합(SAF) 또한 그들의 영향력 상실을 우려하여 이에 반대의 목소리를 높였다. 그 결과 현재 스웨덴에서는 불안정한 산별 교섭이 유지되고 있는 상태이나, 최근 근로시간을 중심으로 기업별 교섭의 우선권을 인정하는 사례도 나타나고 있다. 노조 간 통합의 움직임도 나타나고 있는데, 금속노조와 제조업노조의 통합(총 47만 규모), 건설-건물유지보수-전기-도장공 노조의 통합(총 22만 규모)이 예정되어 있다.

이러한 가운데도 자율을 기반으로 노사협력은 계속되고 있다. 2001년 제조업 부문의 노사는 '스웨덴 산업을 위한 미래(Future for Swedish Industry)' 프로젝트를 중심으로 노사 간의 '혁신적인' 협력과 연대를 추진했다. 특히 노조는 작업장에서 협력을 조직함은 물론, 인적자원 개발을 지원하고 사회협약을 이끌어내는 등 생산적인 기능을 수행하고 있다. 경제여건의 변화에 대응하여 노동시장 유연화 조치와 악화된 근로조건을 수용하는 등 노조는 자율적으로 협력적 자세를 보이고 있다. 그 사례로 세계적인 의료기기 제조업체인 게팅예(Getinge) 그룹을 들 수 있는데, 이 그룹은 최근 자율적 · 탄력적 근로시간제를 도입하기로 노사 간의 합의가 이루어졌다. 이 합의로 인해서 매주 목요일마다 근로자들은 스스로 다음 주 동안 일할 시간을 결정한다. 주문량을 고려하여, 예상되는 생산량이 적을 경우에는 공급 과잉문제 해결을 위해서 주 40시간 미만 근로하고, 예상 생산량이 많을 경우에는 주 40시간 이상 근로하되 40시간 초과분에 대해서는 무임금[no extra payment]으로 근무하기로 합의를 한 것이다.

스웨덴 노사 간의 최대 쟁점은 유급 상병휴가의 감축이다. 스웨덴의 2005년 8월 현재 실업률은 6.5%이나, 상병휴가 중인 근로자가 전체 근로자의 14%를 차지하고 있다. 상병급여 수급자를 분석해보면, 단순 정신-행동 장애로 분류된 이들이 27%, 근골격계 질환 및 허리 통증을 호소하는 이들이 29%에 달한다.[5] 이에 대해서 전문가들은 스웨덴의 실업률 통계는 허상이며, 상병급여를 받고 있는 많은 사람들이 실업자로 분류되어야 할 여지가 크다고 분석하고 있다. OECD는 최근 각국이 실업급여 지급요건을 강화하면서 많은 이들이 상병급여자로 전환된 것으로 보고 있다.

덴마크

덴마크는 교섭분권화를 둘러싼 혼란을 극복한 후, 독자적인 노동시장 정책 모델을 구상하고 노사정 3자 협의체를 구성했다. 1982년 보수당 연립정부는 집권 후 신자유주의적 구조개혁을 단행했는데, 그 일환으로 교섭분권화가 추진된 것이다. 그러나 산별 교섭을 확대하는 과정에서 노사갈등이 빈발하고 교섭진행상의 혼선이 야기되었다. 동시에 기업합병이 추진되면서 사용자 및 노조의 통합이 진행되었으며, 이에 따라 사용자 단체는 교섭재집중화를 요구하게 되었다. 1993년

---

[5] 영국의 경우도 2005년 8월 현재 실업률은 4.7%에 불과하나, 총 실업자의 2배에 달하는 260만 명의 상병급여 수급자가 존재한다. OECD 전체로는 실업자가 3,700만 명인데 비해서, 상병급여 수급자는 이보다 많은 4,200만 명에 달한다.

사민당 정부는 재집권 후에도 노동시장 유연화를 위한 지속적인 개혁을 실시했는데, 이는 임금교섭 과정의 갈등과 겹쳐져 유례없는 노사갈등과 파업으로 이어졌다. 그러나 1998년 대규모 파업 이후 노사정 대화를 위한 공식 3자 협의기구를 구성하고 이후 고용창출 및 촉진을 위한 3자 연대를 통해서 위기극복 및 실업률 감축에 성공을 거두었다.

덴마크는 고유한 유연안전성 모델을 개발하여 시행하고 있다. 사민당 정부는 재집권 이후인 1990년대 중반 이후 노동시장 유연화 개혁 조치의 일환으로 지속적 경제성장과 안정적 사회복지를 동시에 달성하기 위한 독자적 노동시장 정책 모델을 개발했다. 이는 자유시장 경제의 특성인 노동시장의 유연성(flexibility)과 전통적인 스칸디나비아형 복지국가의 사회안전망(social safety net) 간의 '제3의 길(the third way)'로 지칭되고 있다. 유연안전성 모델 도입 이후 지난 10년 여간 덴마크의 실업률은 급속한 감소세를 기록하고 있다. 1993년 9.6%에 이르던 실업률은 2005년 5.4%로 감소했으며, 2006년에는 5.0%로 추가 하락할 것으로 예상된다. 이는 최근 호조를 보인 미국에 근접하는 수준이다(〈표 보-3〉 참조).

유연안전성 모델은 노사 상생[win-win] 전략의 하나로 추진된 것으로, 노동시장의 유연성(높은 수준의 이직률), 사회안전망(관대한 사회복지와 실업급여 체계), 그리고 정부의 적극적 노동시장 정책 등 세 요소의 조합(combination)으로 이루어져 있다.[6] 이 모델에서는 노조의 이해와 협력이 중요하게 작용한다. 이러한 조합은 덴마크의 이른바 혼성(hybird) 고용 시스템을 유지하게 해주며, 거꾸로 말하자면 덴마크의 고용 시스템은 이 세 요소의 조합으로 이루어져 있다고 할 수

---

[6] 따라서 '유연안전성의 황금 삼각형(golden triangle of flexicurity)' 모델로 지칭되기도 한다.

〈표 보-3〉 덴마크의 실업률 : 주요 국가와의 비교 　　　　　　단위 : %

	1993	1996	2004	2005	2006
덴마크	9.6	6.3	5.7	5.4	5.0
Euro 지역	9.9	10.7	8.9	9.0	8.7
미국	6.9	5.4	5.5	5.1	4.8

자료 : OECD, *Economic Outbook 2005*.

있다. 이 시스템하에서 사업주가 단기통보(short notice)로 근로자의 해고를 가능토록 허용한다는 면에서 덴마크는 미국과 영국에 비견되는 유연한 노동시장을 형성하고 있는 한편, 다른 한 편으로는 폭넓은 사회안전 시스템과 적극적 노동시장 프로그램을 통해서 스웨덴에 버금가는 정교한 사회안전망을 제공한다는 점에서 여타 북유럽의 사회복지국가와 유사성을 보이고 있다.

덴마크는 교섭분권화를 지속적으로 추진하고 있으며, 최근 노사협약의 중심어는 유연성이다. 2005년 3월 금융 노사는 협약의 유효기간을 종전 2년에서 3년으로 변경하기로 했으며, 임금인상률은 3년간 총 9.61% —— 이보다 한 달 앞서 공공부문은 9.3% —— 로 합의했다. 또한 기업단위 협약의 우선권을 인정하는 등 단체교섭에도 탄력성을 부여했다. 주 37시간 한도 내에서 근로계약을 통해 개인 근로시간을 1일 4시간부터 12시간까지 정할 수 있도록 했는데, 이는 '일과 가정의 조화'를 지원하기 위한 것이다. 그러나 EU 근로시간 지침에 의거하여 주 48시간은 넘을 수 없도록 했다. 탄력적 근로시간제를 도입하여 주 37시간의 준거기간(reference period)은 26주(6개월)로 정했다. 초과근로 시간에 대한 보상은 탄력적으로 적용하기로 했는데, 18시 이후 및 주말 근로에 대해서는 최소 20%의 초과수당을 지급한다. 근로자는 초과근로 보상을 금전으로 요청할 수도 있고, 초과시간을 모아서 7번째 주의 연가로 사용할 수도 있다.

현재 덴마크 근로자들은 5주의 법정연가와 근로자의 권리로 인정된 추가 5일의 휴가권(신청에 의해서 취득)을 가지고 있다. 5주 법정연가는 반드시 사용되어야 하나, 6주째의 휴가는 근로자 선택에 따라 휴가로 사용할 수도 있고 금전으로 보상받을 수도 있다. 출산휴가 및 육아휴직 기간(최장 60개월)을 완전연금기간(full occupational pension contribution)으로 인정하고, 고령자의 근로유인 제고를 위해 58세 이상의 근로자가 시간제 근로를 하는 경우에도 그 기간을 완전연금기간으로 인정하기로 했다. 동시에 35세 미만의 근로자는 기업이 부담해야 하는 임금의 10%에 해당하는 연금액 중 2분의 1까지 임금으로 지급받을 수도 있다.

(4) 라인란트형 국가 : 독일, 네덜란드

독일

독일은 일련의 개혁조치를 통해서 최근 모처럼 회복세를 나타냈다. 이는 최근 5년간 노조가 교섭분권화, 임금인상 없는 근로시간 연장, 심지어는 임금삭감에 동의하면서 단위노동비용을 인하시키고 이를 통해서 프랑스와 네덜란드는 물론 영국보다도 경쟁력 우위를 확보한 결과로,[7] 사회적 파트너십에 기초한 조율된 노사관계의 성과라고 할 수 있다.

독일은 전통적인 사회적 파트너십에 기초하여, 그동안 정부의 주요 개혁정책에 대해서 정부가 노사와 대화를 계속해왔다. 사민당 슈뢰더 총리 집권 이후 '일자리 연대' 부활, 연4회 정례회의 개최, 하르츠(Hartz) 법, '아젠다 2010(Agenda 2010)' 등 일련의 개혁정책을 추진

---

7) 2006년 노동생산성은 2.2% 증대, 노동생산성에 대한 임금비용은 1.1% 감소를 기록했다.

했다. 그 과정에서 독일의 사용자 단체는 경제침체 및 국제경쟁 심화 등 변화된 환경하에서 기업(특히 제조업)의 경쟁력을 회복하고 신규 채용 가능성을 높이기 위해서는 기업단위 협약의 우선성을 보장해야 한다는 주장을 지속적으로 제기했다. 노조는 특히 기업의 해외 이전 가능성을 우려, 사업주의 요구를 수용하여 단체협약의 예외조항(소위 opening clauses)을 확대하는 추세이다(현재는 법적인 사항은 아니며, 산별협약에서 노사 자율협상의 결과에 따라 허용한다). 그 결과, 금속산업에서는 2004년 기업경쟁력 강화 및 해고방지 목적의 경우 주당 근로시간을 35시간에서 40시간으로 '임금인상 없는 근로시간 연장'을 했고(지멘스 사 등), 다임러-크라이슬러(Daimier-Chrysler) 사의 경우는 2012년까지 고용조정을 하지 않는 것을 대가로 임금동결 및 임금인상 없는 주 39시간 또는 40시간 근로에 합의했다. 화학산업에서도 근로시간 연장 이외에 실업자 채용 시 협약임금보다 낮은 임금을 기업별로 적용할 수 있도록 예외조항을 채택했다. 한편, 정부는 고용유지를 위한 경우 사업주와 직장평의회(Works Council)가 합의하고 전체 근로자의 3분의 2가 찬성하는 경우 기업단위 협약에서 임금감축 및 근로시간 연장을 정할 수 있도록 허용하는 입법을 추진하고 있다. 다만, 이러한 정부 계획에 대해서는 노사가 모두 부정적인 입장을 보이고 있어서 입법화 과정은 순탄치 않을 것으로 전망된다.

독일은 노동시장의 유연화를 추진하기 위해서 '아젠다 2010'(2003) 및 하르츠 개혁 I-IV(2003-5)를 단행했다. 그리하여 2004년 1월 1일부터 10인 이하 사업장에서 근로자 신규고용 시 해고보호 조항 적용 없이 기간제 계약이 가능해졌다. 신규 창업의 경우는 최장 4년간 임시직 근로자를 사용할 수 있다. 해고자 선정기준(social selection criteria) — 근무기간, 나이, 부양의무 및 장애 등 — 과 무관하게 지식, 능력, 인성 등을 감안하여 회사에서 필요한 직원에 대해서는 고용유지가 가능하다. 경영상 이유에 의한 해고 시 단순한 화의(和議)절차에 의해서 고용종료가 가능하다. 이때 근로자는 해고구제 소송을 제기하거나 근속 1년당 반월(半月)치 임금에 해당하는 보상금을 받는 것 중에서 선택할 수 있다.

그러나 메르켈(A. Merkel)의 집권 이후 그나마 유연안정성 개혁은 보다 유연화의 방향으로 선회하고 있는 것으로 보인다. 메르켈 정부는 기업의 법인세를 39%에서 30%로 대폭 인하하고 실업보험 부담을 낮추면서 노조의 경영참여는 축소하는 변화를 가져왔다. 이것이 향후 노사관계에 어떻게 작용할지가 관심거리이다.

네덜란드

네덜란드에서는 정부가 독자 개혁을 추진하여 실패한 후 사회협약 모델이 다시 부각되고 있다. 폴더(Polder)[8] 모델로 대변되는 네덜란드식 협약 모델의 특징은, 공식적 협의기구인 노동재단과 경제사회협의회를 통해 임금인상을 억제하고 이를 대가로 고용안정을 추구하는데에 있다. 그러나 문제는 최근의 악화된 경제 및 고용 환경으로 인해 임금억제는 물론 당면 개혁과제가 모두 근로자에게 부담이 되는 내용으로서, 전통적 협약을 통한 추진이 적절하지 않고 또 근로자에게 줄 수 있는 '당근'도 마땅치 않다는 점이다. 그 결과 2004년 정부가 독자적으로 추진한 개혁은 특히 가을 대규모 파업을 통한 노조의 반대로 정부안이 철회되어 사실상 실패로 끝났고, 다시 전통적 사회협약 방식으로 복귀하여 노조의 입장을 많이 반영한 완화되고 미온적인 타협안이 마련되기에 이르렀다.

---

8) 원래 이 용어는 국토의 대부분이 해면보다 낮은 네덜란드에서 둑을 쌓아 해수를 막아 얻은 간척지를 의미하는데, 이는 물과의 투쟁 속에서 협력에 기초한 네덜란드 특유의 공동체 의식의 대명사로 사용되고 있다.

최근 네덜란드 노동사회 정책개혁의 초점은 고령화에 대응한 전체 국민의 노동시장 참여율 증대에 있다. 이는 EU 리스본 전략이 제시하고 있는 전체 70%, 여성 60%, 고령자 50% 고용률 목표와도 일맥상통한다. 이와 관련, 네덜란드 정부가 중점 추진하고 있는 분야는 실업 및 상병보험, 조기퇴직제도 개선 등이다.

주목할 만한 사실은, 일반적으로 잘 알려진 것과는 달리 1990년대와 2000년대 초에 걸쳐 네덜란드식 사회협약 방식인 폴더 모델이 그다지 잘 작동하지 않았다는 점이다. 즉 네덜란드식 협의 모델의 핵심은 경제위기 상황의 극복을 목적으로, 근로자(노조)는 임금인상을 자제하고 그 대가로 정부 및 기업은 고용안정에 주력하는 것이다. 대표적인 사례로는 1982년의 바세나르 협약, 1993년의 신노선협약 및 2003년과 2004년의 사회협약을 들 수 있는데, 협약의 체결과 시행 과정에서 정부의 역할이 매우 중요하고도 직접적이었다. 1982년 이전과 1990년대 전후반 상황에서 보듯이 경제호황 및 안정기에는 임금에 관한 노사 간 합의도출에 매번 실패하고 그 기능도 부각되고 있지 않다는 점에 유념할 필요가 있다.

실제 네덜란드 정부는 최근 주요 개혁 이슈를 추진하면서 사회주체들을 논의과정에서 제외시키는 등 폴더 모델의 해체를 시도하기도 했으나, 폴더 모델에 대한 높은 국민적 신뢰로 폴더 모델은 여전히 유지되고 있다. 그러나 극심한 경쟁체제하에서 보다 탄력적인 대응이 요구되고 있는 상황에서 산별협약의 전통과 폴더 모델로 대변되는 합의주의는 오히려 근원적이고 시급한 개혁조치에 걸림돌로 작용하는 측면도 있다. 임금인상 자제를 통한 성장정책에 대한 회의적인 시각도 적지 않은 한편, 조직근로자의 이익이 크게 대변되는 협의체제의 본질적 한계로서 취약계층(장기 및 고령 실업자, 장애인, 소수인종, 미숙련 근로자 등)에 대한 보호가 미흡한 문제도 지속적으로 제기되고 있다.

(5) 라틴형 국가 : 프랑스, 스페인

프랑스

프랑스는 2004년부터 단체협약 체결 시 '신(新)다수결원칙 (positive majority principle)'을 적용하고 있다. 이념적 지향의 차이로 인한 노조의 분화(전국적으로 5대 대표적 노총 존재), 사용자 단체의 결속력 미비 및 그로 인한 복잡한 교섭구조를 합리화한다는 취지에서 이 원칙의 적용이 추진되었다. 산별 교섭은 대표적 노조의 과반수와 합의하는 경우 협약이 유효하게 발효된다. 즉 5개 대표적 노조 중에서 3개 이상이 찬성하는 경우 협약이 유효하게 되는 것이다. 기업단위 교섭의 경우, 전체 근로자의 과반수를 대표하는 하나 또는 복수의 대표적 노조 —— 과반수 판단기준은 기업별 노사협의회 대표 선거 시 득표율 —— 와 합의하는 경우에만 협약이 유효하다.[9] 이는 산별 교섭에 우선하는 기업별 교섭의 효력을 인정한 것으로서, 그 결과 프랑스의 전통적인 단체교섭 및 협약의 위계가 변경되었다.[10]

프랑스 노동법상에는 임금, 기업의 사회보장세 부담률, 직업훈련 및 직급체제는 산별 교섭에서 위임하는 경우에도 기업 교섭에서 산별 교섭의 내용(가이드 라인)보다 불리한 내용을 합의할 수 없도록 규정되어 있다. 단, 이들 네 가지 분야 이외에는 산별 협약에서 위임하는 경우 산별 협약의 내용보다 근로자에게 불리한 기업교섭 결과(대표적

---

9) 과거에는 대표적 노조 중 한 곳이라도 사용자와 합의하는 경우 단체협약이 유효하게 성립되는 복수노조주의 단체교섭 관행에 따랐다. 이때 협약의 효력을 무효화하기 위해서는 전체 근로자의 과반수를 대표하는 하나 또는 다수의 대표적 노조의 이의제기가 있어야 했다.
10) 2006년에는 산별 및 업종별 교섭 1,100건에 비해 기업별 교섭은 25,000건을 기록했는데, 기업별 교섭이 계속 늘어가는 추세에 있다. 2006년에는 대기업은 거의 전부, 소규모 기업을 제외한 대부분의 기업이 기업별 교섭을 했다(EFILWC, 2008, p. 14).

으로 근로시간)도 인정된다. 2004년 독일계 기업인 보슈(Boach) 사의 노사는 임금인상 없는 주 36시간 근로와 부분적인 휴무일 폐지에 합의했다.

프랑스의 대표적 노조의 의미와 실제 기능을 살펴보면, 복수노조주의하에서 상호 병존하고 있는 노조 간의 현실적 영향력의 차이를 법적으로 인정, '대표노조(representants des organization syndicales)'에 대해서만 단체교섭권 및 협약체결권을 인정한다는 것이다. 동일한 대표성을 인정받은 경우에 한하여 지부 설치와 대표자 지명이 가능하다 (프랑스 노동법전 L-133-1, L-133-2). 대표노조의 요건은 조합원 수, 독립성, 조합비, 조합으로서의 경험과 역사, 제2차 세계대전 독일 점령 당시의 애국적 형태 등 다섯 가지이다. 단체교섭은 공동으로 진행하나, 협약체결 시는 모든 노조와의 전체합의를 요구하지 않고 다수 합의주의를 적용한다.

프랑스는 또한 기업의 환경변화에 대한 탄력적인 대응을 허용했다. 2005년에는 근로시간제도에 대한 개편이 이루어졌다. 법정 주 35시간제를 유지하는 가운데, 연간 초과근로 한도를 종전 180시간에서 220시간(주당 13시간 한도)으로 연장했다. 또한 종업원 20인 미만 사업장에 대한 주 35시간제 적용은 2008년 12월까지 유보하고 초과근로 보상도 10% 할증으로 유지했다. 근로시간 저축제도(time-saving account)의 내용도 개정되었는데, 22일 한도규정을 폐지하여 그 이상 저축이 가능토록 했으며 저축 후 5년 내 사용규정도 폐지하고 저축된 근로시간에 대해서 현금보상이 가능하도록 했다. 초과근로를 저축하는 것과 20인 미만 사업장에서 주 35시간제를 도입한 경우 이로 인한 추가휴일 발생분에 대해서 현금보상이 가능하도록 개정했다. 기업 단위에서 근로자가 합의하는 경우 연간 220시간을 넘는 초과근로도 가능해졌다. 이는 기업별 합의에 우선권을 부여한 것으로, 이 부분은 산별 협약에서도 기업별 합의의 내용을 제한할 수 없다.

이들 주요 조치와 더불어 최근 프랑스 정부는 운수노조의 파업과 관련하여 파업의 사전방지 조치와 더불어 파업 시 최소 서비스 유지 의무를 입법화했다. 프랑스 전력공사(EDF) 민영화 계획 등의 조치에 대해서 전국 5대 노조는 간헐적 파업 등으로 대응하고 있으나 최근 프랑스의 높은 재정적자, 23%에 달하는 청년실업률 등 심각한 실업문제가 이들의 목소리를 잠재우고 있다. 또한 정부는 이들 개혁조치가 정당성을 가지고 있다고 판단하여 노조의 저항에도 불구하고 개혁입법을 추진한다는 입장을 견지하고 있다.

스페인

1980년대 후반부터 1990년대 전반까지 집권한 사회당 정부는 기업별 교섭도입, 민간고용 시비스 허용, 해고비용 완화 및 해고규제 완화 등 일련의 노동시장 유연화를 위한 개혁을 추진했다. 그 과정에서 스페인 양대 노조(CCOO, UGT)는 총파업(1988, 1992, 1994 세 차례) 등으로 대항했다. 그러나 1996년 총선 후 집권한 국민당(보수당)은 보다 근원적인 개혁을 추진했다. 1997년의 상황은 높은 실업률(무려 21.49%)에 더하여 경제활동인구 중 임시직(계약직) 고용이 34%(EU 평균의 3배)에 달하는 등 고용불안정이 사회적인 이슈가 되었다. 정규직에 과도한 퇴직금을 지급함에 따라 기업에서 정규직 고용을 회피하는 경향이 증대되었고, 따라서 정규직 해고비용 감축이 지상의 과제로 대두되었다. 이에 대응하여 스페인 정부는 노사정 대화를 통해, 특히 고용보호법제 완화를 목적으로 일련의 개혁정책을 지속적으로 추진했다. 그 결과 1997년 4월 양대 노총과 사용자 단체 간의 '고용안정, 단체교섭 촉진 및 규제의 틈을 메우기 위한 사회협약' 체결에 성공했다. 1994년 개혁을 통해서 임시고용을 억제(계약갱신 최대 3회, 기간은 최장 2년)하는 정책을 실시했으나 실패로 끝나고, 그 결과 1997년 개혁은 정규고용을 장려하는 정책으로 전환되었다.

1997년 개혁의 주요 내용을 살펴보면 다음과 같다. 4년 한시적으로 제3의 고용계약 형태인 '정규직 증진계약(permanent employment promotion contract)'을 도입했다. 이 계약의 특징은 동일한 고용계약의 근로자에 대한 경제적, 기술적, 조직적 및 생산상의 사유로 인한 개별 및 복수 해고가 부당 해고로 판명된 경우 해고보상금을 경감함으로써 정규직 확산을 유도하는 효과를 낳는다. 1년당 45일분에서 33일분(최대 24개월분)으로 해고보상금이 경감되었다.[11] 25인 이하 사업장에 대해서는 임금보장 기금에서 해고보상의 40%를 지급하기로 했다. 또한 근로자 고용 후 2년간 사업주의 사회보장 부담금을 감면(40-80%)해주었다. 다만, 이러한 새로운 고용계약은 30세 미만 실업자, 1년 이상 장기 실업자, 45세 이상 실업자 또는 장애인을 고용하거나, 임시계약에서 정규직으로 전환하는 경우에 대해서만 적용된다. 한편 그간 전국, 지역(provincial) 및 기업단위 교섭의 중복으로 인한 소모를 줄이기 위해서 직종별(intersectoral) 교섭을 도입하여 각종 교섭의 준거 또는 가이드 라인이 되도록 했다.

2001년에 시행된 개혁의 주요 내용은 다음과 같다. 정규직 증진계약의 효력은 계속 유지됨과 동시에 16-45세 실업여성, 과소대표된 분야의 실업여성, 6개월 이상 실업자, 45세 이상 실업자, 유자녀 실업여성(출산 후 24개월 내 채용 시) 등으로 적용대상이 확대되었다. 또 근로자에 대한 사회보장 부담금 감면범위가 20-100%로 조정되었다. 또한 임시직에 대한 해고수당(최대 연간 8일분)이 신설되었다. 시간제 근로자를 '비교 가능한 정규근로자의 근로시간보다 짧은 시간을

---

[11] 스페인에서는 90%의 해고가 부당 해고로 판정된다. 사용자에게 입증의 의무가 없는 유일한 해고는 정당한 징계해고(disciplinary dismissal)에 한하고 있다.

일하는 근로자'라고 정의하고, 하청의 경우 원청업체를 근로자에게 밝히도록 했으며, 원청업체는 근로자 임금과 사회보장 부담금 지급의무를 공유하도록 했다.

스페인은 1997년 노사정 사회협약, 2002-2004년간 단체교섭 가이드 라인 도출(안정적 일자리 창출, 임금 안정, 노동시간 유연화 조치) 등 노사정 협력을 바탕으로 일련의 개혁조치를 추진한 결과 1995-2003년 기간 중 고용률은 1.9% 증가했고(2004년 현재 고용률 61%) 생산성은 1.1% 감소했다. 그러나 1997년 3월 21.49%였던 실업률이 2004년 말에는 10.5%로 감소했고, 1997년 34% 등 지속적인 증가세를 보이던 비정규직의 비중이 2003년에는 30%를 기록하는 등 감소세로 돌아섰다. 2004년 총선 결과 사회당이 집권한 이후에도 노사정은 '경쟁력, 안정된 고용 및 사회적 통합'을 위한 협약을 체결했다. 이 협약은 고용과 노동정책에서 노사의 역할을 강화하고, 고용은 정규직 고용의 증진에 초점을 두었다.

이와 같은 일련의 개혁에도 불구하고 스페인은 노동시장의 이중구조에 따른 비용이 매우 큰 상황이어서 차별과 생산성 저하로 이어지는 결과를 양산했다.[12] 정규직은 여전히 과도한 해고비용으로 인해서 불경기 시에도 구조조정으로부터 자유로운 입장이었고, 임시직이 우선해고 대상이 되었다. 스페인의 정규직 고용보호는 OECD 국가 중 터키, 포르투갈, 멕시코 다음으로 네 번째로 높은 수준이다. 현행 교섭제도도 생산성에 악영향을 주었다. 생산성과 무관한 임금책정 등으로 생산성 증가에 대한 유인이 없었기 때문이다. 동시에, 물가인상을 반영하는 임금보전[catch-up] 조항을 둠으로써 협약 임금인상률을 초과하는 추가적 임금인상과 이로 인한 인플레이션이 문제로 지적되었

---

12) OECD는 임시직에 대한 과도한 의존이 스페인의 생산성을 저하시켰다는 분석을 내놓았다(*Economic Outlook 2005*).

다. OECD는 이와 같은 문제점의 해결과 함께 교섭의 분권화를 통한 탄력적 대응이 필요하다고 권고했다.

3. 한국에의 시사점

이상의 OECD 주요 국가 노사관계의 최근 동향을 통해서 우리는 그 유형별, 국가별 차이에도 불구하고 세 공통적인 추세를 발견할 수 있다: 노동시장의 유연(안전)화, 단체교섭의 탄력화, 그리고 노동운동의 탈정치화 및 노사협력 등이 그것이다.

노동시장의 유연화는 거의 모든 국가에서 공통적인 정책과제로 추진되고 있는데, 이는 대내외적 사회경제 환경의 변화에 따른 불가피한 대응이다. 이와 더불어 고용안정을 위한 사회안전망의 확충에도 정책적 노력이 기울여지고 있음을 감안할 때, 노동시장의 유연안전화는 거역할 수 없는 대세라고 할 수 있다.

다만 복지국가에서는 복지부담의 증가로 인하여 기존 복지체계의 재편에도 손을 대고 있다. 최대 현안인 고령화는 재정적자 및 노동력 부족문제는 물론이고 성장동력의 약화문제를 내포하고 있어 특히 연금, 실업 및 상병급여 등에 대한 수술이 불가피한 실정이다. 독일, 네덜란드, 스웨덴, 스페인 등 사회적 모델을 가지고 있는 유럽은 물론 일본과 미국에서도 사회보장체제 개편을 추진하지 않을 수 없었고, 이는 정권의 이념과는 무관하게 추진되었다. 이 과정에서 유럽은 노사정 협의 또는 사회협약 체결을 통해서 사회적 갈등을 최소화하고자 노력했다. 그러나 노조는 이에 대해서 조직적으로 대항하여 2003년 프랑스의 '검은 화요일' 등 대규모 파업이 벌어지기도 했으나, 개혁의 불가피성은 이들의 목소리를 잠재웠고 현재도 추가적인 개혁이 진행 중에 있다. 이는 앞으로도 노사 간 또는 노정 간 갈등이 계속될 것을 예상하게 한다. 유럽의 경우는 사회의 근간을 이루어온 조합주의 또는 파트너십에 의거하여 지속적인 대화와 타협이 이루어질 것임을 예상할 수 있는데 반해서, 미국과 일본에서는 정부 주도로 개혁이 추진되고 있고 그 과정에서 노조의 참여는 물론 갈등표출도 매우 제한적일 것으로 보인다.

반드시 고령화만이 아니라 여러 이유로 사회안전망의 확충이 요구되는 한국의 경우에는, 상대적으로 보수적인 정권의 출범으로 그나마 사회보장제도가 실질적으로 약화된다면 이에 대한 사회적 저항이 만만치 않을 것으로 생각된다. 이 과정에서 갈등의 표출과 관리 문제가 심각하게 대두될 것이며, 보다 근원적으로 사회안전망의 확충 여부를 둘러싼 사회갈등도 예상된다. 앞에서 본 국가들의 사례를 그대로 좇기보다는 한국의 실정에 맞는 사회보장제도에 대한 중장기 계획의 수립과 실행이 요구되는 시점이다.

서비스 산업의 발달, 경쟁심화로 인한 노동시장의 유연화와 더불어 교섭분권화도 하나의 추세이다. 노동시장 개혁은 고용보호법제의 완화(프랑스, 독일이 대표적), 근로시간 탄력화 및 교섭의 분권화로 정리될 수 있다. 이들 조치 대부분이 노조에 불리한 내용들임에도 불구하고 노조가 많은 부분 이를 수용하지 않을 수 없는 것은, 실업문제의 심각성에 대한 국민적 우려, 특히 2004년 EU 신규 10개국 추가가입 이후 기업의 해외 이전 가능성이 보다 가시화되고 있어서(실제로 기업은 이를 협상의 무기로 활용) 노조가 양보하지 않을 수 없는 상황이 조성되고 있기 때문이다. 특히 교섭의 분권화는 전통적 조합주의 국가인 스웨덴, 덴마크 등에서도 이루어지는 등 하나의 추세를 형성하고 있다. 다만 유럽의 교섭분권화는 미국이나 일본과는 달리 산별 협약에서 위임하는 경우에 한해서 기업교섭에 탄력성을 부여하는, 이른바 '조율된 분권화(co-ordinated decentralisation)'라고 할 수 있다.

그럼에도 불구하고 당초 과도한 경쟁에 따른 제반 폐해를 막기 위해서 도입되었던 중앙 또는 산별 교섭이 경쟁이 심화됨에 따라 분권화되는 양상을 보이고 있는 것은 하나의 아이러니라고 할 수 있다.

교섭탄력성의 요구는 계속될 것이고, 그 과정에서 갈등의 조율이 남겨진 숙제이다. 한국의 경우는 탄력화의 경향과는 반대로 기업별 교섭체제를 산업별 교섭체제로 전환하고자 하는 노조의 요구가 강하게 제기되고 있고 심지어는 입법을 요구하고 있는 실정이다. 이에 대해 OECD 주요국의 경험과 동향은 우리로 하여금 많은 생각을 하게 해 준다.

미국과 일본은 분권화된 교섭체제를 기반으로 보다 발빠르게 변화에 대처하고 있고(국가 아젠다에 대한 노사의 참여와 역할은 매우 제한적), 유럽의 경우는 전통적인 노사관계 유형과 무관하게 조합주의적 정책협의 활성화를 통해서 갈등 관리를 추구하고 있으며 앞으로도 이와 같은 경향은 지속될 것으로 예상된다. 이는 과거 노사갈등 표출의 대표적 국가로 낙인이 찍힌 이탈리아[Italian Stigma]조차도 1990년대 이후 노사정 간의 중앙교섭을 통해서 난관을 타파하는 등, 이후 고유한 조합주의적 협의체제를 유지해오고 있는 데에서도 찾아볼 수 있다. 이처럼 협의 또는 타협의 문화가 정착 또는 시작되고 있는 유럽 국가들의 특징은 사회경제 문제에 대한 공동체적 인식이 존재하고, 이와 같은 문제인식과 관련하여 노사정 행위주체 간의 문제해결 의지가 형성되어 있으며, 특히 노사 단체의 위계와 지도부의 리더십이 확고하게 뒷받침되고 있다는 것이다.

우리가 눈여겨보아야 할 점은, 이와 같은 협의와 타협의 근간에는 종업원 평의회와 근로자의 경영참여가 활성화되어 기업의 모든 경영정보가 공개되고, 이에 대한 노조 또는 근로자의 이해와 신뢰가 저변에 깔려 있고, 그 만큼의 책임도 부과되어 있다는 것이다. 또 하나 감지할 수 있는 현상은 네덜란드, 독일 등의 사례에서 볼 수 있듯이 조합주의 또는 파트너십에 기초한 개혁은 그 자체로 한계를 내포하고 있고, 근원적이고 시급한 개혁조치에 걸림돌로 작용하는 측면도 존재한다는 것이다. 또한, 조직근로자의 이익이 크게 대변되는 현실상 노동시장 취약계층(장기 및 고령 실업자, 장애인, 소수 인종 및 미숙련 근로자)의 활용 및 보호에는 미흡하다는 문제가 있다. 따라서 세계화 및 국경 없는 무한경쟁의 시대에, 장기적으로는 변화에 대한 느린 대응으로 인해서 전체 경제가 활력을 잃고 성장동력이 감퇴되는 결과가 초래될 수 있다는 점도 함께 인식할 필요가 있다.

이것이 우리에게 시사하는 바는, 어떤 교섭체계나 방식이 어느 쪽에 유리하냐를 놓고 노조와 사용자가 팽팽하게 대립하는 것으로는 사회경제 환경의 변화를 따라잡기가 힘들다는 것이다. 어느 쪽이 교섭의 사회경제적 비용을 줄이고 원만한 타결에 유리한가 하는 데에 초점이 맞추어져야 할 것이다. 노동시장의 유연화 대 안전화 문제도 마찬가지이다. 사회경제 환경의 변화와 더불어 기업과 노조, 그리고 개별 근로자 사이의 관계도 변화되고 있는 이 시점에서 명분에 집착하여 어느 한쪽만을 고집하기보다는 한국의 현실에 맞게 노동시장의 유연안전성을 확보하는 방안을 구체화하는 것이 현실적이고도 합리적일 것이다.

특히 사회적 협의체제는 교섭체제의 탄력화만이 아니라 노동시장의 유연안전화와도 상호연관되어 있다. 또한 이는 노동운동의 탈정치화와도 맥을 같이 하고 있는 것으로 생각된다. 이념적 노동운동의 전통과 경향이 남아 있는 국가에서조차 사회적 협의를 통해서 협력적인 노사관계로 나아가고 있는 점은 우리에게 시사하는 바가 크다. 즉 사회적 협의체제는 참여와 협력의 노사관계를 전제로 한다는 것이다.

사회적 협의체제 자체를 원천적으로 부정하는 노동운동도, 자신의 이익을 배타적으로 관철시키려는 수단으로 협의체제를 활용하고 있는 경우도 발견되지 않았다. 물론 협의과정에서는 이해상충이 있겠지만, 국가 전체적인 관점에서 노사정이 협력하지 않으면 안 된다는 인식이 깔려 있는 것이다. 한편으로는 사회적 협의를 넘어 합의를 요구하면서 다른 한편으론 타협과 협력을 거부 내지는 매도하는 모순된 태도로써는 사회적 협의체제를 구축할 수가 없다. 양보와 타협, 그리고 참여와 협력의 가치와 의미에 대한 인식이 심화될 때 한국적 사회협의 모델도 구축될 수 있을 것이다.

참고 문헌

1. 국내 문헌

강순희(1999), '지식기반 경제의 인력개발', 한국노동연구원 개원 11주년 기념토론회 발표논문, 9. 10.

강신준(1995a), '신임금제도에 대한 노동조합의 대안적 임금정책', 『신경영전략과 노동조합의 대응전략』, 한국산업노동학회 제3차 학술발표회 논문집, 8. 19.

_____(1995b), '신경영전략과 인사·임금제도', 『신경영전략 — 이렇게 맞서자』, 영남노동연구소 정책자료 제5집, 11월.

경영자총연합회(1990), 『경총 권고·건의집』, 경총신서 12.

_____(1994), 『고용조정의 이론과 실제』, 한국경영자총협회.

_____(2005), 『연공서열형 임금체계의 재검토 — 한국과 일본의 정기승급제를 중심으로』, 경총연구총서 53.

고경환(1998), 'OECD 기준에 따른 우리나라의 사회보장 지출규모', 『보건복지포럼』, 제21호.

_____(2000), '한국의 사회보장비 추계와 국제비교', 한국보건사회연구원, 3월.

금융감독위원회(2000a), 「주요현안보고」, 당정협의자료, 8. 21.

_____(2000b), 「기업개선작업 대상기업 경영관리단 등에 대한 검사결과 및 조치계획」(보도자료), 8. 23.

김경동(1988), 『노사관계의 사회학』, 경문사.

김대환(1987), '경제민주화의 의의와 실천과제', 한국기독교산업개발원(엮음), 『한국 사회민주화의 방향과 과제』, 정암사.

_____(1996), '사회경제 환경변화와 노동운동의 방향', 최영기 외, 『사회경제환경 변화와 노동운동』, 한국노총.

_____(1997), '노동자의 경영참가 방안에 관한 일 연구', 『경제와 사회』, 겨울호.

_____(1998), '경제개혁의 대내외적 지향과 과제', 『국제통화기금 관리체제를 초래한 정치·사회·경제적 원인과 대책』, 문화일보사 주최 '외환위기 원

인과 처방' 대토론회 논문집, 9. 21.
_____(1999), '민영화정책에 대한 비판적 검토', 「역사비평」 48호, 가을.
_____(2000), 'IMF 관리체제 2년의 성찰적 대응', 「산업노동연구」, 제6권 제1호, 7월.
_____(2001), '지식기반 경제의 사회적 도전과 정책적 대응', 「한국사회정책」, 제8집 1호, 6월.
_____(2002), '글로벌 경쟁시대의 노사관계 전략변화', 한국노사관계학회 외 주최 「노사관계 선진화를 위한 토론회」 발제문, 9. 4.
_____(2005), '글로벌 시대의 고용문제와 노사관계', 국가경영전략포럼 주최, 「한국 경제, 무엇이 문제인가?」 심포지엄-4, 기조연설문, 11월 10일.
_____(2006), '한국 노사관계 합리화의 과제', 선진화포럼 주최, 「노사관계」 토론회 발제문, 6월 22일.
_____(2008), '노사문화 선진화의 과제와 방안', 선진화포럼 주최, 「노사문화」 토론회 발제문, 3월 21일.
김동원 외(2006), 「우리나라 노사관계 평가기준 연구」, 노동부 제출 연구보고서, 11월.
김성환(1992), 「비정규노동에 관한 연구」, 한국노동연구원.
_____(1995), 'New Types of Management', 「신경영전략과 노동조합의 대응전략」, 한국산업노동학회 제3회 학술발표회 논문집.
김수곤(1993), 「賃金體系의 合理的 改革方案」, 대한상공회의소 한국경제연구센터.
_____(1998), '임금체계 합리화를 위한 제안 — 包括逆算 악습의 퇴치와 年俸制 導入을 위하여', 최저임금심의위원회 심포지엄 발표논문, 11월.
_____(2005), 「노동시장과 노사관계의 이해 : 實事求是 노동교육 교사용 자료」, 한국노동교육원.
김수곤·박준양(2005), 「우리나라 임금제도 변천과 그 정책적 함의: 동기유발을 위한 임금체계 혁신방안」, 노동부 연구보고서, 10월.
김용학(1996), 「사회구조와 행위」, 개정증보판, 사회비평사.
김유선(1998), '민주노조운동의 혁신을 위한 제언', 「노동사회」, 9월호.
김정한(2005), '노동조합 재정비리의 원인과 향후 과제', 「노동리뷰」, 6월호.
김태홍 외(2005), 「사회갈등해소를 위한 갈등관리제도의 구축 및 효율적 운영 방안 연구」, 경제인문사회연구회 협동연구총서 05-02-02, 12월.
김형기(1992), '진보적 노자관계와 진보적 노동조합주의를 위하여', 「경제와 사회」, 가을호.
김형배(1999), '한국의 산업화과정과 노동법제의 변화', 한국노사관계학회·한국

　　　　노동경제학회 · 한국노동법학회 1999년도 합동정책토론회 발표논문, 2월.
김 훈(1999), '지식사회와 신노사문화', 한국노동연구원 개원 11주년 기념토론회 발표논문, 9. 10.
노동부(1988), 『1987년 여름의 노사분규평가보고서』.
＿＿＿(1999), 「신노사문화 정책과제 추진계획(안)」, 12월.
＿＿＿(2003), 『실업대책백서』.
＿＿＿(2006), 「노사관계 선진화 입법 설명자료」, 12월.
＿＿＿(2008), 『2007 노동백서』.
노사정위원회(1998), 「위원회 활동현황」, 12월.
＿＿＿＿＿＿(1999), 「노사정 협력증진을 위한 정책과제」, 2월.
박상언(1994), 「유연성 확대를 위한 노동력관리 전략의 변화: 한국 대기업의 노동과정과 내부노동시장 사례를 중심으로」, 『산업관계연구』, 제4권.
박상언 외(1996), '신인사제도의 도입 현황과 그 효과', 『유연화와 신인사제도』, 한국산업노동학회 제4회 학술발표회 논문집, 3. 23.
박세일(1990), '우리나라 노동조합운동의 이념적 발전방향', 『한국노동운동의 발전방향에 관한 토론회』, 한국노동연구원, 4. 12.
박준식(1992), '대기업의 신경영전략과 작업장 권력관계의 변화', 『사회비평』, 제7호.
＿＿＿(1996), 『생산의 정치와 작업장 민주주의』, 한울.
박형준, '노동법 개정투쟁과 노동운동의 방향', 『동향과 전망』, 11월호.
배무기(1966), 『한국 노사관계 개혁』, 경문사.
삶의 질 기획단(1999), 『생산적 복지의 길 : DJ Welfarism』, 11월.
서울대 사회과학연구소(1989), 『노사관계에 대한 국민의식 조사연구』, 1989.
성태규 외(2008), 『선진국의 노동시장 개혁사례 연구』, 노동부제출 연구보고서, 7월.
송석훈(1995), 「직능자격제도 실시상의 직무소외 문제에 관한 분석」, 『동계발표회 논문집』, 한국인사관리학회.
어수봉(1994), 『한국의 실업구조와 신인력정책』, 한국노동연구원.
이각범(1989), ''87, '88 노사분규과정에서의 행동양식', 『1987, 88년의 노사분규 종합연구에 관한 토론회』, 한국노동연구원.
이영민(1988), 『노동자 대투쟁을 통해 본 현단계 한국 노동운동의 과제』, 죽산.
이원덕(1999), '21세기 노사정 협력강화 방안', 12월(미발간 자료).
이종오(1988), '80년대 노동운동론 전개과정의 이해를 위하여', 한국기독교 산업개발원(엮음), 『한국 노동운동의 이념』, 정암사.
이찬훈(1999), '현대 사회 구조와 주체성', 『대동철학』, 제5집, 9월.

재정경제부 외(2000), 「2단계 4대부문 개혁 추진방향」, 2. 29.
_____(2000), 「지식기반경제발전 3개년 추진전략(안)」, 3. 27.
정대용(1988), '재야 민주노동운동의 전개과정과 현황', 한국기독교산업개발연구원(엮음), 『한국 노동운동의 이념』, 정암사.
정란수 외(2007), '여가제약모형의 비판적 재구성: 사회구조와 행위의 통합적 접근', 『관광학연구』, 제 31권 제 1호, 2월.
제4차 정보화전략회의(2000), 「함께 하는 지식정보강국 건설」, 4. 6.
조우현(1989), ''87, '88 노사분규가 노동시장 및 노사관계에 미친 영향', 『1987, 88년의 노사분규 종합연구에 관한 토론회』, 한국노동연구원.
조희연(1989), ''80년대 사회운동과 사회구성체논쟁', 박현채·조희연(편), 『한국 사회구성체논쟁 Ⅰ』, 죽산.
진영준 외(1999), '경제위기 1년의 조세정책과 향후 정책방향', 한국조세연구원, 3월.
최영기(1998), '현대자동차 문제에 대한 평가'(미발표), 8. 26.
____(2000), '뉴밀레니엄 시대의 노사관계 발전방향', 중앙경제 10주년 토론회 발제문, 5. 29.
최영기 외(1999), 『한국의 노사관계와 노동정치(I) : '87년 이후 사회적 합의를 중심으로』, 한국노동연구원.
_____(2000), 『한국의 노사관계와 노동정치(II) : 한국의 노동법 개정과 노사관계』, 한국노동연구원.
한국기독교사회문제연구원(엮음)(1987), 『7-8월 노동자 대중투쟁』, 민중사.
한국노동연구원(1990), 『노동문제 및 노사관계에 대한 근로자의 의식조사 연구』.
_____(2006), 『2006 KLI 노동통계』.
_____(2007a), 『2007 노사관계 국민의식조사 - 조사결과표』.
_____(2007b), 『한국의 노사관계 변화 추이 분석 및 새로운 노사정책 방향』, 노동부 제출 연구보고서, 5월.
한국노총(1988), 『1987년도 노동쟁의』, 연구보고서 88-1.
_____(1990), 『한국노동자의식연구』.
한국생산성본부(1987a), 『노사관계환경과 노사분규』.
_____(1987b), 『87 노사분규와 노사관계 개선방안에 관한 조사연구』.
현진권·윤건영(1999), '우리나라 조세정책의 평가와 개혁과제', 『재정포럼』, 8월호.
호네트, 악셀(1996), 『인정투쟁』, 동녘 : 문성훈 외 옮김.
홉스봄, 에릭(1984), 『산업과 제국』, 한벗.
홍성우(1996), 「한국 제조업의 수량적 유연성에 관한 연구」, 『산업노동연구』, 제1

권 제2호.

황수경(2004), '연공임금과 임금격차', 『매월노동동향』, 10월호.

2. 해외 문헌

岡本秀昭(編著)(1988), 『國際化と勞使關係』, 總合勞動研究所.
鍵山整充(1989), 『職能資格制度』, 白桃書房.
渡辺貞雄(編)(1998), 『21世紀への社會政策』, 法律文化社, 東京.
木元進一郎(1986), 『勞動組合の「經營參加」』, 森山書店.
_____(1992), 「日本的勞使關係の矛盾とその現局面」, 『勞動運動』, No. 325.
星野 智(1992), 「世界システムとナショナリズム」, 『情況』, 12月號.
小谷 崇(1987), 『新保守主義經濟學』, 靑木書店, 東京.
矢島鈞次(編著)(1991), 『新自由主義の政治經濟學』, 同文磋, 東京.
領 學(1983), 『勞動の人間化と勞使關係』, 日本勞動協會.
重里俊行(1990), 『日本企業の國際化と勞使關係』, 中央經濟社.
川上忠雄・增田壽男(編)(1990), 『新保守主義の社會經濟政策』, 第2刷. 法政大出版局, 東京.

Adams, R.(ed)(1991), *Comparative Industrial Relations: Comparative Research and Theory*, Harper Collins, London.

Atkinson, J.(1985), 'Flexibility: Planning for an Uncertain Future', *Manpower Policy and Practice*, Vol. 1, Summer.

Barbash, J.(1981), 'Theories of Labor Movements in their Institutional Setting', *Journal of Economic Issues*, vol. XV, no. 2, June.

Batstone, E.(1988), *The Reform of Workplace: Theory, Myth and Evidence*, Clarendon, Oxford.

Beck, U. *et al.*(1994), *Reflexive Modernization: Politics, Tradition and Aesthetics in the Modern Social Order*, Polity Press, Cambridge.

Bennett, R.(1994), *Employee Relation*, Longman, London.

Berggren, C.(1992), *Alternatives to Lean Production*, Cornell University Press, Ithaca.

Braverman, H.(1974), *Labor and Monopoly Capital*, Monthly Review Press, New York.

Brodner, P.(1985), *Fabrik 2000. Altenative Enterwicklungspfade in die Zukunft der Fabrik*, Sigma Verlag, Berlin.

Burawoy, M.(1979), *Manufacturing Consent*, University of Chicago Press, Chicago.

_____(1985), *The Politics of Production*, Verso, London.

Cerny, P. G.(1995), 'Globaization and the Changing Logic of Collective Action', *International Organization*, Vol. 49, No. 4.

Cohen-Roshenthal, E. & C. E.. Burton(1993), *Mutual Gains*, ILR Press, Geneva.

Cortada J. W.(ed), *Rise of the Knowledge Worker*, Butterworth-Heinemann, London.

Cressey, P. & J. McInnnes(1980), 'Voting for Ford : Industrial Democracy and the Control of Labour', *Capital & Class*, No. 11.

Croizer M. & E. Friedbrg(1980), *Actors and Systems : The Politics of Collective Action*, Chicago University Press, Chicago.

Dalton, D. *et al.*(1984), *Electoral Cange in Advanced Industrial Democracies*, Princeton University Press, Princeton.

Davis, L. & A. Chems(eds)(1975), *The Quality of Working Life*, 2 Vols, The Free Press.

Dawson, A.(1998), 'The Intellectual Commons : A Rationale for Regulation', *Prometheus*, Vol. 16, No. 3.

Delamotte, Y. & Walker, K.(1973), 'Humanisation of Work and the Quality of Working Life : Trends and Issues', *IILS Bulletin*, No. 11.

Dore, R.(1986), *Flexible Rigidities*, Athlone, London.

Drucker, P.(1986), 'The Changed World Economy', *Foreign Affairs*, Vol. 64, No. 4, Spring.

Dunlop, J.(1958), *Industrial Relations Systems*, Holt, Rinehart & Winston, New York.

Dunlop Committee(1994), *Fact finding Reports of the Commission on the Future of Worker-Management Relations.*

Edwards, R., P. Garonna & F. Todtling(eds)(1986), *Unions in Crisis and Beyond*, Auburn House Publishing Co., London.

EFILWC(2008), *Industrial Relations Developments in Europe 2007*, European Foundation for the Improvment of Living and Working Conditions, Dublin.

Ekeh, P.(1974), *Social Theory : The Two Traditions*, Harvard University Press, Cambridge.

Esping-Anderson(1992), 'Social Security Policies and the Swedish Model', A Paper presented at the International Conference on Social Welfare, Seoul, May 17.

Foulkes, F.(1980), *Personnel Policies in Large Nonunion Companies*, Prentice-Hall, Englewood Cliffs.

Freeman, R.(2002), 'The Labour Market in the New Information Economy', Working Paper 9524, NBER.

Freeman, R. & J. Medoff(1984), *What Do Unions Do?*, Basic Books, New York.

Frow, J.(1996), 'Information as Gift and Commodity', *New Left Review*, No. 219.

George, V.(1998), 'Ideology, Globalisation and Welfare Future in Europe', *Journal of Social Policy*, Vol. 27.

Gerwin, D. & Leung, T.(1986), 'The Organizational Impacts of Flexible Manufacturing Systems', *Human Systems Management*, Vol. 1.

Giddens, A.(1970), *Central Problems in Social Theory: Action, Structure and Contradiction in Social Analysis*, Macmillam, London.

_____(1984), *The Constitution of Society: Outline of the Theory of Structuration*, University of California Press.

Gilbert, N. & B. Gilbert(1997), 'Remodelling Social Policy', *Society*, July-August.

Gordon, D.(1988), 'The Global Economy: New Edifice or Crumbling Foundation?', *New Left Review*, No. 168, March-April.

Gouldner, A.(1970), *The Coming Crisis of Western Sociology*, Basic Books, New York.

Halfmann, J.(1989), 'Social Change and Political Mobilization in West Germany', in P. Katzenstein(ed), *Industry and Politics in West Germany*, Cornell University Press, Ithaca.

Heckscher, C.(1988), *The New Unionism: Employee Involvement in the Changing Corporation*, Basic Books, New York.

Heim, J.(1980), *Worker Participation*, Praeger, London.

Hicks, J.(1966), *The Theory of Wages*, 2nd ed., St. Martins Press, London.

Hine, D. & H. Kassim(eds)(1998), *Beyond the Market: The EU and National Social Policy*, Routledge, London.

Hodgson, G.(1984), *The Democratic Economy: A New Look at Planning,*

Markets and Power, Penguin Books, Harmondsworth.

Hollis, M. & E. Nell(1975), *Rational Economic Man*, Cambridge University Press, cambridge.

Higgins, J.(1981), *States of Welfare*, Blackwell, Oxford.

Hoos, D.(1986), 'Technology and Work in Two Germans', in P. Grootings(ed), *Technology and Work: East-West Comparison*, Croom Helm, London.

Hyman, R.(1988), 'Flexible Specialization: Miracle or Myth?', in R. Hyman & W. Streeck(eds), *New Technology and Industrial Relations*, Basil Blackwell, Oxford.

ILO(1999), *World Employment Report 1998-99*, Oxford University Press, Oxford.

IMF(1997), 'Repubic of Korea — Request for Stand-by Arrangement', mimeo, December 3.

___(1999), "IMF Boards Completes Korea Review", News Brief No. 99/85, December 17.

_(2000), *IMF Survey*, March 6.

Itoh, M.(1992), 'Japan in a New World Order', *Socialist Register*, Merlin Press, London.

Janowitz, M.(1967), 'Review of the Sociological Tradition', *American Sociological Review*, no. 32.

Jessop, B.(2000), 'The State and the Contradictions of the Knowledge-Driven Economy', Draft.

Juergens, U.(1988), 'The Transfer of Japanese Management Concepts in the International Automobile Industry', in S. Wood(ed), *The Transformation of Work?*, Unwin Hyman, London.

Katz & Sabel(1985), 'Industrial Relations and Industrial Adjustment in the Car Industry', *Industrial Relations*, Vol. 24, No. 3.

Kelly, K.(1998), *New Rules for the New Economy*, Fourth Estate, London.

Kerr, C, F. Harbinson, J. Dunlop & C. Myers(1960), *Industrialism and Industrial Man*, Harvard University Press, Cambridge.

Kern, H. & M. Schumann(1984), *Das Ende der Arbeitsteilung?: Rationalisierung in der industriellen Produktion*, Beck, Munchen.

_____(1987), 'Limits of the Division of Labour', Economic and Industrial Democracy, Vol. 8, No. 2.

Kim, D.-H.(2000), 'Globalisation and an IMF-controlled Economy: The Case of Korea', A paper presented at the KDEA-KSESA Joint International Conference on 'The Future of the Korean Economy in the Context of Globalising Capital', Suanbo, 22 June.

Klein, J.(1989), 'Human Costs of Manufacturing Reform', *Harvard Business Review*, March-April.

Kochan, T.(1995), 'Using the Dunlop Report to Full Advantage: A Strategy for Achieving Mutual Gains', Bitnet.

Kochan, T., R. McKersie & P. Capelli(1984), 'Strategic Choice and Industrial Relations Theory', Industrial Relations, vol. 23, no.1, Winter.

Kochan, T., H. Katz & R. McKersie(1986), *The Transformation of American Industrial Relations*, Basic Books, New York.

Kundnani, A.(1998-99), 'Where Do You Want to Go Today?, *Race and Class*, Vol. 40, Nos. 2-3.

Lammers, C. & G. Szell(1989), *International Handbook of Participation in Organizations*, Vol. I, Oxford University Press, Oxford.

Lawler III, E.(1989), 'Participative Mangement in the United States', in C. Lammers & G. Szell(eds), *International Handbook of Participation in Organizations*, Vol. I., Oxford University Press, Oxford.

Leap, T.(1995), *Collective Bargaining and Labor Relations*, 2nd ed., Prentice-Hall, Englewood Cliffs.

Levine, D. & Tyson, L.(1990), 'Participation, Productivity, and the Firm's Environment,' in A. S. Blinder(ed), *Paying for Productivity: A Look at the Evidence*, Brookings Institution, Washington, D. C.

Liberrman, S.(1986), *Labor Movements and Labor Thoughts*, Praeger, New York.

Litteck, W.(1986), 'Rationalsation, Technical Change and Employee Relations', in K. Purcell *et al.*, *The changing Experience of Employment: Restructuring and Recession*, Macmillan, London.

Littler, C.(1982), *The Development of the Labour Process in Capotalist Societies*, Heinemann Educational Books, London.

Macpherson, C.(1985), *The Rise and Fall of Economic Justice*, Oxford University Press, Oxford.

Mahon, R.(1987), 'From Fordism to ⋯?: New Technology, Labour Markets and Unions', *Economic and Industrial Democracy*, Vol. 8, No. 1.

Manwaring T. & S. Wood(1985), 'The Ghost in the Labour Process', in D. Nights *et al.*, *Job Redesign: Critical Perspectives on the Labour Process*, Gower, Aldershot.

Marshall, T.(1975), *Social Policy*, Hutchinson, London.

Mason, E. et al.(1980), *The Economic and Social Modernization of the Republic od Korea*, CEAS/KDI, Harvard University Press, Cambridge.

Mayhew, B.(1980), 'Structuralism versus Individualism', *Social Forces*, no. 59.

Mayo, E.(1945), *The Social Problems of an Industrial Civilization*, Harvard University Press, Boston.

Melitz, N.(1991), 'Dunlop's Industrial Relations Systems *after three decades*', in Adams(ed)(1991), Chap. 2.

Menzies, H.(1998). 'Challenging Capitalism in Cyberspace', in R. McChesney, E. Wood & J. Bellamy(eds), *Capitalism and the Information Age*, Monthly Review Press, New York.

Mill, J. S.(1852), *Principles of Political Economy with some of their Applications to Social Philosophy*, J. P. Parker and Co., London.

NEDO(1986), *Changing Working Patterns: How Companies Achieve Flexibility to Meet New Needs*, London.

Nice, H.(1999), 'Economic Restructuring and Reform', A Paper presented at the International Conference on Economic Crisis and Restructuring in Korea, Seoul, December 3.

OECD(1992), *Technology and the Economy: The Key Relationships*, Paris.

_____(1996), *Technology, Productivity and Job Creation*, Vol. 2: Analytical Report, Paris.

_____(1997), *Industrial Competitiveness in the Knowledge-Based Economy*, Paris.

Opsahl, R. L., & Dunnette, M. D., "The Role of Financial Compensation in Industrial Motivation", *Psychological Bulletin*, 66, 1966, pp. 94-118.

Parsons, T.(1967), *Sociological Theory and Modern Society*, The Free Press, New York.

Piore, M. & C. Sabel, *The Second Divide: Possibilities for Prosperity*, Basic Books, New York.

Polanyi, K.(1975), *The Great Transformation: The Political Economic Origins of Our Time*, beacon press, Boston.

Porter, M.(1980), *Competitive Strategy*, The Free Press, New York.
_____(1985), *Competitive Advantage*, The Free Press, New York.
_____(1990), *The Competitive Advantage of Nations*, The Free Press, New York.
Rawls, J.(1971), *A Theory of justics*, Harvard University Press, Cambridge.
Robins, K. & Webster, F.(1987). 'Information as Capital: a Critique of Daniel Bell', in J. Slack & F. Fejes(eds), *The Ideology of the Information Age*, Ablex Publishing Co., Norwood.
Samuelson, P.(1957), 'Wage and Interest', *American Economic Review*, December.
Schiller, D.(1988), 'How to Think about Information', in V. Mosco & J. Wasco(eds), *The Political Economy of Information*, University of Wisconsin Press, Madison.
Slichter, S.(1941), *Union Policies and Industrial Management*, Brookings Institution, Washington D. C.
Snower D. & Booth A. L.(1996), 'Government Policy to Promote the Acquisition of Skills', in *Acquiring Skill: Market Failures, Their Symptoms and Policy Responses*, Cambridge University Press, Cambridge.
Sohn-Rethel, A.(1978), *Intellectual and Manual Labour*, Macmillan, London.
Sorge, A. & W. Streeck(1988), 'Industrial Relations and Technical Change: The Case for an Extended Perspective', in R. Hyman & W. Streeck(eds), *New Technology and Industrial Relations*, Blackwell, Oxford.
Stears, M.(1999), 'Needs, Welfare and the Limits of Associationalism', *Economy and Society*, Vol. 28, No. 4.
Stiglitz, J.(1998), 'Knowledge for Development: Economic Science, Economic Policy, and Economic Advice', Paper prepared for the Annual World Bank Conference, 20-21 April.
Storper, M.(1998), *Regional Worlds*, Guilford, New York.
Storper, M. & S. Christopherson(1988), 'Flexible Specialization and Regional Industrial Agglomerations', *Annals of the Association of American Geographers*, Vol. 77, No. 1.
Strange, S.(1986), Casino Capitalism, Blackwell, Oxford.
Streeck, W.(1987), 'The Uncertainties of Management in the Management of Uncertainty: Employers, Labour Relations and Industrial Adjustment', *Work, Employment and Society*, Vol. 1, No. 3.

Sturmthal, A.(1977), 'Unions and Industrial Democracy', *Annals of the American Academy of Political and Social Sciences*, No. 431.

Tanzi, V. *et al.*(eds)(1999), *Economic Policy and Equity*, IMF, Washington D. C.

Tolliday, S. & J. Zeitlin(eds)(1992), *Between Fordism and Flexibility*, Berg, Oxford.

Totsuka, H. *et al.*(eds)(1994), *International trade Unionism at the Current Stage of Globalization and Regionalization*, Proceedings of the International Conference held in Saitama University, Japan, on April 4-6.

Turner, L.(1991), *Democracy at Work*, Cornell University Press, Ithaca.

Walton R. E. and R. B. McKersie(1991), *A Behavioral Theory of Labor Negotiations: An Analysis of a Social Interaction System*, Cornell University Press, Ithaca.

Webb, B. & S. Webb(1914), *Industrial Democracy*, Longmans Green, London.

Wood, S.(1989), 'The Transformation of Work?', in S. Wood(ed), *The Transformation of Work?*, Unwin Hyman, London.

World Bank(1999), *World Development Report: Knowledge for Development 1998-99*, Oxford University Press, New York.

3. 홈페이지

노동부 : http://www.molab.go.kr
노동통계 : http://www.laborstat.molab.go.kr
통계청 : http://www.nso.go.kr
한국노동연구원 : http://www.kli.re.kr
한국은행 : http://www.bok.or.kr

국제경제협력개발기구(OECD) : http://www.oecd.org
국제노동기구(ILO) : http://www.ilo.org
국제통화기금(IMF) : http://www.imf.org
유럽근로조건개선재단 : http://www.eurofound.europa.eu
일본노동후생성 : http://www.mhlw.go.jp

⟨부록 A⟩
노사관계 연표(1987-2008)

	노사관계	정치 및 경제
1987. 6.		• 6.29 선언
7.	• '노동자 대투쟁' 개시	• 노동 3권 보장 등 개헌협상 시작
8.	• 노동부, 노동관계법 개정시안 발표 • 노동부 장관, 노사관계를 위한 특별담화 발표	
9.		• 여야, 폭력시위에 대한 경고성명
10.		• 헌법개정안 확정, 공포
11.		• 노동관계법 개정안 공포
12.		• 노태우 대통령 당선
1988. 2.		• 제6공화국 출범
6.	• 노동계, 노동법 재개정시안 확정	
7.	• 최저임금법 6조 위반 40업체 입건	• 야당, 노동법 재개정 공청회
8.	• 경영계, 노동법 재개정 의견 건의	
9.		• 서울 올림픽 개막
10.	• 경영계, 야당 재개정안 철회 요구	• 야당, 노동법 공동재개정안 마련
12.	• 고용문제조정위원회 설치	• 여당, 현행 노동법 존속방침 결정
1989. 1.	• 현대 중전기 근로자 테러 사건 발생	
3.	• 긴급 노동관계장관 회의	• 국회, 노동관계법 재개정 • 대통령, 노조법 및 쟁의조정법 개정안에 거부권 행사 • 정부, 공무원 노조 시기상조 의견
4.	• 경제5단체, 대규모 파업 자제 촉구	• 공안정국 전개
5.	• 전교조 결성	
12.	• 정부, 내년 경제운용 최우선 과제로 노사관계 안정 설정 • 경영계, 경제단체단협의회 결성 • 노동계, 산별 체제 적극 검토	• 5공청산 청문회

	노사관계	정치 및 경제
1990. 1.	• 노동부, 무노동무임금 등 비쟁의 8개항 시달	• 헌재, 제3자 개입 금지 합헌 결정 • 3당 합당 발표, 2월 공식 출범
4.	• 국민경제사회협의회 발족	
7.	• 노동계, 근로기준법 개정안 국회 청원 • 경영계, 근로기준법 개정 의견 발표	
12.	• 정부, 1991 노사관계 대책 발표	
1991. 1.	• 전노협, 노동법 개정 투쟁 천명	• 보사부, 국민연금 적용대상 확대 방침 발표
4.	• 노동부 장관, 파업 강경대응 시사	• 강경대 시위 중 사망
5.	• 노총, 남북 노조 교류 제의 • 전노협 등, 공동 노동절 대회 개최 • 노동부, 근로자 복지대책 발표	• 강경대 장례식, 전국적 시위
7.	• 노동부 장관, 총액임금제 실시 발표	• 남북한 동시 유엔 가입
9.	• 노동부, 노동법 개정 방침 발표 • 노총, 정부 주도 노동법 개정 반대	
11.	• 노동부 장관, 노동법 개정 철회	
12.	• 정부, 총액임금 지침 확정	• ILO 가입
1992. 1.	• 노동부, 정리해고 요건 완화	
2.	• ILO공대위, ILO에 한국 정부 제소	
3.		• 14대 총선
4.	• 총액임금제 노정 대립 • 노동관계법연구위 발족 • 노동계, 총액임금 저지 결의대회	• 헌재, 전교조 불법판정 합헌 결정
5.	• 노사, 독자 노동법 개정안 마련	
7.	• 정부, 상급단체 복수노조 허용 추진	
9.	• 전노협, 노동법 개정투쟁 계획 확정	
12.		• 김영삼 대통령 당선 • 경사협, 국민연금 운영 개선 요구

	노사관계	정치 및 경제
1993. 1.	• 경제5단체, 총액임금제 유보 및 노사자율 임금협상 건의	
2.	• 노동부, '근로자파견법' 추진	• 문민정부 출범
3.	• 노동부, 법외 노동단체와 대화	
5.	• 노동절 행사 35년 만에 합법화 • 전국노동자대표자회의 출범	
6.	• 노동부, 노동위원회 격상 추진 • '무노동 부분임금' 논란	• 여당, 복수노조 허용 백지화 • 경제장관회의, 고용보험 이견 조정
8.	• 정부, 노동법 개정 연기 공식발표	• 금융실명제 실시
10.		• 노동부에 대한 국정감사 결정
12.	• 고용정책기본법, 고용보험법 제정	• 쌀 개방 포함 UR협상 타결
1994. 1.	• 노동부, 노동법 개정 연기 방침, '무노동 부분임금' 철회 결정 • 정부-여당, 노동절 부활 결정	• 대통령 연두 기자회견, 국정목표로 '국가경쟁력 강화' 제시
2.	• 노동부, 법외 노조 인정 검토, 하반기 노동법 개정 방침 • 노총, 제도개선 및 정책투쟁 역점 성언	
3.	• 노총-경총, 임금 가이드라인 합의	
4.		• 야당, UR 비준저지 장외투쟁 돌입 • 국회노동위, 블루라운드 대책 논의
5.	• 노동법연구위, 노동법 개정안 마련	
7.		• 김일성 사망
8.	• 노동부 장관, 노동법 개정 무기 연기 발표	
11.	• 전노대, 민주노총준비위원회 결성	
1995. 1.		• 대통령, 노사대표 초청 간담회
2.	• 노총-경총 임금합의 중단 결정	
3.		• OECD 가입 신청
4.	• 노동부 장관, 노조 정치활동 엄단 방침 천명	• 세계화추진위, '삶의 질' 보고
5.	• 민노총준비위, '노동악법 어기기' 운동, 노동법 개정 연대투쟁 선언	

		노사관계	정치 및 경제
1995.	6.	• 노동부, 고용보험 내달 1일 실시 계획 발표	
	9.	• 노총, 근로자파견제 등 입법 추진 반대	• OECD 노조자문위, 한국 노동법 독소조항 지적
	11.	• 민노총 출범 • 노동부, 노동법 개정 적극 검토방침	• 여당, 근로자파견법 처리 유보
1996.	1.		• 전, 노 두 전직 대통령 기소
	2.		• 정부, 사회보험 징수일원화 검토
	4.	• 노동부, '노사관계 개혁 추진 구상' 발표, 산재보험 전사업장 적용 결정	• 15대 총선거 • 월중 사상 최고 무역적자 기록
	5.	• 노사관계개혁위원회 발족	
	11.		• 대통령, 공기업 민영화 방안 마련 지시
	12.	• 노동법 개정안 날치기 통과 • 노동계 총파업	
1997.	1.	• 노동계, 개정노동법 무효화 및 정권퇴진 결의대회 • 학계·종교계·시민단체, 노동법 재개정 요구 성명, 농성	• 법원, 노동법 국회통과 절차 위헌 제청 • 영수회담, 노동법 국회 재논의키로 • 한보그룹 5개 계열사 법정관리 신청, 한보철강 부도
	2.	• 당정, 노동법 재개정안 골격 마련 • 노동부, 노동위원회법 시행령 개정안 입법예고	• 국회, 한보조사특위 설치 활동 • 외채 1천억 달러 상회 • 국무위원 전원 사의 표명
	3.	• 노동법 재개정 여야 합의안 발표 • ILO, 교원과 공무원의 노동기본권 인정 권고	• 대법원, 파업 시에도 노조 전임자 임금지급 판결 • 개각, 경제팀 교체 • 삼미그룹 부도
	7.		• 국회 환노위, 고용보험법 개정안 의결
	8.	• 전경련, 구조조정특별법 제정 건의	• 헌재, 퇴직금 우선변제 헌법불합치
	9.	• 노동부, 4인 이하 사업장 근기법 1999년부터 도입 확정	• 19개 종금사 한은 특융 신청 결정
	11.	• 노개위, 노사관계 개혁방안 보고	• IMF 외환위기 발발
	12.	• 노사정협의회 구성 논의	• 김대중 대통령 당선

		노사관계	정치 및 경제
1998.	1.	• 노동부, 실업급여 기간연장 및 자격완화 방침 발표 • 노동계, 정리해고 반대 • 경영계, 정리해고제 강력 촉구 • 노사정위 발족	• 당선자, 정리해고 전산업 확대 및 조속도입 방침 표명 • 비상경제대책위, 금융기관 정리해고제 도입 1월 중 처리 방침
	2.	• 노사정위, 쟁점 타결 공동선언 채택 • 노동관계법 개정, 실업대책 구조조정 관련 법안 국회 통과	• 금 모으기 17억4,000만 달러 • 국민의 정부 출범
	3.		• 실업자 200만 육박, 실업률 6.5%
	5.		• 정부, 4대보험 단계적 통합 방침
	9.	• 노사정위, 실업자 지역/업종별 노조가입 허용 합의	
	10.	• 노동부, '99년 9월부터 최저임금 5-9인 사업장 확대적용 방침	
	11.	• 교원노조 법안 국무회의 통과 • 정부, 실업자 노조가입 유예	• 금강산 관광선 첫 출항
	12.	• 민노총 간부 농성, 노사정위 불참, 총력투쟁 계획 발표	• 여당, 교원노조 법안 연내 처리방침
1999.	1.	• 전교조 합법화	• EU 단일통화 '유로' 출범
	2.	• 민노총, 노사정위원회 탈퇴 선언	
	4.	• 4인 이하 사업장 실직자에 대한 실업급여 지급 개시 • 경총, 노사정위원회 대응불참 선언 • 서울지하철공사 파업	• 국민연금 전국민 확대적용
	5.	• 노사정위법 국회 통과 • 민노총, '정리해고 반대' 총파업	
	6.	• 조폐공사 파업유도 발언 • 한라중공업 장기분규 타결	• 남북 서해교전 발생 • 대통령 양노총 위원장 면담
	11.	• 민노총 합법화	
	12.	• 한노총, '공공부문 인원감축, 민영화 반대 등' 총파업 • 민노총 '구조조정 반대' 농성	• 의약분업 실시 • 마카오 중국 반환

		노사관계	정치 및 경제
2000.	1.	• 국가 및 지자체의 고용보험 적용 • 민노총, '4월 총선 참여 방침' 결정	
	2.	• 노조 정치활동 보장	
	3.	• 한노총, '노사정위원회' 복귀 결정	
	4.	• 6대도시 시내버스 · 자동차 4사 총파업 • 경제5단체, '총파업' 긴급 기자회견 • 재경부 등 11개 부처 장관, 불법 파업 엄단' 담화문 발표	• 남북정상회담 개최합의 '남북합의서' 서명 • 제16대 총선
	5.	• 민노총 '주5일제 정부 주도하에 도입' 주장	
	6.	• 한노총, 공안정국 조성 규탄성명 • 민노총 호텔롯데 공권력투입 항의	• 남북정상, 평양에서 첫 정상회담 • 6.15 남북공동선언 발표
	7.	• 경제5단체장 '금융노조 총파업에 대한 경영계 입장'표명 • 호텔롯데 '성희롱 고발장' 접수	
	8.	• 서울시 '노사정 서울 모델 발족	
	9.		• 경의선 철도 및 도로연결 기공식
	10.	• 경총 '비정규직 근로자 보호대책' 에 대한 경영계 입장' 발표	• 국민기초생활보장제도 시행 • ASEM 서울 2000 개막
	11.	• 한노총 · 민노총, 'IMF 관련 퇴출 기업 선정 관련 성명' 발표	• 퇴출기업 52개사 발표 • 대우자동차(주) 최종부도 처리
	12.	• 경제5단체, '금융 구조조정 촉구'	• SOFA 노무조항 개정 협상 타결
2001.	1.	• 중앙고용정보원 개원	• 여성부 신설
	2.	• 대우자동차 부평공장 파업	
	3.	• 금융노조 위원장 불법파업 구속	• 인천 국제공항 개항
	4.	• 경총 '전국건설운송노조 파업에 대한 입장' 발표	
	5.	• 양 노총 '남북노동자 5.1절 통일 대회 참가자 방북	• 국가인권위원회법 공포
	6.	• 아시아나 항공노조 파업	• 경제5단체장 '현 시국에 대한 경제계 입장 성명' 발표

		노사관계	정치 및 경제
		• 민노총, '명동성당 농성 기자회견'	
		• 민중대회(준), '노동운동 탄압규탄 시국대회' 개최	
	7.	• 민노총 전국 17개소 '총파업 집회'	
	8.	• 한노총 '근로시간단축 관련 기자회견'	• IMF 지원자금 전액 상환
	9.		• 미국 9.11 테러 발생
	10.	• 민노총 단병호 위원장 재구속	• 미국, 아프간 대테러 보복공습
	11.	• 전교조 선봉대 연가투쟁	
	12.	• 현대자동차 부분파업	• 중국, WTO 가입
2002.	2.	• 공공연맹, '민영화 정책 전면철회' 요구 연대파업	
	3.	• 발전노조 파업	
	5.	• 보건의료노조, 전국금속노조 파업	• 2002 한일 월드컵 개최
	6.	• 사무금융노련, '제2금융권 주5일제 전면시행' 촉구	• 북한 경비정 NLL침범, 남북교전
	7.	• 민노총, '주5일 근무제 정부입법 관련 성명서' 발표	
	8.	• 양 노총, '통일염원 노동자대회'	
	9.	• 장기파업병원 공권력 투입	• 제4차 ASEM 정상회의 한반도 정세 토의 • 부산 아시아게임 개최
	10.	• 민노총 '주5일 정부 입법안' 수정요구 • 경제5단체 '주5일제 관련 경제계 입장' 발표	• '금강산 관광지구' 지정
	11.		• 개성 공업지구 지정
	12.	• 한노총 회관 착공	• 노무현 대통령 당선

		노사관계	정치 및 경제
2003.	1.	• 두산중공업 노조원(배달호) 분신	• 북한 NPT 탈퇴
	2.		• 한-칠레 FTA 정식서명
			• 참여정부 출범
	3.	• 국민건강보험공단 직장노조 파업	• 미국, 이라크 개전
	4.	• 노동부, 대우자동차판매 인사노무 서류 '압수수색' 실시	• 이라크 파병안 국회 통과
	5.	• 화물연대, '대정부 요구사항 합의, 업무복귀 결정'	
	6.	• 철도노조, '민영화 반대' 파업	• 경의선, 동해선 철도연결식 거행
			• 개성공단 착공식
	7.	• 한노총 '근로기준법 개악저지와 시간단축 재논의 성실교섭 촉구 집회' 개최	
	8.	• 현대차·기아차, 주40시간 근무제 합의	• 인천 경제자유지역 지정
		• 근로기준법 개정안 국회 통과	• 2003 대구 하계 유니버시아드 개막
	9.	• 민노총, '특수고용 노동자 총력 투쟁 결의대회'	• 중국, 유인우주선 발사 성공
		• 철도노조 '해고자 특별채용' 농성	
	11.	• 경제5단체, '노조원 사망, 분신 사태에 대한 경제계 입장' 발표	• 검찰, 대선자금수사
	12.	• 민노총, '불법 정치자금 제공 재벌 구속촉구 및 임단투 연계투쟁'	
2004.	2.	• '일자리 만들기 사회협약' 체결	• 일자리 창출을 위한 경제지도자회의
	3.	• 신고용보험 시스템 구축	• 국회, 대통령 탄핵안 의결
	4.	• 2004 외국인력 도입계획 확정	• 제17대 총선
		• 사내 하도급 점검 지침 마련	
	5.	• 중앙 사회적일자리 추진위원회 개최	• 김선일 이라크 무장단체 피랍
		• 공공부문 비정규직 대책 확정	• 헌법재판소 대통령 탄핵안 기각
	6.	• 전국보건의료산업노조 파업	
		• 노사정위, 우리사주 활성화 합의	
	7.	• 주40시간 근로제 시행	
		• 외국인력 고용관리 시스템 구축	
		• 서울지하철공사 파업	

		노사관계·	정치 및 경제
	8.	• 외국인 근로자 고용허가제 시행	
	9.	• 양 노총 간부 및 비정규직 노조원 '비정규직 입법 반대' 농성	• 국회, 일자리 창출을 위한 특별위원회 개최
	11.	• 비정규직법안 국회 제출	• 한−칠레 FTA타결 선언
	12.	• 공무원노조법, 퇴직급여법 등 제정	
		• 외국인 근로자 지원 센터 개소	
2005.	1.	• 주한미군 근로자 산재보험 적용	
		• 노동부, 산재보험 혁신기획단 구성	
	3.	• 제2차 산재보험제도발전위 발족	• 호주제 폐지
	5.	• 최저임금법 및 고용보험법 개정	• 과거사법 국회통과
	6.		• 당정, 공공기관 지방이전 협약체결
	7.	• 아시아나항공 조종사노조 파업	• 런던 연쇄 폭탄 테러
		• 한국노총 노사정위 탈퇴	• 북한, 6자회담 복귀 선언
		• 전국보건의료산업노조 파업	
	8.	• 아시아나항공 조종사노조 파업 긴급조정	• 남북 이산가족 첫 화상상봉
		• 노동부 장관, 양 노총에 대화 제안	
	10.	• 산재보험 '찾아가는 서비스제' 전면 실시	• 공무원 '근로3권제한' 합헌 결정
			• 경주시, 주민투표로 방폐장 후보지 선정
	11.	• 사회보험 적용·징수 일원화 방안 국무회의 상정	• APEC 정상회의, 부산에서 개막
		• 노사공동 재취업 센터 설립	• '쌀 협상' 비준안 국회 통과
	12.	• 남녀고용평등법 등 개정	• '행정도시특별법 합헌' 헌소 각하
		• 대한항공 조종사노조 파업 긴급조정	• 황우석 논문 조작
2006.	2.	• 불법단체 관련 관계부처 합동담화문 발표(법무부, 행자부, 노동부)	• 정부, 한미 FTA 협상 개시 선언
	4.	• 노사정대표회의에서 노동위원회 개편 방안 합의	
	6.	• 한국고용정보원 개원	• 2006 독일 월드컵 개막

	노사관계	정치 및 경제
7.	• 주40시간제 상시 100인 이상 사업장으로 확대 시행	• 북한, 중장거리, 대포동 미사일 등 7기 발사
8.	• 공공부문 비정규직 종합대책 수립	
9.	• 노사관계법 개정 노사정 대타협 선언	
10.		• 북한 핵실험 강행 • 유엔 대북 결의안 통과
12.	• 비정규직보호법 공포	
2007. 3.		• 서울시 '퇴출공무원' 후보 선정
4.	• 노사발전재단 설립 • 경제5단체, '특수형태근로종사자에 대한 보호법률'에 대한 반대성명	
5.	• 전경련, '최저임금 노사협상보다 객관기준에 따라 정부가 결정' 주장	
6.	• 기간제법 시행령 및 시행규칙 제정 • 경제5단체, '특수고용직 보호입법' 반대 • 대교협, '교수노조 허용 반대'	
7.	• 점거농성 이랜드 매장, 공권력 투입	• 탈레반 무장단체 한국인 납치
8.	• 직업상담원을 공무원으로 전환 • 뉴코아, 6개 점포 직장폐쇄	• 국민연금 월 100만원 수급 시대
9.	• 현대삼호중공업, 노사협상 16년 만에 무분규 타결	• 미얀마 민주화 시위
10.	• '한국타이어 돌연사' 역학조사	• 남북 정상회담
11.	• 노조법 시행령(필수유지업무 등) 개정	
12.	• 민공노, 행정공무원 노조 공식 통합 • 이명박 후보-한노총 정책연대	• 제17대 이명박 대통령 당선 • 태안반도 기름 유출

	노사관계	정치 및 경제
2008. 1.	• 알리안츠 생명, '성과급 반대' 파업	
2.		• 이명박 정부 출범 • 숭례문 화재 전소
3.	• 노사관계 선진화 방안 발표 • 민노총 산하 전공노, 노사정위 참여	
4.		• 국내 최초 우주인 배출
5.	• 노사관계 발전을 위한 지역노사민정협의회 구성방안 확정	• '미국산 쇠고기 수입' 문제로 촛불집회 시작 • 쓰촨 성 지진 • 한미 쇠고기 추가 협상
6.	• 화물연대 파업 • 제18회 세계산업안전보건대회 개최	
7.	• 비정규직법 확대 시행(100인 이상) • 노사협력 선언 크게 증가	

<부록 B>
노사관계 주요 지표

	노동조합			노사분규				
	수 (개)	조합원 (천 명)	조직률 (%)	발생건수 (건)	참가자수 (천 명)	손실일수 (천 일)	파업성향 (일/천 명)	지속일수 (일)
1985	2,534	1,004	12.4	265	29	64	7.9	
1986	2,658	1,036	12.3	276	47	72	8.5	
1987	4,086	1,267	13.8	3,749	1,262	6,947	755.8	
1988	5,598	1,707	17.8	1,873	293	5,401	562.0	
1989	7,861	1,932	18.6	1,616	409	6,351	611.4	
1990	7,698	1,887	17.2	322	134	4,487	409.8	19.1
1991	7,656	1,803	15.4	234	175	3,271	279.6	18.2
1992	7,531	1,735	14.6	235	105	1,528	128.3	20.1
1993	7,147	1,667	14.0	144	109	1,308	109.5	19.9
1994	7,025	1,659	13.3	121	104	1,484	118.9	21.6
1995	6,606	1,615	12.5	88	50	393	30.8	22.6
1996	6,424	1,599	12.1	85	79	893	67.6	28.6
1997	5,737	1,484	11.1	78	44	445	33.6	22.7
1998	5,560	1,402	11.4	129	146	1,452	119.1	26.1
1999	5,637	1,481	11.7	198	92	1,366	109.1	19.2
2000	5,698	1,527	11.4	250	178	1,894	144.1	30.0
2001	6,150	1,569	11.5	235	89	1,083	79.3	31.7
2002	6,506	1,538	10.8	322	94	1,580	111.4	30.2
2003	6,257	1,550	10.8	320	137	1,299	90.2	29.0
2004	6,017	1,537	10.6	462	185	1,199	80.5	24.7
2005	5,971	1,506	10.3	287	118	848	55.8	48.6
2006	5,889	1,599	10.3	(253)/138	131	1,201	77.2	54.5
2007				(212)/115	93	536	33.6	33.6

자료 : 노동부 DB.

⟨부록 C⟩
노동시장 주요 지표

	경제활동				산업별 취업자		
	경제활동 참가율	고용률	실업률	인력 부족률	농림어업	광공업 (제조업)	사회간접 자본 및 기타 서비스
1985	56.6	54.3	4.0		24.9	24.4 (23.4)	50.6
1986	57.1	54.9	3.8		23.6	25.9 (24.7)	50.5
1987	58.3	56.5	3.1		21.9	28.1 (27.0)	50.0
1988	58.5	57.0	2.5	3.54	20.6	28.5 (27.7)	50.9
1989	59.6	58.0	2.6	3.21	19.6	28.3 (27.8)	52.1
1990	60.0	58.6	2.4	4.34	17.9	27.6 (27.2)	54.5
1991	60.6	59.1	2.4	5.48	14.6	28.0 (27.6)	57.4
1992	60.9	59.4	2.5	4.26	14.0	26.5 (26.2)	59.5
1993	60.9	59.1	2.9	3.62	13.5	24.8 (24.5)	61.7
1994	61.6	60.0	2.5	3.57	12.6	24.2 (24.0)	63.3
1995	61.9	60.6	2.1	3.71	11.8	23.7 (23.6)	64.5
1996	62.1	60.8	2.0	2.98	11.1	22.8 (22.7)	66.1
1997	62.5	60.9	2.6	2.44	10.8	21.5 (21.4)	67.7
1998	60.6	56.4	7.0	0.65	12.0	19.7 (19.6)	68.2
1999	60.6	56.7	6.3	0.97	11.3	19.9 (19.8)	68.7
2000	61.0	58.5	4.1	1.16	10.6	20.4 (20.3)	69.0
2001	61.3	59.0	3.8	1.15	10.0	19.9 (19.8)	70.2
2002	61.9	60.0	3.1	2.13	9.3	19.2 (19.1)	71.5
2003	61.4	59.3	3.4	1.94	8.8	19.1 (19.0)	72.1
2004	62.0	59.8	3.5	2.54	8.1	19.1 (19.0)	72.8
2005	61.9	59.7	3.5	3.03	7.9	18.6 (18.5)	73.5
2006	61.7	59.7	3.3	2.74	7.7	18.1 (18.0)	74.2
2007	61.7	59.8	3.0	3.23	7.4	17.6 (17.6)	75.0

주 : 경제활동참가율 = 경제활동인구/생산가능인구
　　고용률(취업인구비율) = 취업자/생산가능인구
　　실업률 = 실업자(구직기간 1주 기준)/경제활동인구
　　인력부족률 = 부족인원(10인 이상 사업체 상용근로자)/현원
자료 : 통계청, 경제활동 인구조사 및 노동부, 노동력 수요동향 조사자료.

<부록 D>
주요 경제지표

	경제성장률 (%)				1인당 국민소득
	GDP	GNI	최종 소비지출	총고정자본 형성	
1985	6.8	6.6	6.3	5.3	2,309
1986	10.6	12.2	8.3	11.5	2,643
1987	11.1	12.1	7.6	18.1	3,321
1988	10.6	11.4	8.6	13.6	4,435
1989	6.7	7.8	9.9	16.0	5,418
1990	9.2	8.8	9.6	25.4	6,147
1991	9.4	9.9	8.3	14.4	7,105
1992	5.9	5.8	6.3	0.6	7,527
1993	6.1	6.3	5.9	7.7	8,177
1994	8.5	9.2	7.6	12.5	9,459
1995	9.2	9.6	9.0	13.1	11,432
1996	7.0	5.7	7.0	8.4	12,197
1997	4.7	2.9	3.2	−2.3	11,176
1998	−6.9	−7.2	−10.6	22.9	7,355
1999	9.5	8.9	9.7	8.3	9,438
2000	8.5	4.7	7.1	12.2	10,841
2001	3.8	2.6	4.9	−0.2	10,159
2002	7.0	6.7	7.6	6.6	11,497
2003	3.1	1.9	−0.3	4.0	12,717
2004	4.7	3.8	0.4	2.1	14,206
2005	4.2	1.1	3.9	2.4	16,413
2006	5.1	2.1	4.8	3.6	18,401
2007	5.0	3.9	4.7	4.0	20,045

자료 : 한국은행 DB.

찾아보기

「개별노동관계분쟁해결촉진법」(2001) 239
거센크론 Gershenkron, Alexander 130
경영참가 66, 193; 위원회 225
경쟁력 강화 177, 181, 192, 194-197
경제민주화 125-128, 192; 운동 125, 129, 149
경제적 조합주의 146
경제협력개발기구(OECD) 204, 231
계급갈등 이론 20-21
고용 없는 성장(jobless growth) 52, 101
고용조정 49, 51, 74, 100, 196
고임금-고생산성 경제 192
공공 정신(public mind) 111
공공재(public good) 205, 207
과도한 정치화 56, 75-76, 110-111, 116
교섭; 관행 91, 227; 문화 81, 90-91; 분권화 231, 240-241, 243-244, 254; 창구 단일화 104; 탄력성 255
구상노동 208
구조결정론 69
구조조정(restructuring) 49, 51, 73-75, 153, 155, 177, 182, 187, 195; 4대 부문의 49
구조-행위-귀결 분석 68, 72, 80, 115
구조화(structuration) 69
국가경쟁력 30-31, 178, 188-189
국민경제사회협의회 139
국민임금위원회 138
국민적 조합주의 147
국제경영개발원(IMD:International Management Development) 28, 31
국제통화기금(IMF) 49; 구제금융 49, 153; -GATT 체제 179; 관리체제 49, 53, 151, 156, 159-160, 166, 174; 위기 152; 조건(conditionality) 151-152, 155, 167
근로계약 81, 88, 112, 243; 서 89-90
근로기준법 89, 92, 139
근로생활의 질(QWL: quality of working life) 183, 185-196, 198

근로손실일수 34, 238
근로시간 249; 저축제도(time-saving account) 249; 탄력적 243
근로자 이사제 222
근본주의적(fundamentalist) 견해 148
글로벌 경제(global economy) 179
글로벌리즘(globalism) 179, 194
글로벌 자본주의(global capitalism) 179
기든스 Giddens, Anthony 68-69
기업개선(workout) 156
기업(재벌)개혁 155-156
기업별 체제 91, 142
김대중 49, 54, 75, 161, 163, 167
김대환 161, 169, 201, 228
김동원 106
김수곤 96
김영삼 168
김정한 105
김태홍 109

네덜란드 246-247
노동강도 183-184, 187
노동과정론자 187
노동권력 200
노동귀족 141, 200
노동부 44, 104
노동시장의 유연화 49, 54-55, 76, 79, 82, 245, 250, 253
노동운동 41, 45, 57, 123, 125, 129, 196; 정치화 75
노동의 소외 208-209, 219, 221
노동의 인간화 192, 194
노동자 대투쟁 22, 24, 38, 42, 123, 132, 137, 143
노동정책 160-161, 163, 171; 제한적 포섭정책 160, 163, 173; 친(親)노동정책 171
노동정치론(labour politics) 60, 63, 65
노동통제 187

노무현 56
노사공동위원회 223
노사관계 20-22; 경쟁력 30-31; 닫힌 22; 사회통합적 76; 3주체 20, 39, 60-61, 77, 111, 196; 상생협력의 112, 118; 시스템 59; 열린 22; 유연한 182; 정치화(politicisation) 170; 제도화 172; 참여와 협력의 202, 218-217, 221, 229
노사관계 시스템 (industrial relations systems) 59; 이론 20, 60-62, 64-65
노사분규 23, 74, 80, 94, 233
노사의 시계(視界) 78, 82
노사정위원회(노사정위) 50, 55, 75, 98, 161, 162, 166, 173
노사협의회 223
노운협 147
노조; 전임자 102, 104; 운동 45, 57; 조직률 43, 62, 136, 233, 235, 238; 현대화(union modernisation) 236; 활동의 전문성 227
노조 저항 곡선(union's resistance curve) 96
뉴딜(New Deal) 프로그램 236

다국적기업 180, 200
다기능(multi-skill) 184, 206
다숙련화(multi-skilling) 184
다업무화(multi-tasking) 184
다품종 소량생산 70
단결권 85, 199
단체교섭 61, 66, 88, 90, 104, 235; 가이드 라인 252; 교섭권 85; 적용 233
단체행동권 85
단체협약 74-75, 225, 235, 245, 248
대량실업 51-52, 157
대처 Thatcher, Margaret 235
대표노조(representants des organization syndicales) 249
던롭 Dunlop, John 20, 60-62
덴마크 241-244
독일 244-245
동일노동 동일임금(同一勞動同一賃金) 94, 102

라인란트형 232
라틴형 232

롤즈 Rawls, John 127
리버만 Liberman, Sima 130

마샬 Marshall, Alfred 203
맑스 Marx, Karl 21
맑스-레닌주의 130
모험주의 197
무노동무임금(無勞動無賃金) 79
미국 61-62, 236; 노동위원회(NLRB) 238; 노총(AFL-CIO) 237
민영화 156
민주노동조합총연맹(민노총) 46, 48, 55
민주적 리더십 141-142
민주집중제 142
밀 Mill, John Stuart 126

바넥 Vanek, Jaroslav 192
바세나르 협약 247
박세일 147
반공 이데올로기 134
방만경영 72
배무기 194
법과 원칙 23, 56, 78, 97, 104, 113
법외단체 48
법 준수 의식 113, 116
베버 Weber, Max 113
변혁론 146
복수노조 102, 103, 104
부당 노동행위 36
부당 해고 36
북구형(Nordic) 232
분단노동시장 181
분배 교섭(distributive bargaining) 220
분배투쟁 72, 226
분출효과(spillover effect) 42
분파주의 228
불공정거래 92
불법파업 37, 55-56, 109
블레어 Blair, Anthony Charles Lynton 234
비정규직 53, 82, 79, 89, 94, 99, 101, 158

사용자 양보 곡선(employer's concession curve) 95
사용자총연합(SAF) 240

286

사회구성체 논쟁 146
사회보험제도 169
사회복지 167, 168
사회안전망 53, 101, 102
사회적 조합주의(social unionism) 198
사회정책 102, 166, 214
사회평등화 137-138
사회해체(social disintegration) 167-168
사회행위 이론 20, 21
사회협약 101, 246-247
산별 체제 91, 142
상급기술(upper-skill) 206
생산의 유연성 180
생산적 복지 167-168, 172
생애직업의 시대 100
선도투쟁 132
선명성 경쟁 46
성과 공유(gain sharing) 221
세계경제포럼(WEF: World Economic Forum) 28
세계무역기구(WTO) 73, 177
세계화(globalisation) 155, 177, 178
세제개혁 169
소득분배의 악화 157, 159
소품종 대량생산 70
수량적 유연성(numerical flexibility) 184
숙련 불일치(skill mismatch) 206
스웨덴 240-241
스위니 Sweeney, John 237
스페인 250-252
시간편의[time-off] 105
시장개방 153-154
신경영전략 185
신노사 문화운동 172
신노선협약 247
신(新)다수결원칙(positive majority principle) 248
신생노조 136
신세대 근로자 187, 200
신인사제도 184, 186
신임금제도 184, 186
실리적 조합주의(business unionism) 198
실업대란 52, 73, 158
실행노동 208

'아젠다 2010(Agenda 2010)' 244-245
양극화(polarisation) 157, 186
연대임금제 240
영국 234; 노총(TUC:Trade Union Congress) 236
영미형 232, 234
온정주의 56-57, 87
완전 전임자 105
외환위기 49, 73, 174
원청 사용자 91
유급 상병휴가 241
유럽형 232
유연안전성(flexicurity) 56, 82, 99, 242, 246, 256
유연안전화 88, 94, 98-99, 101, 115
유연적 경직성(flexible rigidities) 186
유연적 특화론(flexible specialisation theory) 185
6.29 선언 47, 123-124, 133-134
육체노동 208
윤건영 169
이념대립 109
2.6 합의 54-55, 165
20대 80의 사회 160
이윤 공유(profit sharing) 221
이종오 146
인수합병(M&A:mergers and aquisition) 73
인적자원 개발 202, 229
인정투쟁(struggle for recognition) 71
일본 237-238; 노총(렝고) 239
일본형 232
일자리 연대 244
임금체계 81, 92; 연공급제 92-94; 직무급제 92, 94
임시직(계약직) 250

자본합리화 187
자율해결의 원칙 94, 96
작업장 파트너십 기금(Partnership at Work Fund) 236
작업장 협약(workplace pact) 219
적기(適期)공급(JIT:just-in-time) 184
전국교직원노동조합(전교조) 55
전노협 136, 142, 146, 147